Comprehensive Performance Evaluation Model of Enterprise Groups in Natural Monopoly Industries

李景元 ◎ 著

自然垄断行业企业集团
综合绩效评价模式

企业管理出版社
ENTERPRISE MANAGEMENT PUBLISHING HOUSE

图书在版编目（CIP）数据

自然垄断行业企业集团综合绩效评价模式/李景元著.—北京：企业管理出版社，2021.6

ISBN 978-7-5164-2366-0

I.①自… Ⅱ.①李… Ⅲ.①垄断行业—企业集团—企业绩效—经济评价—中国 Ⅳ.①F279.244

中国版本图书馆CIP数据核字（2021）第069818号

书　　名：	自然垄断行业企业集团综合绩效评价模式
作　　者：	李景元
责任编辑：	张　羿
书　　号：	ISBN 978-7-5164-2366-0
出版发行：	企业管理出版社
地　　址：	北京市海淀区紫竹院南路17号邮编：100048
网　　址：	http://www.emph.cn
电　　话：	总编室（010）68701719　发行部（010）68701816　编辑部（010）68701891
电子信箱：	80147@sina.com
印　　刷：	北京虎彩文化传播有限公司
经　　销：	新华书店
规　　格：	170毫米×240毫米　16开本　17.5印张　260千字
版　　次：	2021年6月第1版　2021年6月第1次印刷
定　　价：	88.00元

版权所有 翻印必究·印装错误 负责调换

前言

　　进入21世纪以来，经过十几年的产业结构调整、企业改制重组，国有企业已经基本建立现代企业制度，初步摆脱计划经济体制的束缚，成为相对独立的市场竞争主体。党的十七大报告指出，要"深化国有企业公司制股份制改革，健全现代企业制度，优化国有经济布局和结构，增强国有经济活力、控制力、影响力。深化垄断行业改革，引入竞争机制，加强政府监管和社会监督。加快建设国有资本经营预算制度。完善各类国有资产管理体制和制度"，这是国有经济发展的战略举措。这一战略举措对建立自然垄断行业企业集团的综合绩效评价模式及其指标体系提出了更高的要求。本书的目标是通过对自然垄断行业企业集团综合绩效评价问题的研究，并针对具有能源经济特征的自然垄断行业企业集团进行实证分析，确立适合我国国情的国有自然垄断行业企业集团综合绩效评价体系的基本模式。

　　本书从自然垄断行业企业集团的绩效评价现状与存在的问题出发，运用自然垄断行业及其规制经济理论与现代管理技术方法，针对研究对象的"国有独资或绝对控股、纵向一体化、垂直层次、衔接紧密"产权特点与组织结构运行模式，结合生产任务重心处于作业层次与基础部位的特点，面对自然垄断行业企业集团人、财、物、技术、信息等生产要素集中在生产现场载体的现实，对自然垄断行业经济与规制经济的属性、自然垄断行业企业集团组织结构模式、

自然垄断行业企业集团综合绩效评价模式

自然垄断行业企业集团价值观与方法论等内容进行了较深入的研究；从研究自然垄断行业企业集团综合绩效评价背景出发，对自然垄断与网络产业、自然垄断的特征、自然垄断的社会成本、自然垄断的公共性、自然垄断的规制理论基础进行了理论综述分析；对自然垄断行业企业集团的载体，即具有网络产业经济性质的铁路、民航、邮政、军工、电信、管道运输、石油天然气范畴的自然垄断行业领域的规制属性与公共事业的特征，及其发展沿革进行了延伸分析；对国内外自然垄断行业企业集团组织结构与运行模式进行了比较研究，并对其经验教训进行评述。在此基础上追溯了我国大型企业的发展历史与运行模式的演变，并进行理论探讨。依据自然垄断行业企业集团价值观与方法论，研究了企业绩效评价的资本保全、保值增值、出资人权益、绩效评价体系的价值取向、评价运行演进过程及其发展趋势等内容。

本书在自然垄断行业领域的相关理论、方法与实证方面均有一定突破，取得了创新成果。本书所确立的自然垄断行业企业集团综合绩效评价模式及其评价指标体系，初步形成了涵盖"经营成果与市场效应状况指标、生产作业基础层次资源要素状况指标、组织行为与企业发展状况指标"的自然垄断行业企业集团综合绩效三维评价模式。这一评价模式与指标体系包含企业组织群体行为、生产运营管理过程、作业现场连通市场效应等内容，具有基础性、综合性、实践性、导向性、激励性、对策性、开发性效能。评价结果达到"组织气氛与管理行为、生产过程与生产成果、企业内部系统与社会市场系统、组织评价与群体评价"的有机统一研究目标，实现了"规范尺度、综合评价、科学分类、定位排序、群体激励、挖掘潜能、提高效益"的要求。这一研究成果完全符合发展国有经济，增强国有资本控制力的要求，将对自然垄断行业企业集团的发展与评价激励发挥相应的作用。

目录

第一章 绪论 / 001

一、研究目的 / 001

二、研究背景 / 002

三、研究的意义 / 005

四、国外企业绩效评价研究 / 007

五、我国对企业绩效评价的实践与探索 / 016

六、研究思路 / 021

七、研究框架与研究方法 / 025

第二章 自然垄断行业的属性及其规制理论 / 029

一、自然垄断 / 029

二、自然垄断行业的特征 / 041

三、自然垄断的社会成本 / 053

四、自然垄断行业的公共性 / 055

五、自然垄断与规制经济 / 069

第三章 自然垄断行业企业集团组织结构与运行模式 / 080

一、企业集团的定义、特征与功能 / 080

二、垄断行业企业集团组织结构与运行模式 / 090

三、我国自然垄断行业企业集团的发展与组织运行模式 / 106

四、我国自然垄断行业企业集团组织结构与运行模式 / 116

第四章 自然垄断行业企业集团绩效评价的价值观 / 122

一、绩效评价的目的与参照体系 / 122

二、评价体系的规范要求 / 125

三、绩效评价的价值判断 / 143

四、资本安全与保值增值 / 147

五、绩效评价的运作取向 / 159

第五章 自然垄断行业企业集团综合绩效评价方法 / 172

一、综合绩效评价方法的总体要求 / 172

二、综合绩效评价的基本准则 / 175

三、绩效评价的系统工程 / 178

四、评价指标的选择过程 / 181

五、指标体系的规范尺度 / 185

六、综合绩效整合积分 / 188

第六章 自然垄断行业企业集团评价模式指标体系 / 193

一、经营成果与市场效应状况维度指标——评价维度之一 / 193

二、生产作业基础层次资源要素状况指标——评价维度之二 / 198

三、组织行为与企业发展状况指标——评价维度之三 / 207

四、自然垄断行业企业集团综合绩效评价模式解析示意图 / 211

五、经营成果与市场效应状况指标内容与设置 / 213

六、生产作业基础层次资源要素状况指标内容与设置 / 215

七、组织行为与企业发展状况指标内容与设置 / 218

八、评价模型与指标数据处理 / 220

第七章　石油管道产业综合绩效评价模式实证研究 / 231

第八章　结论与展望 / 255

参考文献 / 261

后记　彼韵此声正逢时 / 269

第一章 绪论

到目前为止，我国国有企业已经基本建立现代企业制度，国有企业已摆脱了计划经济体制的束缚，成为独立的市场竞争主体，企业技术进步与经济效益显著提高。但作为国有出资人的政府，对国有企业经营绩效的考核评价，尚未及时建立起一套适应市场经济体制和现代企业制度的企业综合绩效考核评价方法体系，导致监管实践中不能科学、规范地把握企业经营者的真实业绩，企业经营成果评判欠客观欠公正，企业经营行为不规范或短期化是国有企业管理中的突出矛盾，特别是对自然垄断行业的垂直型、纵向一体化的企业集团综合绩效评价的矛盾更为突出。本书试图通过对自然垄断行业企业集团综合绩效评价问题的深入研究，并针对具有能源经济特征的基础产业类型的企业集团进行实证分析，探索适合我国国情的国有自然垄断行业企业集团综合绩效评价体系的基本模式。

一、研究目的

依照国务院国资委对央企重组整合改制后绩效评价的安排，针对自然垄断行业的垂直型企业集团绩效评价运行过程中存在的"评价行为的中上层运作，财务成果单一评价；忽视作业层次基础部位的生产要素的评价；强调管理主体，淡化管理客体的组织行为评价；注重价值形态，轻视观念形态；运用二手资料，排斥现场一手资料；评价指标职能单一，部门评价分割；承认定量评价，否认定性评价"等问题，运用现代产业组织与管理理论及其技术方法，从国家出资人的根本利益出发，确保国家资本运行安全、国有资产保值增值、企业效益与社会效益兼顾，开发出"以经营成果市场效应为目标，继承财务成果评价，以作业层次基础部位为重心，以管理群体为对象，以人、财、物、技术、信息为要素，体现非定量非财务成果的定性评价；破除部门分割，体现企业战略目标分解细化延伸，职能部门专业指标分类筛选；评价指标有机整合、运用现场一手资料；发挥计算机网络作用，作业现场与社会市场有机衔接；定量与定性有机统一"的具有三维立体功能效果的、整体合成的、操作简便的、体现经济增长集约方式的综合绩效评价模式及其指标体系。

二、研究背景

我国自然垄断行业的垂直型纵向一体化的企业集团均为国务院国资委所属（全资或绝对控股），是国民经济的基础及国家经济体制的主导力量，其经济的控制力左右着国家经济的发展走势。对这一类型企业主要由国家集中进行调控，而不是完全开放式的市场调节（徐寿波，1998）。

站在产业经济学角度来看，行业性纵向垂直型垄断企业集团实质上就是自然垄断行业企业集团。因此，笔者选择了典型的自然垄断行业的垂直型纵向一体化的企业集团——中国石油天然气管道局即管道产业为主要调研对象，先后调研了管道运输产业所属东北地区、西北地区、华北地区、华中地区、西南地区以及西气东输天然气管道运营作业区域，并初步调研了中国石油天然气管道局正在进行勘查与施工作业的中哈天然气管道、中俄原油管道、中缅原油管道的作业现场，涉及30多个管道运输产业的300余个生产作业单位。通过现场访谈、调研及使用石油管道运输业局域网络，同2000多名企业领导和员工进行互动交流，收集到大量定量、定性资料。与此同时，还对中国石油、中国石化、中国邮政、中国电信、中国联通等自然垄断行业企业集团所属的分支公司进行了一定程度的调研。

通过调研，主要收获是进一步加深了对自然垄断行业企业集团生产经营特点、管理体制、组织结构层次、绩效评价等全方位的了解和认识。

（一）自然垄断行业企业集团的生产服务特点

电力、电信、邮政、铁路、民航、供水、管道运输、石油石化、天然气等自然垄断行业企业集团在我国经济中具有重要的作用，它们不仅构成了 GDP 的较大比重，而且作为基本投入要素和生活必需品，直接影响经济竞争力和人民生活的质量。它们的产品或服务、传输、销售与用户消费等环节，具有很强的纵向垂直关系，基本产业链条为纵向一体化。它们所提供的产品范畴属于公共产品，确切地说是准公共产品，不属于开放竞争性的私人产品，其产品生产具有非竞争性和垄断性，并体现了产品与服务公共性、社会性、全民性的特征。

（二）自然垄断行业企业集团产权体制与组织结构层次

在产权与管理体制上，整个自然垄断行业企业集团为一个独立核算、自负盈亏的经济实体，本质是产业范畴法人，并且是国有独资或国家绝对持股。它的产品属于公共产品，由国家利用价格等经济手段进行直接调控。

在组织结构与层次上，垂直型体现在组织层次纵向一体化，衔接紧密，从企业集团的中央总部到基础作业层次，从上到下延伸到底。一般企业是决策层→管理层→作业层三个层次，局限在某个区域内，而自然垄断行业企业集团是属于全国范畴，其组织结构是多层次顺延产品链条至基础部位。以石油管道产业为例，由于点多线长，它的层次结构为：总部决策层（国家范畴）→运行协调层（区域范畴）→运行管理层（单位范畴）→线段运行控制层（生产过程协调范畴）→场站作业调控层（生产过程管理范畴）→车间班组操作层（生产岗直接作业层）六个层次。石油产品运行的路径是从油田采油井到石化炼油厂的加工车间，而它的基本工作任务是在场站作业层和车间班组操作层次等作业基础部位完成。就全行业（集团）而言，在全国管辖 48000 千米管线，其 85% 的工作量由 410 多个场站作业调控层所属的车间、班组承载。其他自然垄断行业企业集团的组织结构层次与石油管道行业类似，相当一部分自然垄断行业垂直型企业集团的组织结构层次与国家政府结构层次的设置一一对应，即企业中央总部层次→省市层次→地市层次→县区层次→街道乡镇层次。县区街道乡镇层次是作业层次基础部位，是集中承载生产经营业务的主体部位。因此，就其组织结构层次和工作任务载体来看，自然垄断行业企业集团生产经营重点部位在作业层次基础部位，毫无疑问，其绩效评价的重点之一也在作业层次基础部位。

（三）自然垄断行业企业集团绩效评价形式与内容

电力、电信、邮政、军工、铁路、民航、供水、石油管道运输等自然垄断行业，在绩效评价内容上，重点关注财务成果的定量指标，忽视组织行为的定性指标的评价，强调财会报表反映投入产出结果，即生产要素投入、产值、成本、利润的评价；偏重总部决策、区域运行、管理协调性评价，评价层次上存在着忽视作业层次基础部位的头重脚轻的现象，忽视作业层次生产要素实物形态与运行状况的效果评价；在评价对象上，注重经营性资本运作的评价，忽视生产设施运行过程的价值形态的评价；在评价主体绩效上，重视高中层次管理者，忽视作业层管理群体的绩效评价；在绩效评价方式上，突出职能管理部门对应的专业评价，如机动部门强调设备管理绩效评价、劳资部门强调劳动定额管理绩效评价、质管部门强调产品质量效果评价、环保部门强调生产过程环境质量评价、财务部门强调生产运营费用的评价，总之，中高层职能部门绩效评价存在着"一人一把号，各吹各的调"的现象，忽视了企业绩效的综合评价。综上所述，行业性集团已经普遍开展了企业绩效评价，但从总体上看，企业的绩效评价普遍存在"中上层运作，忽视作业层次""高中层管理主体，忽视作业现场的管理群体""重视部门职能评价，忽视企业综合绩效评价""满足经过过滤的二手资料，忽视到作业现场调研收集的一手材料"等。

通过现状分析可以看出，本书要解决的主要问题是：自然垄断行业垂直型企业集团绩效评价内容在继承完善经营成果的财务性指标定量评价同时，评价的注意力要下移到作业层次基础部位生产要素状况的定量指标的评价，要增加组织行为与企业发展方面的定性指标评价，特别要注意在作业基础部位科技成果转化的经济效益的评价。在评价方式上要改变源于财务报表的货币价值形态的一维评价，采用与作业层次的有形生产要素实物形态、集团组织不同层次群体的定性观念形态相结合的三维指标体系评价的综合评价，构建涵盖"经营成果与市场效应状况、生产作业基础层次资源要素状况、组织行为与企业发展状况"的综合绩效三维评价模式。

三、研究的意义

本研究的理论意义体现在，依托产业经济领域及行业经济理论、企业集团理论、企业绩效评价理论的研究，创新自然垄断行业企业集团综合绩效评价的理论构念，构建三维立体结构的综合绩效评价模式，界定评价模式的指标体系理论内涵与层次设置。在我国计划经济体制向市场经济过渡的30多年来，直至今天，国有大型企业集团的绩效评价基本借鉴国外财务成果的一维评价，基本没有开展包含组织行为评价的两维评价，更没有涉及作业层次基础部位的生产要素评价在内的三维评价。自然垄断行业垂直型企业集团综合评价模式的开发使用，必须突破原有绩效评价形式、内容、过程等方面的局限，最大程度地克服原有绩效评价模式的弊端，改变绩效评价现状，实现绩效评价管理体制与运行体制的创新，实现评价激励的预期，从而进一步全方位、广角度、多层次、系统性地配置企业资源，挖掘资源潜力，充分调动优化各层管理主体与员工群体的积极性，提高企业效益和社会效益。其评价模式也可供开放式市场化的各类企业移植、借鉴使用。

本研究的现实意义体现在，通过理论与实际相结合的实证研究，为确保自然垄断行业企业集团出资人到位、产业规制与发展、强化监管提供评价手段与

■ 自然垄断行业企业集团综合绩效评价模式

运行操作工具，进而完善自然垄断行业企业集团绩效评价机制。国外对企业绩效评价问题的研究由来已久，特别是现代公司制诞生以后，出现所有权与经营权的分离，由于资本所有者与企业经营者处于信息不对称的地位，资本所有者为了维护自己的权益不受侵犯，普遍采取企业经营绩效事后评价的方法，考核经营者的主观努力程度和经营成果。为了满足这种需要，企业管理与会计研究人员加强了对该领域的研究，取得了丰硕的成果，并不断在实践中检验和发展。在我国，现代意义上的企业制度曾经一度发展迟缓，国家长期实行高度集中的计划经济体制，企业治理实行国有国营，生产、流通与分配执行国家指令性计划，企业基本没有经营自主权。在这种体制下，企业经营成果无法准确地反映企业的主观努力程度，理论界和管理部门也都更多地关注宏观经济效果，从财务成果总量上评价企业，而忽视从微观上研究企业的绩效评价问题。20世纪80年代以来，国有企业的管理体制发生了根本变化，国有企业已经成为独立的商品生产者和市场竞争主体，政府对国有企业的管理主要定位在国有资本管理的层面。然而，与国有企业经营自主权的扩大和角色定位的转换形成鲜明对照的是，政府的国有资本出资人职能并没有完全到位，对国有企业的监管手段基本沿袭过去的行政计划、行政层次、行政审批，导致政企责权关系不对称，企业激励与约束机制不健全，从而导致了企业经营行为的不规范化，同时也损害了出资人和债权人的利益，因而迫切需要进一步完善企业绩效评价机制。

完善评价机制，科学地评价企业绩效，可以为出资人行使经营者的选择权提供重要依据。在现代企业制度中，资本所有权与企业经营权发生分离，资本的天然属性决定了出资人拥有经营者选择权、收益分配权和重大事项的决策权。而这三大权利中最核心的是任免企业经营者，特别是确定经营者的任期，对维护资本所有者的权益十分关键。但由于出资人与经营者之间的信息不对称，出资人不拥有完全的经营过程信息，因此，必须依靠企业绩效的科学综合评价，为任免经营者提供决策依据，从而避免主观随意性。

完善评价机制，科学地评价企业绩效，可以有效加强对企业经营者的监管和约束。国有企业在政企分开以后，按照转变政府职能加强宏观调控的要求，不少旧有的监管措施被取消，例如利润指标的下达、企业年度财务决算的审批、一年一度的财务税收大检查等。但政府从国有资本出资人的角度实施的新的监管手段还不完善，出现对企业的监督约束弱化，国有权益被损害的现象。而通过经营年度综合绩效评价，为出资人决策提供了比较充分的、有效的企业信息，有助于实现既满足加强政府监管又不干预企业自主经营的双重目标。

完善评价机制，科学地评价企业绩效，可以为有效激励企业经营者提供可靠依据。激励企业经营者的一个主要方面是经营者的收入，通过制定合理的报酬计划，调动企业经营者的积极性。而我国国有企业经营者的收入长期与其承担的风险和所做的贡献不相称，挫伤了经营者的积极性，"逆向选择"和寻求补偿的现象大量存在。对此，已经引起有关方面的高度重视，加快经营者的收入分配制度改革已被提上了重要议事日程。但是，对经营者的激励必须建立在对企业绩效进行科学评价的基础上，否则就可能出现激励无效，事与愿违。

四、国外企业绩效评价研究

从近现代经济发展史来看，真正意义上的企业绩效评价需求，是在现代公司制度诞生以后，为了加强资本所有权控制和公司内部控制而提出来的。早在19世纪50年代，为了解决美国大型铁路公司不同地域分支机构的协调问题，加强组织内部各管理阶层的责任，美国学者小亚当和埃伯特提出了管理的六项基本原则，其中重要的一条就是建立一套考核各管理阶层是否忠实履行责任的方法，并创造性地设计了财务和统计报表制度用于监督与评价。但是西方国家对企业绩效评价问题的普遍重视和研究，则是进入20世纪以后的事情。

（一）欧美对企业绩效评价的研究分析

1. 欧美民间对企业绩效评价的研究

20世纪初，美国经济学家亚历山大·沃尔提出在评价企业信用能力指数时要综合评价企业的财务效益状况。他选择了7个财务比率指标，分别给定了不同的权重，并确定出每项指标的标准比率，用实际比率与标准比率对比，计算出每项指标的得分。虽然沃尔的财务比率评价方法存在许多问题，但他提出的综合评价企业财务效益的方法，为企业绩效评价的发展开拓了新的思路。第一次世界大战以后，西方现代工商企业组织形式迅速发展，市场竞争日趋激烈。迫于竞争的压力，资本的所有者和企业内部对经营绩效评价表现出了前所未有的重视。这种需求直接推动了管理咨询专家对企业绩效评价问题的研究热情。1932年，英国管理专家罗斯提出了评价企业部门绩效的思想，并设计采用访谈方式了解部门绩效。1950年，美国的杰克逊·马丁德尔提出了一套比较完整的管理能力评价指标体系，主要包括公司的社会贡献、组织结构、收益的健康状况、对股东的服务、研究与发展、董事会业绩分析、公司财务政策、公司生产效率、销售组织、对经理人的评价等。它的评价方法也是采用访谈的形式，对各项指标进行打分，并将本公司的评价分数与该公司历史业绩和行业标准进行对比，判断公司的管理绩效。其评价思想在20世纪50年代被许多公司和管理咨询机构所采用。而同时期的美国著名管理学家彼得·德鲁克通过实证研究后提出的企业绩效评价八项指标（市场地位、革新、生产率、实物资源和财务资源、获利能力、管理者的业绩与发展、员工的业绩与态度、社会责任）中，已经关注到企业的社会责任（如公害、消费者运动等）和企业的长期稳定程度，指出利润最大化虽然是企业追求的主要目标但不应是唯一目标。

进入20世纪80年代，理论界和有关行业组织对企业绩效评价的研究更加深入。美国管理会计委员会从财务效益的角度发布了"计量企业业绩说明书"，提出了净收益、每股盈余、现金流量、投资报酬率、剩余收益、市场价值、经济收益、调整通货膨胀后的业绩等8项计量企业经营绩效的指标。但随着市场竞争的加剧，企业管理层对非财务指标日益重视，如市场占有率、创新、质量与服务、生产效率和员工素质等。会计理论界进一步提出了企业绩效评价的权变理论，该理论认为，实践中没有一种不变的、普遍适用的管理原则可以遵守，企业必须随机应变，及时有效地对社会环境的变化做出反应，才能立于不败之地。美国董事会协会依据上述专家的理论，逐步提出并完善了由17项指标构成的"权变业绩计量"体系。这是一个定量评价与定性评价相结合的复合评价体系，首次将生存能力、应变能力纳入业绩评价的范围，从而使评价结果能够反映企业的生命力，是一种更加综合的评价方法。而美国董事会协会提出的董事会业绩评价大纲，则基本采用定性的评价方法，其基本内容包括董事会的战略制定、领导能力、团队精神、个人贡献、信息沟通等。

在20世纪80年代末90年代初，西方发达国家管理咨询师和财务会计专家在关注企业资本回报率的同时，兴起了一股现金流热潮，如采用权益现金流量、总负债现金流量、流动负债现金流量等指标衡量企业经营绩效。其主要理由是利润目标的实现要以现金流为基础，单纯考察资本回报水平，容易被公司管理层的利润操纵所蒙骗，而现金流是相对实在的指标。但随着世界经济一体化进程加快，计算机技术和网络技术发展突飞猛进，人类进入到信息社会，为适应经济全球化和以信息技术为代表的新经济时代更加激烈的市场竞争，一些西方发达国家的投资者、管理咨询大师否定了单纯以利润率和现金流等财务指标进行企业绩效评价的方法，而代之以企业价值最大化目标，即公司现实和未来价值的判断标准是企业拥有多少知识资本和社会资源，包括技术人才多寡、创新频率高低、顾客认同程度、产品市场占有能力、管理信息系统是否有效率、经营环境是否恶化等。虽然也重视财务指标，而且财务指标是判断企业是否有效率的基础信息，但人们越来越重视反映企业经营绩效的非财务信息，以期全面地立足市场来评价经营者的绩效。美国著名经济学家罗伯特·卡普兰和大卫·诺顿发明的"平衡计分测评方法"，在企业中引起了强烈反响。该方法用财务指标反映企业已采取行动所产生的结果，同时通过对顾客满意度、内部程序及组织的创新和提高活动进行测评，以补充财务衡量指标的不足。具体从四个方面来考察企业：一是顾客如何看待（顾客满意度），二是企业擅长什么（企业的优势），三是企业能否继续提高和创造价值（创新能力和学习能力），四是怎样满足股东利益（财务效益）。卡普兰等第一次将创新能力和学习能力作为重要的评价指标，表明知识经济时代企业要在激烈的市场竞争中立于不败之地，必须不断创新和积累知识。平衡计分法使经营者从更广阔的领域来审查自己的绩效，促进了企业树立长远战略眼光。苹果电脑公司的成功实践，进一步扩大了该方法的影响。

2. 欧美政府对国有企业绩效评价的关注

民间管理咨询师和行业组织的推动，对西方国有企业绩效评价的发展做出了重要贡献。但其间政府对公共投资领域即国有企业经营绩效的关注，对企业绩效评价理论研究和实践的发展也起到了重要的推动作用。"二战"以后，美国政府由于经济不景气，财政拮据，要求加强对政府公司的审计评价，以促进资源的合理利用。1945年，美国国会通过了《政府公司控制法》，该法要求美国审计总署按照民间审计原则和程序审计政府公司（国有企业），向国会报告公司的财务状况、资本损益，对政府资本报酬和股利支付提出建议，并对公司是否按照既定目标有效经营做进一步的判断。1947年，美国国会胡佛委员会的报告更强调要建立绩效预算制度，以目标实现情况为基础来评价政府公司的经营绩效。之后，美国审计总署每年都要对政府公司的经营绩效进行审计，并成为国会批准和追加预算拨款的重要依据。美国的一些州政府也要求聘用独立管理咨询师对公用事业企业实施强制性评价，以检查政府投资的效率与效果。纽约州还制定了专门的公用事业管理绩效评价指标，颁布了相应的法律文件。

英国是给予国有企业绩效评价以高度关注的西方国家之一。1978年英国政府发表的白皮书，对企业年度报告中经营指标的公式和表达非常重视，并促进了企业公开经营指标的制度化建设和自身经营评价工作的开展。例如，英国铁路局在1982年的年度报告中列出了21个指标，并用其中的4个指标对1978—1982年英国铁路与8个欧洲铁路企业的平均水平进行对比；英国邮政局在1982—1983年的年度报告中列出了16个经营指标。而英国政府对国有企业的经营绩效评价考核包括三个方面的指标，一是财务指标，以净资产收益率为主；二是外部筹资极限，即企业在特定年度获得外部贷款与拨款的最大数额；三是经营目标，主要是成本降低情况。对国有企业进行评价的机构主要是垄断与兼并委员会。但就实务而言，英国国有企业的经营绩效评价并没有形成一套完善的体系，更多地表现为对照经营目标进行经理绩效考核的特性。

法国对垄断性的国有企业实行计划合同制管理，在合同中规定了政府与企业的义务与责任，考核评价企业经营绩效的主要依据就是计划合同的执行情况。有的计划合同也规定了考核评价指标，主要包括成本和生产率指标、商业服务指标、产品质量指标三个方面。每年上级主管部门、财政部和国家审计法院都要对国有企业的有关合同指标的执行情况进行考核评价，并据此对国有企业领导人进行奖惩。

德国、意大利等国政府也都对国有企业开展经营绩效评价。由于许多国有企业具有二重性——"公共性"和"企业性"，因此，西方各国政府对国有企业特别是非盈利性企业的评价，除考虑商业目标外，还要考虑企业为社会利益做出的贡献和相关政策性因素，并且一般都是指定专门的机构组织实施。

（二）亚洲国家和地区的企业绩效评价

亚洲有关国家和地区国有企业的比重较大，政府对国有企业经营绩效的考核评价也有各自不同的特点。

1. 韩国的国有企业绩效评价

韩国的国有企业在其工业化过程中发挥过重要作用，但从20世纪70年代开始，韩国国有企业经营状况普遍令人失望，管理混乱，行政干预过多，权责不明确，缺乏激励机制，引起了政府高层的高度关注。为扭转国有企业的困难局面，韩国政府采取了强化和扩大企业经营自主权，调整政府同企业的管理关系的做法，由直接管理转变为间接管理。为适应新的管理方式转变，韩国政府于1983年12月31日发布了《政府投资机构管理基本法》。该法一个非常重要的内容是，从1984年开始实施国有企业绩效评价管理制度，即政府成立专门的评价机构，在企业经营年度结束时，将企业年终的经营成果与年初所定的目标，通过一定的考核指标和评价方法加以综合比较，并以评价结果作为对经营者公平奖惩的依据和促进企业改进管理的一种制度。

（1）成立专门的经营评价委员会，由主管经济的副总理任委员长，经济计划委员会主任、财政部部长、负责监管工作的相关部长和总统任命的民间人士组成。具体办事机构设在经济企划院。其主要任务是审定企业经营管理方面的重要事项，如经营指标的调整、经营实绩的评价、财务预算编制方案等。评价委员会下设经营评价团，由会计师、研究员、教授等约60人组成，每次任务完成后即解散。

（2）评价程序。国有企业的总经理将每年的经营实绩报告在第二年3月20日前报经济企划院。经济企划院以该报告为基础组织实施经营实绩评价，每年6月20日前结束并将结果向总统报告。根据评价结果，经济企划院可向企业提出纠正事项，也可要求罢免某些人员。

（3）评价方法。评价指标从形态上分为定量指标和定性指标，从性质上分为综合经营效率指标、经营目标指标和经营管理指标。指标权重大致按定量指标占60分、定性指标占40分进行分配。具体计分方法采用目标成果法、趋势分析法和5档结果分级法。评价结果分为秀、优、美、良、可5个等级。

（4）评价结果与奖金挂钩。按等级和分数确定奖金。各等级的年奖金标准为：秀3（即3个月工资，以下含义同）、优2.5、美2、良1.5、可1，在同一个等级里分数不同奖金也不同。

企业绩效评价制度的实施，对韩国国有企业经营管理起到了极大的推动作用，促进了国有企业的研究与开发活动，国有企业的经营效益得到明显改善，企业的公共服务质量有了较大提高。从20世纪80年代以来，韩国大多数国有企业盈利，只有少数亏损。

2. 巴基斯坦国有企业评价

巴基斯坦的工商类国有企业主要归属"生产部"管理，在该部下设了一个由权威会计师、经济学家和工程师等组成的专家顾问小组。专家顾问小组的主要任务之一就是对国有企业的经营绩效实施评价。该组织在世界银行专家的协助下，创立了一套以计算"公共利润率"为核心内容的国有企业绩效评价办法。所谓公共利润率就是从社会角度看待企业的经营成果，将企业的社会贡献也计算到企业的利润中去。与此相对应，他们将资产负债表上的企业实际利润称为"私营利润"，私营利润加上或减去各种非经营因素，得出企业的公共利润，以此作为奖励企业的依据。

公共利润的计算公式为：公共利润＝私营利润＋支付的利息＋直接税－财务收入＋折旧费－流动的机会成本－补贴±非营业因素的影响。这套办法的计算十分复杂，首先要为每个企业确定经营考核指标和考核标准（目标），然后确定每项标准的权重，并征得企业的同意，最后根据企业的实际执行情况，计算加权分数，确定奖惩。该计分方法实行5分制，1分为最好，5分为最差。与薪酬的结合方法是，1分者加3个月的薪水，2分者加2个月薪水，3分者加1个月薪水，4分者加15天薪水，5分者没有奖金。

3. 印度的国有企业考核方法

印度国有企业的监管与考核主要由政府国有企业局实施。该局每年对国有企业按协议条件进行一次考核，并制定了如下考核指标。

（1）总体指标。包括资本额、产值额、资本产值比率、管理成本、材料成本、人力成本、增加值、资本增加值比率等。

（2）销售指标。包括销售额、销售成本、销售成本占销售额的比重、纯销售额及纯销售额占资本的比重等。

（3）人事效率指标。包括雇员人数、人均占用资本、人月均工资、人月均产值、人月均增加值、人月均销售额等。

（4）存货指标。包括产成品额、产成品与纯销售额之比、在产品及其与生产成本之比、产成品存货（可供销售的天数）、原材料存货（可耗天数）、在产品存货（可供生产天数）、各种债权额（相当于多少天的销售额）。

（5）财务成果指标。主要包括利润总额、资本利润率、销售利润率、纯利润、已付资本利润率、研制费用、研制费用占纯销售额的比重等。

可以看出，印度国有企业局的考核指标中既有绝对指标，也有相对指标；既有生产指标（如产值、增加值），也有财务指标。除此之外，还要考核其是否促进了国家工业化任务的目标，国家下达任务的完成情况，是否向国家上缴投资收益，是否增加了就业，是否促进了地区平衡发展，是否带动了小企业的发展，等等。印度在考核国有企业财务效益的同时，借鉴了巴基斯坦的做法，充分考虑国有企业宏观效益和社会效益,并与民间企业的经营绩效进行比较。在考核方法上借鉴了韩国国有企业的绩效评价办法,分5等进行奖惩。

综上所述,不论是发达的市场经济国家还是国有企业比重相对较大的发展中国家,都对企业绩效评价问题给予了高度关注和认真实践。我们可以从这些国家和地区的研究与实践中总结出以下几个特点。

1. 事后评价是市场经济国家和地区实施企业监管的重要方法

无论是民营企业还是国有企业,都需要通过对企业经营绩效进行事后评价,了解资产的运营状况和经营者的努力程度,从而及时发现问题,纠正企业行为,改善经营管理,或者实施经营者奖惩。尤其是各国政府对国有企业的管理,已经从严格的事前控制向规范的事后考核评价转变。它有利于调动和发挥企业与企业经营者的积极性、创造性,造就企业家群体;有利于增强企业经营者的责任感,使企业经营者必须对决策的科学性与合理性以及执行结果负责;有利于维护企业自主经营的权利,防止过多干预企业经营的行为。

2. 财务效益状况始终是企业绩效评价的核心内容

无论是民间管理咨询师的实践,管理学家、财务会计理论界的研究,还是政府对国有企业经营绩效的考核评价,首先关注的都是企业的财务效益状况,即投入产出水平。一个企业只有具备健康的财务效益状况,才能维持其持续经营与发展。以财务效益为核心的评价内容,促进了企业积极参与市场竞争,努力降低生产经营成本,不断提高投资回报水平,而且健康的国有企业财务状况也可以减少政府的财政补贴。

3. 定量与定性相结合是企业绩效评价的通行方法

西方发达国家尤其是美国对企业绩效评价问题的研究比较深入,评价方法经历了从定量评价到定量评价与定性评价相结合的发展过程。一些大型企业集团内部绩效管理实践也普遍采用定量评价与定性评价相结合的方法。各国对国有企业的经营绩效评价更是根据国有企业的"二重性"——经济性和社会性,将定量评价与定性评价有机结合。比如法国、韩国、印度等国家,在国有企业绩效评价中都充分考虑国有企业承担的完成计划任务、维护公共利益、保障就业等职能,将其实现的社会效益一并纳入企业绩效评价的范围。

4. 从制度甚至法规上对国有企业的经营绩效评价做出规定

各国政府或议会对国有企业绩效评价都从制度上甚至法律法规上做出明确规定,并指定或成立专门机构,司职企业经营绩效考核评价工作。如美国国会通过特别法案,要求对政府投资企业进行业绩审计;法国政府在1982年颁布《国有企业条例》,明确规定要加强对国有企业的经营业绩进行考核评价;韩国政府1983年在《政府投资机构基本法》中对设立国有企业经营评估委员会、企业实绩报告、经营实绩评估程序、评估结果的应用等做出了具体规定;巴基斯坦和印度都指定专门机构对国有企业的年度经营业绩进行评价。这种法规上的规定和拥有专门机构,为国有企业绩效评价工作的规范开展和权威树立奠定了基础。

5. 评价结果与企业经营者的奖惩紧密挂钩

无论是国外大公司董事会对经理层的业绩评价,还是各国政府对国有企业经营绩效的考核评价,其评价结果都与经营者的报酬和聘用紧密结合。完成目标,可以拿到合约规定的薪酬;业绩上升,奖酬提高;未实现目标或业绩下降,不但薪酬受损,甚至可能职位不保。但这种挂钩的前提条件是,必须保障评价方法和评价过程的客观公允性。

国外企业绩效评价在内容上虽然很大程度上定量地体现了企业经营财务成果,在一定程度上实现了与组织行为定性评价相结合,但是发达国家的垄断企业集团均为扁平化的组织模式,受其社会制度与政治经济环境的制约,在评价内容上基本不涉及作业层次基础部位的实物形态指标的评价,处于两维绩效评价状态。在评价体系的指标设计方法上两维评价相对分开,组织行为定性方面的评价一般由社会中介咨询机构授权代理承担,经营成果由企业进行评价与披露,严格意义上讲还不是综合性的绩效评价。虽然这些国家和地区对企业绩效评价的研究与实践成果尚存在局限性,但仍可为我们建立具有中国特色的企业综合绩效评价模式,特别是自然垄断行业企业集团的绩效评价模式提供宝贵的经验。

五、我国对企业绩效评价的实践与探索

1949年，中华人民共和国成立后，民族工业迅速发展，为了提高企业生产经营效率，对企业经营绩效的考核评价便自然成为理论界与政府管理部门关注的问题，但其研究探索过程是随着国民经济的发展及经济体制的变化而渐进深化的。

（一）计划经济时代的企业绩效评价

中华人民共和国成立以后，为了有效动员社会资源，在较短的时间内建立起基本完善的国有工业体系和国民经济体系，我国借鉴了苏联的做法，实行高度集中的计划经济体制，采取了一系列集中建设与改造步骤，使国有工业特别是重工业迅速壮大起来。但是在这种高度集中的计划管理体制下，国有企业基本没有经营自主权，它们如同一个企业内承担不同职能的各个部门、车间、工序，国有企业所需的资金和各种生产要素由政府无偿拨付，所生产的产品、规格、数量由政府计划决定，产品和劳务由政府统一调拨和销售，财务上实行统收统支，利润全部上缴，亏损全部核销。在总体上，企业没有生产决策权、财务控制权、价格制定权、产品销售权和收入分配权。

（二）改革开放后的企业绩效评价

20世纪70年代前的以实物产量为主的企业考核方式，准确地讲是与计划管理体制相适应的产物，后果是国有企业严重缺乏效率。20世纪80年代后期，承包制被作为深化国有企业改革的主要形式。其一般做法是，为企业规定一定的利润承包指标，任务完成后，对企业实行利润留成，并允许企业工资总额、福利与效益挂钩。到1988年底，93%的国有大中型企业都实行了承包制。但实行承包制后，并没有解决国家作为所有者在充分信息条件下对国有企业经营者的绩效进行全面考核评价的问题，为了克服承包制的弊端，1988年国家统

计局、国家计委、财政部和中国人民银行曾联合发布了劳动生产率、销售利润率、资金利税率等8项考核指标，但没有相应地制定考核办法，8项综合考核指标无法发挥作用。单纯地实现利润或上缴利税的考核方法，使国有企业在表面繁荣的花环下存在着巨大的黑洞。企业为完成业绩（实现利润或上缴利税），将大量损失和挂账长期趴在账上。承包制这种简单的绩效管理方式虽然在短期内激发了企业自主经营的积极性，促进了国有经济的整体发展，但由于它的特定缺陷，引发企业经营以牺牲企业长远利益为巨额代价，这导致了90年代后绝大多数国有企业包袱越背越重，不同程度地陷入经营困境。

（三）20世纪90年代后的企业绩效评价

我国经济体制和国有企业管理体制改革在1992年以后发生了质的飞跃。1993年党的十四届三中全会明确提出我国经济体制改革的目标是建立和完善社会主义市场经济体制，国有企业改革的方向是建立适应市场经济要求的、产权明晰、权责明确、政企分开、管理科学的现代企业制度。随着《公司法》的颁布实施，国有企业的公司制改建步伐进一步加快，国有企业的产权结构和组织结构发生了很大变化，全社会对落实出资人制度、建立规范的企业法人治理结构形成了共识。在建立和完善现代企业制度过程中，为了适应对国有企业的直接管理向规范行使所有者权利、建立新型政企关系转变，有关部门对新形势下国有企业的监管方式进行了积极探索。1995年国家国有资产管理局开始实施国有资产保值增值考核，国家从所有权管理的角度，重点考核投入企业的国有资本的安全与质量，并将国有资产保值增值完成情况与企业提取新增效益工资挂钩。但这种单一指标的考核也存在局限性，企业为了完成保值增值任务，可以采取做假账、虚列资产、少提折旧、少摊费用等手段，达到账面保值增值、增加效益、增发工资的目的，既引导了企业的短期行为，又客观上带来另一种形式的国有资产流失。

为积极探索国有企业经营绩效的综合评价方法，1995年财政部根据国有企业监管的要求、国有资产管理的特点和新财务会计制度的规定，公布了一套包

自然垄断行业企业集团综合绩效评价模式

括销售利润率、总资产报酬率、资本收益率、保值增值率、资产负债率、流动比率、应收账款周转率、存货周转率、社会贡献率和社会积累率等 10 个指标的企业经济效益评价指标体系，并给每项指标赋予不同的权重，以行业平均值为标准，其计分公式与国家计委、国务院生产办和国家统计局 1992 年发布的方法相同。此外，1997 年国家统计局会同国家计委、国家经贸委根据新的形势，对 1992 年颁布的工业经济效益评价体系进行了调整，将原来的 6 项指标调整为总资产贡献率、资本保值增值率、资产负债率、流动资产周转率、成本费用利润率、全员劳动生产率和产品销售率等 7 项指标；指标权数也进行了重新分配；评价标准按照前四年的全国平均值确定，计分方法基本未变，只是重新规定资产负债率指标按照功效系数法计分。

2003 年，为了贯彻党的十六大及十六届三中全会精神，建立产权清晰的现代企业制度，实现"政企分开、出资人监管到位"，国务院设立国有资产监督管理委员会，各省市自治区以及省辖市分别对口设立相应的国有资产监管机构，分别行使出资人的监管职能，对各层级国有及其控股企业进行监管，应该说出资人的监管行为业已初步到位。国务院国资委对原央企即行业性垂直型纵向一体化的企业集团行使出资人的权利，开始借鉴国外经验，从出资人的权利出发，立足国有资产保值增值，对企业绩效评价方式与内容进行了相应的变革。财政部、国家统计局等国家综合管理部门也相继出台了企业绩效评价的指标体系。

无论是财政部颁布的企业经济效益综合评价体系，还是国家统计局等部门颁布的工业经济效益评价体系，都是相对于 20 世纪 80 年代以前国有企业经营绩效考核评价办法的巨大进步，对纠正片面追求发展速度，忽视经济效益的现象，以及纠正片面强调单一利润，忽视企业长远发展问题，促进企业转变经济增长方式，引导企业走内涵型集约化发展道路，具有重要意义。但是两套体系存在着相似的局限性，一是评价指标不能整体反映企业的经营绩效，缺乏反映企业成长性的指标，不能引导企业避免短期行为；二是评价指标中将税收特别是增值税也作为企业的经济效益进行考核，具有明显的行政管理特点，而从所有者的角度主要是关注企业的投资回报和持续经营；三是评价标准行业划分太粗，而且除体系颁布当年发布过一些标准外，以后再也没有发布过评价标准，降低了评价实践的适应性。正是这些原因，导致两个体系在实践中都没有得到广泛的应用。

另外，随着我国证券市场的发展，理论界、管理咨询机构和证券公司积极研究上市公司的经营绩效评价方法，并开展评价排序活动。然而这些评价方法大多限于财务效益评价，而且缺乏科学的评价标准，带有一定的局限性。一些企业集团也在积极研究制定内部的考核评价办法。这反映出企业绩效评价问题正在成为中国国有企业管理研究与实践的热点问题。

（四）我国企业绩效评价的探索轨迹

从国有企业考核方法发展过程中，我们可以看到这样一条线索轨迹：我国企业绩效评价方法，经历了从 20 世纪 70 年代以前的以实物量指标为主进行考核评价，到 80 年代以价值量指标为主进行考核评价，进一步到 90 年代以资产贡献率为主进行考核评价的发展过程。这条线索轨迹是与我国经济管理体制从高度集中的计划经济体制，到有计划的商品经济体制、计划与市场相结合的体制，再到社会主义市场经济体制的主线相继演进沿革的。

而贯穿企业绩效评价发展三个阶段的这条线索轨迹还表明：考核评价的方法与反映企业经营成果的信息载体存在密切关系。20 世纪 70 年代以前，由于实行计划管理体制，企业没有生产经营自主权，各种生产要素和生产经营成果在价格上扭曲，企业财务会计制度和财务管理围绕国民经济核算进行，能够比较充分反映企业经营成果的信息是企业的产品产量和产品质量，因此，这个时期考核企业经营绩效的主要指标只能是非财务指标，这与当今国外一些发达的市场经济国家主要采用非财务指标考核企业经营绩效的趋势，有着根本的不同。从 80 年代以来，我国开始尊重价值规律，大力发展商品经济，利用计划和市场两种力量配置资源，企业的生产经营自主权迅速扩大，企业的财务会计制度和财务管理开始真正为企业的经营管理服务，用货币价值计量的企业生产要素和经营成果可以在一定程度上反映企业的经营管理绩效,因此,这个时期反映企业绩效评价结果的指标就包含了财务指标和非财务指标。到20世纪90年代,大多数国有企业基本成为独立的市场竞争主体,具备了对国有企业按照资本进行管理的客观条件,企业财务会计制度逐步与国际接轨,财务管理进一步规范,财务报表基本能够反映企业的经营绩效,因此,有关方面制定的企业经济效益评价体系主要以财务指标为主。可以说,这个发展特点是国有企业管理体制发展演变的自然逻辑结果。

另外,对于前述不同时期的企业绩效评价方法,还可以总结出几个共同缺陷:一是所有的评价方法都是单纯的定量评价方法,缺乏对国有企业经营绩效定性评价方面的考虑。二是所有的评价方法以历史纵向进行分析对比,都存在着"鞭打快牛"的弊端;三是对企业考察"重产出、轻效益"而不计成本,未注重资源占有程度的区别,特别突出的是没有评价企业长远发展的组织行为的定性评价等。从国外国有企业绩效评价实践的介绍来看,由于国有企业的天然属性,其经营绩效存在诸多定性方面的反映,必须全面、综合地评价国有企业经营绩效。

总的说来,改革开放30多年的历史进程中,我国的经济体制经历了单一指令性计划体制、计划指令为主市场调节为辅的体制、有计划的社会主义商品经济体制、社会主义市场经济体制,目前市场经济体制日趋完善。伴随着我国经济体制的变革,我国的宏观、中观层面的产业管理制度、垄断行业管理制度以及产业组织微观层面的企业制度也在进行相应的变革。在经济体制深化变革中,适应企业变革的《企业法》《公司法》逐一出台。2006年1月经过修订的《公司法》的实施,更近一步体现了在国民经济中企业市场主体地位基本形成,对于企业绩效评价的内容与形式也有所改进。但与发达国家比较,特别是从我国垄断行业企业集团组织机构与运行模式特点来看,都忽视了定性的组织行为与企业发展方面的评价,缺乏企业作业层次基础部位有形资产的实物形态的状况的评价,评价过程中基本没有涉及作业层次的人、财、物、技术、信息等主生产要素的状况的绩效评价。确切地说,还是财务账面定量成果的一维评价。

总之，企业经营绩效的内容是丰富的，影响企业经营绩效的因素又是复杂的，有的表现为具体的数量特征，有的则表现为抽象的描述特性。从国内外企业绩效评价的发展过程看，企业生产组织形式从简单到复杂、从低级到高级，相应的，企业绩效评价的方法也体现出从简单到复杂、从单一评价到综合评价的发展过程。

六、研究思路

本研究拟构建的三维评价模式的维度、指标体系的子系统的评价指标因素要优化整合，突破国内外传统评价的"一维线性评价""二维平面评价"模式的思维定式，开发构建"三维立体""广角开放""重心下移"的三维综合评价系，就需要科学严谨地处理解决评价综合变量指标设置，职能部门专业指标整合，工作、管理、技术标准运用，调研量表编制，分层随机抽样程序设定，指标单位无量纲规范化，计算机与局域网信息使用等问题。

（一）理论基础

本研究的领域为产业经济，研究的角度是产业组织与评价机制，研究的对象是自然垄断行业企业集团，因此课题研究的逻辑起点即研究的理论基础主要包括以下几个方面。

（1）体现产业经济形态与基本内容的垄断行业的研究。涉及垄断与自然垄断经济、产业类别特点范畴、自然垄断行业管理的基本特点、自然垄断行业的体制改革、自然垄断与网络产业、网络产业与垄断特征、自然垄断行业的社会成本、自然垄断行业的规制属性与公共性等理论问题，从理论上表述自然垄断行业企业集团的特征。

（2）体现垄断行业企业集团的组织结构与运行模式的研究。涉及企业集团的特征与功能作用、国外垄断产业企业集团组织结构与运行模式、我国自然垄断行业企业集团理论研究与实践、我国大型企业集团组织结构与管理体制的演变历史、以《公司法》为依据的现代企业制度规范运作与企业集团的改制重组、企业集团自然垄断与寡头垄断的组织结构与运行模式。从组织结构上表述自然垄断行业企业集团的运行体制与模式。

（3）体现自然垄断行业企业集团综合绩效评价机制的价值观念研究。涉及企业综合评价的含义与构念、绩效评价的目标与参照体系、绩效评价的价值判断程序与资本保全的形式、出资人权益与资本保值增值、绩效评价的指标要素与设置定位。从评价机制上表述自然垄断行业企业集团综合绩效评价的价值取向与基本要求。

（二）基本原则

（1）要适应中国国情的要求。每个国家都有自己的国情，在不同的发展阶段，其国情也不一样。我国国有企业是国民经济的重要组成部分，其角色定位与西方国家国有企业的角色定位存在显著的区别。自然垄断行业企业集团具有特殊的产业组织特征，它是国有经济的基本载体。它实质上是产业领域性法人（行业法人）。而且市场经济条件下的国有企业与计划经济条件下的国有企业又具有不同的经营环境、经营目标和运营特点。因此，我们研究和探索自然垄断行业企业集团绩效评价体系，必须充分考虑我国现阶段国有企业产业组织与经营管理的基本特征，否则就可能脱离实际。

（2）企业绩效评价必须以考核投资报酬率为核心内容。我们并不否认作为国有企业的自然垄断行业企业集团要承担政府赋予的社会目标，一些西方发达国家的国有企业也需要追求社会效益，以弥补市场调节的缺陷。虽然自然垄断企业的经营基本目标与竞争性企业都是要获取最大利润，但从国有资产主体即从投资者的角度讲，虽追求高投资报酬率，但是高投资报酬率不是唯一的。因此，我们以评价企业投资报酬率为核心的同时，仍要充分考虑国有企业的社会责任，进行我国国有企业绩效评价体系的研究和设计。

（3）企业绩效评价必须按照多目标规划原理进行多因素综合评价分析。企业作为社会经济的基本单元，仅仅满足高投资报酬率是远远不够的，它必须满足多个经营目标，否则企业资本所有者的高投资报酬率也没有保障。首先，企业必须维持资金的流动性，确保必要的债务清偿能力，否则企业可能因为不能偿付到期债务而陷于破产，最终也会损害到投资人的根本利益。其次，企业必须保障持续经营能力，即必须考虑长远发展目标，资本所有者有时需要牺牲眼前利益，以维持和增强企业未来盈利能力，从而确保整体或未来价值的最大化。此外，还应该考察企业的资产管理水平和资产质量，这是给企业带来利润、减少损失的直接因素。因此，评价企业绩效不能只关注眼前和表面的资本回报，还必须综合评价分析影响企业生存与发展的多种因素。

（4）企业绩效评价必须定量与定性相结合。反映企业经营绩效的因素，有的可以量化，但许多企业的组织行为因素特别是反映企业未来价值的因素是无法进行量化评价的。比如，企业经营者和员工的素质、基础管理水平、经营发展战略、高技术产业化、产业化的自组织形式[、技术创新能力、顾客认同程度等，都直接影响企业当期尤其是未来的生存发展和盈利能力。而这些因素无法进行量化，即使能够量化，也不可能制定出统一的标准。因此，要全面、综合地评价企业绩效，必须实行定量评价与定性评价相结合。

（5）企业绩效评价是对自然垄断行业企业集团的综合绩效评价，评价内容涉及自然垄断行业企业集团的各个方面的特点，高度重视作业层次基础部位即生产作业现场生产要素载体状况的评价。从科技成果转化的经济学分析角度深入研究，这一层面是人、财、物、技术、信息等生产要素基本投入环节，既体现活化劳动的运行状况，也体现物化劳动的运行状况，既反映生产要素的实物形态，也反映生产要素的价值形态，是自然垄断行业企业集团的物质基础和发展潜力所在。这一层面的量化指标毫无疑义地应构成综合评价模式的评价体系。

（6）区别自然垄断行业企业集团属性与经营形态，也就是区别是实业属性与产品及劳务形态，还是金融属性与资本运营形态。后者指的是银行、保险、基金、证券等行业及其业务范畴。本研究的对象是实业型态的自然垄断行业企业集团。

(7)企业绩效评价必须以相对客观的评价标准对企业经营成果进行对比判断。这一标准指的是企业经营成果即财务评价标准。在市场经济条件下，评价标准是多类型、多角度的。它包括国际标准与国内标准、国家标准与行业标准、行业标准与企业标准、历史标准与现实标准、竞争性标准与垄断性标准。因此标准参照体系要视企业具体情况而定。

此外，企业绩效评价指标体系有必要采用分层剖析和递进修正方法。在企业绩效评价指标中，有一些综合性很强，这些指标组合在一起能概括反映一个企业整体绩效的面貌。而另一些指标只从一个侧面反映企业的绩效状况，但要全面反映企业经营绩效，这些指标又是必需的。所以科学规范的企业绩效评价需要对企业指标采用多因素分层剖析、递进修正的分析方法，使绩效评价的结果能够逐步修正回归真实。

（三）前提条件

（1）站在出资人角度进行企业绩效评价。企业作为现代社会经济生活中一个连续运转的经济实体，拥有投资者、债权人、潜在的投资者、政府、社会、内部员工等众多的利益相关者，并与他们之间有着各种各样的利害关系。例如，企业的投资者主要关心其经营者对授权委托责任的完成情况以及对其投资的回报和企业长远的发展，而债权人则主要关心企业对其债务偿还的保障程度，能否足额偿还到期的债务，政府则需要从微观的企业经营情况出发，制定宏观经济政策和产业政策。可见，企业的不同利益相关者，由于其所处的角度不同，对企业关注的侧重点也各不相同，其所要评价企业的内容和目标，以及所构建的评价指标体系也随之有所不同。本书主要是站在企业所有者的立场，以出资人的角度来研究企业绩效评价问题，并且充分考虑自然垄断行业企业集团所提供的公共产品的社会属性，充分考虑国家作为自然垄断行业出资人在评价过程中的规制手段的运用，科学构建自然垄断行业企业集团绩效评价体系。

（2）被评价企业处于正常的生产经营状态。从企业存续的整个生命周期来看，正常的生产经营状态是企业存续过程中持续时间最长、最充分体现企业一般特征的阶段，而初创筹备阶段和破产清算阶段则是企业存续过程中持续时间较短的特殊阶段。所以，只有对处于正常生产经营状态的企业进行评价才有意义，本书的研究对象主要是处于正常生产经营状态的企业。如果企业处于初创筹备阶段或处于濒临破产、清算阶段等非正常生产经营状态，则不在本绩效评价体系的评价范围之内。

（3）充分考虑历史资产存量及政府行为对国有企业经营的影响。当前，我国国有企业正处于建立现代企业制度、构建现代法人治理结构、成为真正市场主体的深化改革阶段。在这一阶段，许多国有企业，特别是自然垄断行业企业集团，在计划经济的长期影响下，形成了许多与市场经济不相容的历史遗留问题。例如，由于原有资产损失审批制度限制以及会计监督没有跟上，许多国有企业中存在着大量不良资产和资金挂账，潜亏现象比较严重，仍然没有摆脱"公共性"特征，还承担着相应的社会职能，等等。所以，为了充分反映我国国有企业的一些现实问题，平衡不同所有制企业之间、新旧企业之间在社会负担上的差异，实现对不同企业的客观、公平评价，本书对以上影响因素将予以充分考虑。

（4）定位聚焦自然垄断行业企业集团的产业结构、组织结构、产权体制与运营模式角度。本书的研究对象是一定程度的高技术含量的自然垄断行业企业集团，它们的组织结构与运营模式是产业领域性、垂直型、多层次、纵向一体化。企业集团类型为区域性自然垄断与功能性自然垄断。注册资本与产权结构为国有独资或国有资本绝对控股体制，生产运营过程与生产要素集中在作业层次基础部位。

七、研究框架与研究方法

（一）研究框架

本书的结构框架如图 1-1 所示。

■ 自然垄断行业企业集团综合绩效评价模式

```
                    ┌─────────────────┐
                    │   研究背景与目标  │
                    └────────┬────────┘
                   ┌─────────┴─────────┐
        ┌──────────┴────────┐  ┌───────┴──────────────┐
        │ 国内外基础理论研究 │  │ 国内外研究现状与实践探索 │
        └──────────┬────────┘  └───────┬──────────────┘
```

| 自然垄断行业经济与政府规制 | 自然垄断行业企业集团组织结构 | 自然垄断行业企业绩效评价值观 | 自然垄断行业企业绩效评价方法论 |

┌─────────────────────────────────┐
│ 自然垄断行业企业集团综合绩效评价模式 │
│   三维立体结构   │
└─────────────────────────────────┘

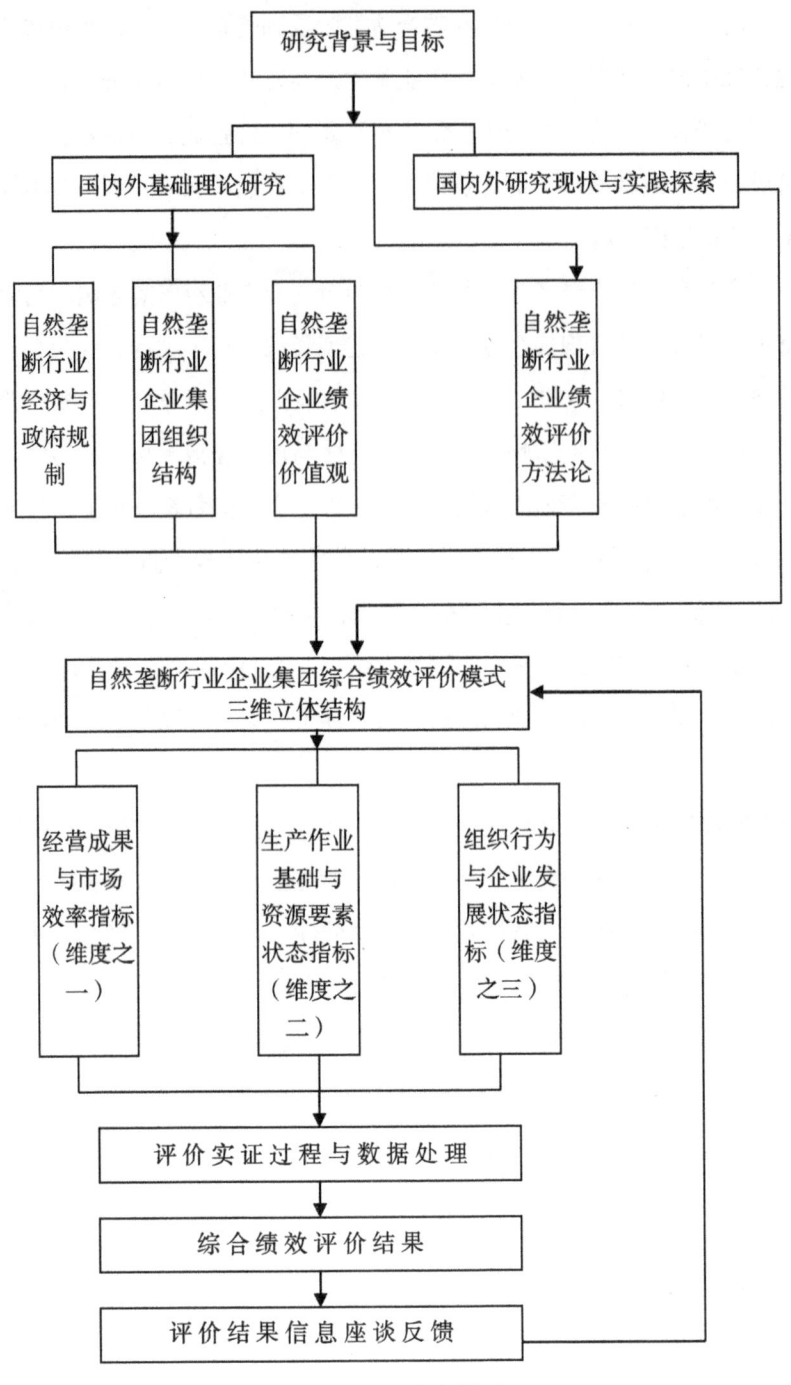

| 经营成果与市场效率指标（维度之一） | 生产作业基础与资源要素状态指标（维度之二） | 组织行为与企业发展状态指标（维度之三） |

┌─────────────────────────────┐
│   评价实证过程与数据处理   │
└─────────────────────────────┘
┌─────────────────────────────┐
│   综合绩效评价结果   │
└─────────────────────────────┘
┌─────────────────────────────┐
│   评价结果信息座谈反馈   │
└─────────────────────────────┘

图 1-1　研究框架

（二）研究方法

1. 研究借鉴成功经验与开拓创新相结合

国外在国有企业绩效评价方面有许多成功的实践经验，这些经验对我们建立自然垄断行业企业集团绩效评价模式，具有一定的借鉴意义。自然垄断行业企业集团是具有中国特色的产业组织载体，我国的产业组织发展、产业化的自组织机制、产业发展的投资主体都具有自身的特性。因此，我们在研究国外的成功做法和国内过去的一些经验教训的基础上，结合我国现实情况，按照科学、实用的原则，进行了创新研究与设计。

2. 采用整体与系统论方法进行多因素分析

设计企业综合绩效评价体系是一个系统工程，影响企业经营发展的基本要素很多，因此，我们在绩效评价体系中采用系统分析方法将这些因素进行主次界定和量级分类，使综合评价体系的模式结构设计层次分明、内涵清晰。

（1）理论分析与实证研究相结合。本书对企业绩效评价体系的研究设计，包括评价指标、评价标准和评价方法的选择与制定，都是先从理论分析入手，回答为什么的问题，然后通过实证分析进行验证，使设计出的企业综合绩效评价体系具有实践上的指导意义。

（2）模型计量与模糊判断相结合。由于反映企业综合绩效的因素，有的可以用数据计量，但也有一些重要因素只能用文字描述，因此，评价企业绩效就必须采用数学模型和模糊判断相结合的方法，以利用两方面的分析优势，综合反映企业的真实绩效。

（3）经营成果的评价与生产要素状况评价相结合。从产业结构优化、产业组织运行的角度，既要评价企业经营与产出成果，又要评价生产经营与运行过程中的诸生产要素状况，评价生产要素技术结构与生产要素的界面关联，使生产投入与产出实现有机的统一。

（4）定量评价与定性评价相结合。充分运用现代信息技术及计算机数据处理方法，依据收集的定量资料，同时运用态度测量等方法，收集采纳行业内不同群体价值观念形态的定性评价意见，来体现管理主体和管理客体对企业绩效的认可程度。

本章小结

本章从产业经济领域及其相应基础理论研究出发，站在自然垄断行业企业集团综合绩效评价的角度，对确立自然垄断行业企业集团综合绩效评价模式的研究目的、背景、意义进行了深入探讨；对欧美及亚洲一些国家和地区的相关研究与实践进行了借鉴性的分析与评述；研究了我国企业绩效评价历史与现状，并剖析其存在的问题；拟定了研究思路与研究方法；初步形成了自然垄断行业企业集团综合绩效三维评价模式与指标体系的框架结构。

自然垄断行业企业集团的综合评价模式与指标体系设计问题，是理论界与国有资产监管机构所面临的新课题，因此，在研究过程中需要发散思维、扩展视觉、延伸层次，依据理论研究成果，综合实证研究成果，在研究的深度与广度上力求均有突破。

第二章　自然垄断行业的属性及其规制理论

　　自然垄断行业企业集团是在我国经济体制改革的进程中不断发展壮大的，已经成为我国多种经济共同发展的产业支柱，体现了国民经济基础中的国有经济支配地位。这一自然垄断的属性是与我国社会主义初级阶段的政治体制与经济体制相适应的。从我国社会主义初级阶段主导价值观念出发，研究自然垄断行业企业集团综合评价模式，属于国家从出资人的角度规制自然垄断行业的范畴，评价的功能自身就体现管理与规制的客观要求。通过研究自然垄断含义及概念的界定，研究自然垄断与网络产业的关系及其网络产业特征，深入分析自然垄断的社会成本与自然垄断的社会公共属性，来进一步研究自然垄断的政府规制依据，奠定研究自然垄断行业企业集团综合评价的理论基础。

一、自然垄断

（一）自然垄断的含义

　　自然垄断是经济学中的一个传统概念。英国学者约翰·穆勒早在19世纪40年代就提出自然垄断的概念。在《政治经济学原理》中，穆勒在论述地租中提出"地租是自然垄断的结果"这一论断，但他对自然垄断本身没有做任何阐述。事实上，穆勒所谓的自然垄断是指由于自然资源的分布特性使得竞争无法展开的情形，它与我们今天所谈的自然垄断的含义相距甚远。现代经济学对自然垄断的理解基本上是在规模经济层面上理解的，如果某产品的平均成本随着产量的增加而持续下降，便成了自然垄断产生的经济原因。也就是说，自然垄断，是指某些产品和服务由单个企业大规模生产经营比多个企业同时生产经营更有效率的现象，是由于市场的自然条件而产生的垄断，它一般具有以下特征：规模经济和范围经济效应非常显著；关联经济效应显著；网络性；有大量的沉没成本；市场集中度特别高；普遍服务性。

（二）自然垄断与政府管制

所谓管制就是政府依据法律法规对市场活动所进行的规定和限制行为。对于管制产生的原因，经济学界主要有以下几种观点。

（1）公共利益论。鲍德威和维迪逊认为该理论把管制看作是政府对一种公共需要的反应。这种理论或明或暗地包括着这样一个假设，即市场作用是有限的，如果放任自流就会趋向不公正和低效率，亦即市场失灵；而政府管制则是对社会的公正和效率需求所做的无代价、有效和公正的反应。这暗示着政府是公众利益而不是某一特定部门利益的保护者，将对任何出现市场失灵的地方进行管制。这是对政府管制的最初认识，也是传统管制政策设计的理论基础。

（2）管制需求论。由于现有的美国经济中的管制现象并不能用"公共利益"理论来解释，因此保罗·约瑟考认为可以用利益集团对政府管制的需求来解释。管制是作为一种由政府提供的特殊商品而存在的。出于效用最大化的目的，被管制的产业都会竭力争取政府对其管制，以使管制政策的设计与实施主要为受管制行业的利益服务，由此得出"管制有利于生产者，生产者总能赢"的思想。20世纪五六十年代以后，各国反对管制的呼声日益高涨，由此促成了放松管制的运动。之所以会出现这种情况，主要有以下几个方面的原因。

第一，可竞争市场理论的发展。在美国学者威廉·鲍莫尔的著作及其1981年12月29日就职美国经济学会主席的演说中，首次阐述了可竞争市场理论。

由于在可竞争市场结构中存在潜在竞争者，市场在位者不能够取得垄断利润，所以可竞争市场的定价和资源配置是有效率的。因此，要保证经济效率，政府就要放松管制。

第二，异质产品的竞争和产业间的替代竞争。在自然垄断行业中，一般一个企业就构成一个产业，同类产品之间没有竞争。但随着经济的发展，产业之间的替代性和竞争性日益明显，如铁路、公路以及航空运输业之间的竞争，这就要求政府放松对这些行业的进入管制和价格管制。

第三，政府管制失灵。格罗斯基认为，政府管制的目的是要纠正市场失灵，维护公共利益，但是由于政府本身也追逐自身利益的最大化，加之政府管制所要求得到的信息是不完全的，管制者与被管制者之间存在一个博弈过程，容易产生管制者被"俘虏"的危险，为了避免出现这一现象，就需要保持庞大的政府部门，这也意味着经济效率的降低。所以，客观上必然要求放松管制。

第四，技术创新使某些行业的自然垄断性质发生了根本的变化，这就要求在该行业中引入竞争以适应其发展的需要。最典型的当属电信业。电信业在多年之前一直被认为是具有自然垄断性质的。由于当时技术方面的限制，一个国家电信业的基本业务电话需要统一的网络，电信业所需投资较大，为取得规模经济效益和避免重复建设，统一规划、统一建设、统一经营和统一管理就十分必要。因此，各国的电信行业不是由政府国营就是在政府的严格控制下运行。但是近年来，随着远程通信技术的发展，特别是光纤、通信卫星、计算机等大容量传送途径的开发，减少了电信基础设施的投资规模，使长距离大量通信的成本大幅下降，电信行业的进入壁垒随之大大降低。因此，面对这类行业也应放松管制。

第五，市场容量的扩大与经济全球化，也要求适当放松管制。

虽然说现在全球都出现了放松管制的趋势，但是并没有哪个国家完全放弃管制、不要管制。因此，对于自然垄断行业管制手段的研究还是很有必要的。在这种情况下，激励性管制应运而生。

（1）特许投标制度。这是19世纪时在法国自来水业中实行的一种制度，后来把它作为社会改革的一个环节而将其引进被规制的产业,从而才在理论和政策上开始引起讨论,但是直到20世纪初才将其作为自然垄断管制的方法,受到人们的关注。在这种制度下,政府在提供公共服务和某种公用事业服务时,如果认定由一个特定的企业承包比较经济,便给予这个企业以垄断权,但同时为了刺激企业提高经营效率,在一定时间后,会通过竞争投标来决定将特许权授予那些能够以更低价格提供更优质服务的企业。

(2)标尺竞争。它是将受规制的全国垄断企业分为几个地区性企业,使特定企业在其他企业成就的刺激下而提高自己内部效率的一种方法。标尺竞争不是特定市场中的企业之间的相互直接竞争,而是地区间垄断企业之间的间接竞争。该理论提供了在信息不对称状况下的一个具有一般意义的解决方法,因此具有较广泛的适用性。不过,它要求各企业之间的情况比较相似。

(3)社会契约制度。是指管制当局与被管制者之间在修订收费标准时就设备运转率、热效率、燃料费、外购电力价格、建设费等签订合同,如果能实现比合同规定的更好成绩将给予奖励,否则将给予惩罚。社会契约制度又称为成本调整契约,它在电力事业部门中得到了广泛的实行,并且取得了良好的效果。

(4)最高价格管制。它是在英国电话通信公司实行民营化时,由咨询专家李特查尔德提议的,是在给予企业提高内部效率刺激的基础上旨在节约行政费用的价格管制方式。具体做法就是规定价格的上限,使价格原则上在这个限度下自由波动。

(三)自然垄断与网络产业

1. 网络产业发展状况

电力、电信、军工、铁路、民航、邮政、供水、石油、天然气、管道运输等网络产业,在国民经济中具有重要作用,它们不仅构成GDP的较大比重,而且作为基本投入要素和生活必需品直接影响经济竞争力和人民生活质量,同时也是国民经济支柱行业和国有经济的主导力量。产品或服务的生产、传输、分销和用户消费等环节具有很强的纵向关系，是网络产业区别于其他产业的基本特征。

19世纪以来，随着经济的发展，为了有效地提供产品或服务，一些部门逐渐形成了网络产业。铁路就是最早的网络产业之一，联接的车站越多，铁路对其所有者和消费者的价值越大。纵向一体化特许垄断经营和较高的国有化程度，曾经是世界各国网络产业的基本经营模式。从20世纪60年代起，网络产业的两个问题开始受到普遍关注：一是服务质量没有随着技术进步得到改变；二是管制者无法了解受管制企业的真实成本，网络产业的产品和服务价格不断上涨。许多实证研究表明，政府对网络产业的管制会产生企业内部无效率，而且这种企业内部无效率在既实行价格管制又实行进入管制时更为严重。在理论上，自从经济管制能够带来公共利益的传统观点受到质疑以来，不仅管制目标和通过管制实现这些目标的能力受到挑战，而且经济管制在许多行业是否符合经济效率准则，甚至经济管制存在的必要性为微观经济理论所动摇，结果，被喻为"将政府从人民背上移走"的放松管制和管制改革作为一种新的制度安排和政策工具在世界范围内得到广泛的传播和应用。20世纪80年代以来，美国、欧洲等国对网络产业进行了以引入竞争机制为核心的改革。改革的重要内容是开放网络接入，允许不拥有网络设施的进入者通过接入现有企业的网络提供服务。从此，网络产业纵向一体化、垄断经营格局发生了一定程度的变化，管制在很大程度上为竞争和市场机制所冲击。

2. 我国网络产业垄断性的研究

我国学者对自然垄断行业改革的研究始于对若干行业及其面临问题的分析。天然气、邮政、铁路、军工、电力、管道运输是较早引起经济学者关注的网络产业。有的学者（邓翔，1995）分析了天然气产业由于输送网络等形成的自然垄断特征及其带来的问题。有的学者（刘阳平等，1999）对电力产业内发电、输电、配电三个环节的技术经济特征进行了分析，结果表明电力产业内部不同环节具有不同的自然垄断特征。肖立武（1999）对中国和美国的电信产业发展进行了比较分析，提出中国电信业的垄断，其生成环境既非资本主义也非市场经济，而是有着鲜明的"中国特色"，可以说是高度集中的计划经济体制的一个历史延伸和翻版。中国电信业几十年"一家独大"的局面不是市场竞争的结果，恰恰是以国家强制力彻底否定市场铲除竞争的结果，这与欧美等国电信业在市场经济条件下形成的垄断有着根本不同。因此，西方经济学基于市场经济的"自然垄断"理论很难成为替中国电信业的垄断进行辩护的适合的理论依据。有的学者（曹建海，2002）以实证方法分析了中国民航运输业的竞争和管制状况，分析结果表明，我国民航业企业规模小和低效率、低利润来自政府过度管制。与一些学者以某个产业为研究对象不同，有的学者（王俊豪，1999）对网络产业的政府管制体制改革进行了系统研究，并试图抽象出各个网络产业所面临的共同问题。在《中国政府管制体制改革研究》一书中，王俊豪结合中国电信、电力、自来水、天然气、铁路运输这五个网络产业面临的问题，从协调规模经济和竞争活力的视角，提出了政府管制体制改革的关键是政企分离，政府管制体制改革的主题是充分发挥竞争机制的积极作用，政府管制体制改革的目标是在基础设施产业实现有效竞争。

在自然垄断的网络产业研究与分析以及改革实践不断推进的同时，一些研究开始从理论层面反思自然垄断理论，并探讨中国自然垄断行业改革的思路和路径。研究的重点从政企关系、民营化、纵向关系转移到如何比较垄断和竞争的效率，从资源配置效率、技术进步和企业内部绩效方面分析了我国自然垄断行业的市场绩效，认为提高我国自然垄断行业的市场绩效是一个非常紧迫的问题。

3. 网络产业与自然垄断效率分析

20世纪60年代以来，有学者分析了引入竞争和私有化的顺序，认为竞争是可以单独起作用的因素，在维持垄断的前提下实施私有化往往不能起到改进产业绩效的作用，在私有化之前引入竞争更能改进网络产业绩效。但问题是，在网络产业的网络传输环节引入竞争经常会遇到障碍。由于网络的外部性，竞争一般会导致两个相反效应，即一方面减少企业的垄断利润，另一方面通过扩大网络规模增加企业的利润，两者的综合效应主要取决于网络效应强度。尼古拉斯的研究表明，无论网络效应多强，垄断企业都没有动机向竞争者提供同质产品。只有在竞争者提供差异产品，而且网络效应较弱的情况下，垄断企业才会邀请新的企业进入。余晖对中国网络产业的管制现状进行了描述和分析，发现消费者在消费领域扩大的同时，消费的直接成本也在不合理地增加。王俊豪对自然垄断行业垄断与竞争的效率进行了比较分析，提出政府在制定管制政策时，应该同时考虑自然垄断行业的成本弱增性和竞争机制的积极作用，才能在自然垄断行业实现有效竞争。陈富良注意到，尽管英国自然垄断行业效率的提高是在民营化之后取得的，但效率提高不是来自民营化，而是来自竞争，把垄断简单地从公共部门转向私人部门丝毫不会促进竞争。戚聿东针对我国自然垄断行业分拆式改革的思路，强调自然垄断行业的反垄断不要轻易动用分拆措施。后来他又进一步提出自然垄断行业改革应该立足于改制而不是分拆，其主要根据在于：自然垄断行业多为网络性产业，必须考虑其全程全网联合作业和统一兼容性质，而且其具有显著的规模经济性和范围经济性，分拆必然导致经济效益的丧失。从总体上看，自然垄断行业的真正症结在于政企不分而不是垄断；就反垄断目标而言，由于我国自然垄断行业的垄断多为行政割据型垄断，而不是经济集中型垄断；经济集中型垄断只是一种垄断结构，与垄断行为没有必然联系，所以我国自然垄断行业的反垄断应该指向包括行政割据型垄断行为在内的各种垄断行为，而不应该指向垄断结构，特别是经济集中型垄断结构。孙建国强调，随着市场经济的发展以及技术条件的改善，自然垄断行业从依靠管制转向依靠市场竞争，是发展的一般趋势。尽管促进竞争是自然垄断行业改革的方向，但对不同的产业而言，充分竞争的条件是不一样的，有些产业（如电信行业）只要增加竞争者的数量就可以实现有效竞争，而另一些产业（如电力行业）实现有效竞争则需要更加严格的条件。胡家勇分析了中国基础设施领域"政企合一"体制的弊端，阐述了开发基础设施领域、强化市场竞争和调整政府在基础设施领域职能的改革思路，其中，引进经营权的竞争至关重要。

近年来的许多研究对自然垄断理论提出了挑战。罗云鹏等基于对成本曲线的重新理解，对新自然垄断理论进行了部分修正，剔除了"进入无障碍、企业无承受力"情况下管制的必要性,强化了自然垄断行业放松管制的理论基础。于良春对中国电力定价问题进行了分析,认为规制者应对不同效率的企业设计激励强度不同的合约,同时根据消费者需求弹性和购买数量设计不同的价格。周振华观察到,由于信息技术及互联网的发展,传统网络及其终端设备的专用性和分离性开始改变,电信、广播、电视和出版等部门在数字融合的基础上率先实现了产业融合,产业边界固定化和产业分立的传统看法面临挑战,一种新的产业形态正在形成。其结果是,原先纵向一体化的纵向结构被以内容、包装、传输、处理与终端为内容的横向市场结构所取代。

4. 网络产业垄断性的评述

国内外学者评述网络产业垄断性的出发点是,配置稀缺资源用于生产产品和服务以满足社会个体的需求是经济系统的基本目标。在现实的经济系统中,要依靠企业的两种基本机制来实现这个目标。一种是市场机制,通过这种机制,对由市场供求水平决定的价格做出反应,并据此从事自利的经济活动。另一种机制是政府管制,或称为公共部门机制,通过征税、产品和服务支出、直接对家庭转移支付以及为企业行为制定法规等企业手段进行资源配置的决策。公共部门的决策包括对经济资源配置的直接干预和对企业行为的间接影响,实际上就是效率问题。效率产生于完成同一工作的不同方法之间的竞争,如果市场能够比其他机制在较低的成本下完成这项工作,或者能够在相同成本的情况下做得更好,那么市场就是相对有效率的;反之,如果其他机制能够以较低的成本完成这项工作,或者能够在相同成本下做得更好,那么市场就是相对低效率的。

国内外的实践和研究表明,非市场机制不能像市场机制那样在增加供给和降低成本方面有效地发挥企业作用。研究认为,割裂成本和收入之间的联系是非市场机制低效率的根源。无论市场机制如何不完善,它的收入都主要取决于出售给买者的产品数量和销售价格,而且买者有权决定是否购买以及购买多少,它的企业成本也必须通过销售收入来收回,成本和收入两者之间的联系是通过价格建立起来的,而且这种价格的高低决定于消费者的支付意愿和支付能力，即消费者是否买和买哪个厂商的产品。而非市场机制则割裂了这种联系。在非市场机制下，企业收入的一部分甚至主要部分来自由政府规定的价格以及与价格无关的因素，如政府的财政补贴、政府拨款、政府保护以及有保证的销售、捐赠等。这些收入直接提供给运营者，使得非市场机制产出的价值同生产它的成本割裂开来，致使资源配置低效率的可能性和程度大大增加。无论是采取管制还是政府直接生产的方式，非市场机制的最终趋势是明显地多余成本。这种技术上的低效率和由此导致的剩余过大也被称为非市场失灵。非市场失灵的根源在于与非市场产出有关的供求因素。当公众意识到市场产出的增长不充分时，对补救行为的需求就会扩张。在缺乏竞争的条件下，非市场机制的低效率还会得到强化。而市场机制之所以能刺激生产和降低成本，就是因为存在实际或潜在的竞争或获取额外利润的机会。

但是，没有任何经济系统可以完全依赖私有部门配置资源，不仅是因为公共部门决策本身带来的好处，而且在于市场机制内在的缺陷。在市场机制下，资源的有效配置要求产出价格与边际成本相等。如果价格超过边际成本，效率就会通过增加产出而得到加强；当价格低于边际成本时，效率可以通过减少产出而增加。因此，有效率的经济体制必须是遵从这一价格规则的体制，违反这一规则的体制就是低效率的。但是，在市场机制中，有许多情形使得不能按照边际成本原则确定价格。网络产业通过网络设施将上游供给企业与下游用户联结起来，通常以寡头垄断或受管制为特征。在这种不完善的市场经济中，需求曲线的斜率为负，只有降低价格才能使销售增加。这时，无论是在降低还是增加成本的条件下运行，都不会将价格定得等于边际成本，否则利润便会在更高的价格和更低的产量上达到最大化。利润最大化的价格可能会超过或等于平均成本，而且利润的获得可能是没有效率的。

在实践中，市场机制和非市场机制的区别并非这样泾渭分明。支撑目前私营企业经济体制的两个主要制度是竞争性的市场机制和直接管制，将两者结合起来并不容易，但是如果做不到这一点，就不能提高效率，也不能在其他方面取得良好的经济成果。植草益在分析第二次世界大战后日本经济之所以能取得特别良好的经济成果时，认为主要原因是日本有效地选择了构成日本经济体制基础的竞争性市场领域与直接管制领域，在各自的领域中形成了有效的产业组织，并有效地对各领域实施了管制。在这种条件下，企业开展了"公正而自由"的竞争，取得了理想的经济成果。同时，在直接管制领域，管制当局在各种管制法律制度下对企业行为进行了有效管制。当然，除了禁止垄断政策与直接管制政策以外，产业政策、科学技术政策、资源政策、劳动政策以及以财政金融政策为主的宏观经济政策也为日本经济增长做出了贡献。但是，支撑现行经济体制的基础性制度仍是竞争性的市场机制与直接管制，如果这些制度不能有效地运行，就不会有今天日本经济的发展。

经济学已经认识到，市场失灵只是政府干预的必要条件而非充分条件。因为，如果不存在市场失灵，市场就能够有效地发展而不需要干预，所以它是必要条件，而政府干预本身也有可能扭曲资源配置而损害效率，所以它并不是充分条件。实际上，干扰市场机制有效配置资源的问题也同样困扰着政府。在每个市场失灵的情形中，真正需要的是对市场自由运作及政府干预各自在资源配置中的作用进行评价。某些情况下政府干预可以改进资源配置效率，某些情况下则可能不行。在评价政府干预及其对资源配置效率的影响时，经济学特别强调公共部门针对市场失灵采取的行动的合理性依赖于人们对社会目标所持有的个人观点，也就是说，资源配置的效率应该由考虑了所有个人偏好的帕累托原则来判定，而不能用任何集团的偏好来判定，经济体制的目标是满足构成此社会的个体的总效用。

（四）自然垄断与管制依据

网络产业管制的基本依据在于自然垄断性，但是管制经济学理论和管制实践表明还存在着另外的依据。交通运输、电信和电力等网络产业经历了长期的经济管制，一是由于它们经常被用作政治、军事、社会和经济政策的战略工具，例如获得更大的政治凝聚力和保障社会的稳定；二是由于这些网络产业所具有的技术经济特征以及由此产生的一系列独特问题，并确信解决这些问题必须由政府做出积极的反应，相信在市场势力无能为力的地方可以借助于政府力量改善效率。在实践上，许多国家公共部门在网络产业发展初期都居于垄断地位，然而，最近的经验披露，这种做法普遍导致了严重的资源配置低效率和供不应求。公共所有、公共融资和经营这种生硬的方式，在减少贫困和保护环境方面没有显示出任何优越性。经营中的这种无效性不是偶然发生的，它们是普遍流行的从制度上激励基础设施发展的体制所固有的弊端。

植草益将网络产业维持垄断的原因归纳为：产品和服务的必需性、产品和服务的公共性、防止毁灭性竞争、避免重复投资以及确保技术标准的一致性。产品和服务的必需性包括两个含义：一是尽管对网络产业的需求因厂商和个人而异，但保证最低数量和基本质量的服务量常常具有战略意义，因为任何形式的中断或限制供给都可能付出巨大的代价；二是由于公用事业、电信、铁路运输等服务具有必需品的性质，其运营者有广泛而公平地提供基本服务的义务，无论供给成本因用户所在区域不同而存在多大差异，还是经常需要按全国或区域统一的资费标准提供服务，也就是普遍服务。在独家垄断尤其是国家垄断时这一目标易于实现，因为政府可以不计成本地决定在何处建造网络，以何种资费提供服务。如果放松这类产业的进入管制，新进入者自然会首先进入存在超额利润的业务领域或地区，这就会产生吸脂效应，即在存在内部交叉补贴的产业，放松进入管制后新进入者仅进入高收益业务领域或地区从事经营的情况。很显然，吸脂效应必然会对普及义务造成不利影响。

虽然网络产业提供的产品或服务经常具有生活必需性这一点是不能否定的，但是这些产品或服务除了消费者需求以外也有相当部分是产业需求。为大多数产业所需求，意味着其具有一定的必需性，但其程度与面向消费者的需求是不同的。这是因为产业需求的一部分有可能由需求者自给解决，如一些厂商的自备电站、热力供应和电信设施等。因此，产业需求的价格弹性比最终消费需求的价格弹性大，或者说产业需求的必需性比最终消费需求弱。正是由于这个原因，必须重新思考产品或服务的必需性能否作为网络产业管制的依据。在网络产业，防止由于滥用市场势力造成资源配置低效率才是最重要的管制根据，而确保服务的普遍、稳定供给，从性质上来讲处于从属位置，不能成为进入管制和价格管制的依据。

产品和服务的公共性是对网络产业进行管制的另一个理由。其实这是对产品和服务的必需性和公共性的误解。公共性源自公共物品，其基本含义不是前面所讲的必需性或总需求性，而是指消费的不可分性和外部性导致的难以形成价格的产品和服务。造成这种误解与长期存在的一个普遍现象——某些网络产业的产品或服务消费不按照消耗量向用户收费有关系，或者是因技术条件差（如没有电表、水表）而无法按消耗量计价。然而，近年来的一些变化，例如水资源稀缺导致的供水成本上升、网络利用率由不饱和变得拥挤以及消费量计量手段的技术创新等，已使得人们能够像对其他私人产品或服务一样地对这类产品或服务收取费用。现在，对每一用户的消费量或其他计费标准的计量不存在技术上的障碍，都可以形成明确的价格，所以不能说它们是公共物品。因此，从经济学意义上讲其产品和服务不具有公共性。

防止毁灭性竞争是对网络产业进行管制的第三个理由。由于网络产业具有固定成本在总成本中所占比重大、边际成本小的特点，如果这类产业中存在多家相互竞争的企业，企业就有可能以回收固定成本为目标，尽量扩大销售量，从而展开降低价格的竞争。在价格降低到边际成本之前，价格的螺旋式下降不可避免。而且由于网络产业的产品或服务的同质性很强，价格竞争具有容易激化的性质。实际上，在没有对电、天然气、铁路等产业实行价格管制的时期，曾有过展开毁灭性竞争的事例。因此，为了达到避免毁灭性竞争的目的，给特定企业以垄断供给权，使它尽稳定的供应义务，则成为管制的根据。但是，如果把管制产业的垄断一律用防止毁灭性竞争来解释则未免过于勉强。从经济史上看，电、天然气、铁路等一部分网络产业确实出现过毁灭性竞争，而供水和电话产业自其建立伊始，就多半实行垄断经营。因此，把避免毁灭性竞争作为经济性管制的根据，只对一部分产业是适用的。

对网络产业进行管制的第四个理由是避免重复投资和确保技术标准的兼容性。在网络产业，像供水、供气、供电和电信、军工等产业，如果每个竞争者各自建立一套传输分销网络，技术标准的不一致可能会使这些网络难以相互连接起来，每个用户只能在自己的网络范围内得到服务。因此，由一个企业垄断经营这类产业有利于实现技术标准的一致性，避免重复投资，这是对网络产业实行进入管制和价格管制的传统理由。应该说，在需要巨额固定资本投资的网络产业建立的初期，这个理由有其合理性。现在，由于标准化和技术革新使得网络的相互连接在技术上变得简单了，在体制上可以通过法规而非垄断经营来实现，因此这种管制的传统理由已经被大大地弱化了。

所以，网络产业的上述特点，并不能说明网络产业垄断经营特别是国有企业垄断经营和产业链的每个环节都受到政府管制的合理性。金碚明确地指出，许多国家的实践表明，即使是垄断产业，非国有企业也未必绝对不宜进入，特别是随着技术的进步和管理水平的提高，过去的垄断产业可以成为竞争产业。至少，垄断产业中真正具有自然垄断性的领域会变得越来越小，甚至像铁路这样具有很强自然垄断性质的产业，除了路轨需由国家垄断经营外，运输营运领域也完全可以实行多家企业（包括非国有企业）的竞争经营。因此，自然垄断性未必永远是国有企业保持独占的充分理由。特别值得注意的是，有些产业的垄断性实际上是政府的管制政策造成的，完全有必要鼓励非国有企业进入这类产业，打破垄断，形成竞争，这是非常有助于提高生产效率和服务质量的。

二、自然垄断行业的特征

管制存在的基本原因是市场失灵，自然垄断是市场失灵最主要的形式。自然垄断性的网络产业的技术、经济特征正在发生变化，正确地认识这些特征以及这些特征的变化是理解网络产业管制、放松管制和管制改革问题的基础和前提。

（一）垄断影响因素的持久性

《孟子·公孙丑》中记述："必求垄断而登之，以左右望而网市利。"其含义是站在集市的高地上操纵贸易，也可以解释为把持和独占，想方设法阻止他人涉及自己的领域。美国著名经济学家欧文·费雪则把垄断定义为"竞争的缺乏"，与前者有异曲同工之处。按照这一定义，对于垄断的理解总是与人们对于竞争的具体认识相联系的。在新古典主义经济学家看来，垄断是与完全竞争截然对立的。与完全竞争者面临的水平需求曲线不同，垄断者的需求曲线必定斜率为负。如果一家企业是一种商品的唯一生产者，而消费者具有正常的需求特征，那么企业在更低的价格上将销售得更多。只有在至少存在着另一家同质产品生产厂家（寡头垄断）的时候，企业的需求曲线才能在一个相当大的产出范围内都是水平的。在图2-1中给出了一个垄断者和一个寡头垄断者的需求曲线，Dm是垄断需求曲线，即当所有其他产品或服务的价格和买者的收入固定不变时可以销售的数量。如果该产业中有两个同类企业，分别为垄断者1和垄断者2，PoADm是垄断者2将价格保持在Po时垄断者1的需求曲线。其含义是，在比垄断者2要求的价格更高的价格水平上，垄断者1的销售量为0；如果垄断者1的价格更低，垄断者2就不可能把他的价格保持在Po水平上。这样，我们就可以把垄断定义为一个企业面临着持续下降的需求曲线。相应的，一个垄断者的需求曲线上有一段水平的部分，而一个竞争者的需求曲线则全部是水平的直线。

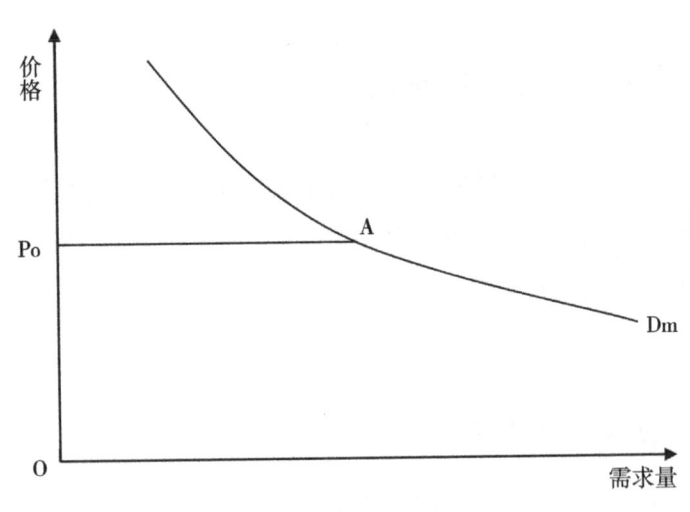

图2-1 需求与价格关系

垄断者的需求曲线通常取决于如下几个因素：替代品和互补品的价格、收入水平以及买者的偏好。收入水平是垄断者无力控制的，但其常常能够影响替代品和互补品的价格。垄断需求曲线的斜率一般依赖于垄断的产品或服务是如何被替代的，以及替代品的数量。由于替代品的存在，任何一种产品或服务的生产者影响价格的力量都十分有限，所以，在生产者之间不存在合谋的情况下，只有当一个企业的产品与所有其他企业的产品拥有明显差别，也就是该企业产品或服务的交叉价格弹性很小时，才会产生垄断。因此，判断某个企业是不是垄断者，要看该企业提高其产品或服务的价格时，消费者是否以及在多大程度上将转向其他产品或服务。长期以来，市内电话被认为是垄断性的，因为电报、书信、牵线搭桥的聚会以及传递口信的使者都是不完全的替代品。

如果只有少数几个从事产品或服务及其替代品的生产，就称这种市场结构为寡头垄断。只要垄断是有利可图的，而且其收入比竞争性产业还高，其他企业便会极力试图进入该产业，分享垄断利润。但潜在进入者能否进入该产业则取决于进入的难易程度。为使垄断力量长期持续存在，必须构筑排斥其他厂商进入该产业的足够高的壁垒，阻止具有同样甚至更高效率的潜在进入者的进入。也就是说，垄断或寡头垄断的持久性取决于潜在竞争者面临的市场进入壁垒。

就网络产业而言，真正能够阻止潜在进入者进入的是借助于管制和法律形成的壁垒，因为"没有政府颁发的许可证，没有文件和公共必需的证明，进入许多产业都是非法的"。在存在管制和法律进入壁垒时，任何潜在进入者都必须首先证明他们进入的必要性。规模经济通常是管制者对这类产业实施进入限制的基本理由，长期以来，网络传输环节被认为是自然垄断而不能开展竞争。

但是，法律障碍并不等于有效的、持久的进入障碍。波斯特曾形象地指出，没有一个确实有利可图的垄断企业或寡头垄断曾经持续过100年以上，竞争对手会找到进入该企业领域的途径或者设计出可替代的新产品把顾客吸引走。一旦明确地认识到这个事实，即进入基本上是一个时间问题，现有企业就会采取阻止进入的策略行为。一是现有垄断企业隐匿其盈利状况，以减缓进入的速度;二是现有垄断企业不急于攫取能够获得的垄断利润并将其利润水平保持在正常范围,这样潜在进入者就会推迟进入,因为潜在进入者能够更准确地判断现有利润而不是最大可能的利润。这正是可竞争市场理论的基础,该理论强调潜在竞争的作用,认为潜在竞争是对垄断者或寡头垄断集团权力的一个重大限制。潜在竞争是否能够发挥这种作用,则取决于潜在进入者对现期利润变化的预期。现有企业可以通过调整其价格和产出水平,使得潜在进入者无法获得足以使其获得正常利润的市场需求,消除导致新企业进入的诱因。如果潜在进入者认识到现有企业正在采取这种限制性定价行为,他们就会进入该产业。潜在进入者一般会根据各个产业的现期利润率和预期的需求增长率,来确定其进入的优先顺序。垄断者以较低的价格提供产品或服务可以降低该产业的吸引力,但是,垄断者通常不能降低需求的增长速度。如果需求的增长率很高,它将是影响进入的决定性因素。在需求保持稳定的情况下,现期利润率将是主要因素,而且为阻拦进入者的适度定价政策留有余地。

(二)网络产业的技术、经济特征

长期以来网络成为网络产业垄断的基础,其原因在于:一是每个消费者只能从一个网络取得产品或服务;二是网络提供的传输服务没有替代品,而且价格弹性低;三是网络产业在经济和法律上存在很高的进入障碍。近年来,技术革新和放松管制正在改变网络产业的上述状况。技术、经济特征的变化以及对这种变化的认识,是政府对网络产业进行管制的基本依据,也是近年来网络产业放松管制和管制改革的基本动因。江小涓认为,技术进步是一个产业管理体制和产业组织变化的基础性原因。鉴于网络产业大部分属于高技术产业范畴,因此,这一领域的专家赵玉林认为,高技术产业的兴起对世界的经济、政治、军事格局产生了深刻的影响,高技术产业已经成为衡量一国综合实力的重要指标,是知识经济时代的的支柱产业。与经济特征相比较,技术特征是更根本的起基础性作用的因素。制度经济学认为,技术是一种组织化了的技能,技术革新是制度演进的基础和推动者。放松管制和管制改革必须以技术变化为基础,必须通过改革使建立在原有技术经济特征基础上的管制与已经变化了的技术经济特征相适应。网络产业的管制、放松管制和管制改革必须考虑到其如下的技术、经济特征。

1. 网络的外部性和内部协调性

网络通常是指由许多互相交错的分支组成的系统。在有形的网络中，结点之间的连接是物理连接，如铁轨和通信线路。在虚拟的网络中，结点之间的连接是无形的。无论是虚拟的还是有形的，网络都具有一个基本的经济特征——每个用户连接到一个网络的价值取决于已经或预期连接到该网络的其他用户的数量，或者说连接到一个较大的网络要优于连接到一个较小的网络。这就是网络的外部性，也叫需求方规模经济。国外学者将网络的外部性归因于网络各个部分的互补性，并提出了两种分析网络的外部性的方法：一种是假设网络的外部性存在，用模型分析其影响，这种方法被称为宏观方法；另一种是寻找网络的外部性的原因，这种方法被称为微观方法。

2. 投资的专用性和沉淀性

网络产业是通过传输网络系统，如管道运输、输电网、天然气管线、电信线路、铁路路轨、军工体系等传输设施提供服务的，是传输设施和作用于其上的产品或服务的结合。其中传输设施的作用具有很强的专用性和沉淀性。专用性是指它只能传送一种或一类产品或服务；沉淀性是指投资一旦形成就不能移作他用或转移到其他产业去，一旦付出投资，这部分成本就"沉淀"了。当然，网络产业各环节之间沉淀成本的程度并不相同。例如，在铁路运输产业，对于机动车辆和货物搬运设备的投资而言，成本的沉淀程度要小于对固定设施的投资。同一产业中不同环节的这种技术和经济差异，能够使一个产业中具有自然垄断的环节与可以竞争的环节相分离，厂商可以更容易地进入或退出沉淀成本运营的经营活动，以便与其他潜在的市场势力竞争。

3. 网络产业提供的产品或服务具有准公共产品的性质

这一点往往存在误解——人们通常把网络产业提供的产品或服务视为私人物品。其实，公共物品具有在同一时间使多个个体得益的特性，即物品是被共同消费的。由一个特定群体同时消费的物品的典型例子是国防、法律执行、广播、电视以及为控制洪水所修建的水坝。这些物品被称为公共产品，它们的某些特性使市场机制成为缺乏效率的资源配置手段。所谓纯公共物品，是指一些个体可以共同消费或无竞争消费的物品。也就是说，一个人对此类物品消费的同时不会减少其他人从该类物品中所获得的效用。公共物品具有非排他性的性质，即将特定的个体排除在公共物品的消费或使用之外是不可能的，或者需要耗费过高的成本。

4. 产品或服务的可替代性

由于质量的多维度性质，任何产品或服务都有其替代品，尽管不同产品或服务的可替代程度有很大差异。在正常情况下，当一种产品或服务的价格上涨时，消费者将转而消费价格相对便宜的替代品。例如，管输天然气就有电、罐装液化气、煤等替代品，用户对管输天然气的需求要受到它与其替代品间的比价、质量和服务水平的影响。又如，虽然居民对自来水的价格弹性较小，但一些工商企业可能只需要较低质量的水，在自来水价格较高的情况下这些企业可能会自己建造供水设施直接从水源抽取未经处理的水来满足生产需要。但是，网络产业的传输设施往往是固定在一处的，它们提供的产品或服务无法到别处交易，用户难以从他处得到替代品以满足自己的需求，他们无法"逛商店"，挑选最好的货源，也难似抵御垄断者的任何欺诈。可替代性和对替代的阻碍之间的相互作用，尤其是在新的替代品产生时，固守既有的管制可能会产生扭曲资源配置的后果。对某一网络产业的管制，必须考虑与其具有替代关系的产业造成的影响。

5. 产品或服务供给的连续性和消费的非均衡性

产品或服务供给的连续性是指在技术上要求产品或服务的提供持续不断地进行，在经济上持续生产状态下的单位产品或服务的成本要比间断生产低。消费的非均衡性是指用户对产品或服务的需求量不稳定，一年中的不同季节、月份，甚至一天中的不同时间都存在较大差异。例如，居民对自来水的需求在夏季远远高于冬季，对天然气的需求冬季通常为夏季的数倍，而不论任何季节，一日之内对水和天然气的需求通常存在早、中、晚三个高峰。因此，网络产业的运营者只有按最大需求量来设计和建造生产、传输、分销设施，才能实现生产或服务的不间断供给，要求公用事业的运营者具有调峰能力，协调消费高峰和生产低谷之间的矛盾，实现供给与消费的平衡。近年来的实践表明，由国有企业垄断经营并不是协调供给的连续性和消费的均衡性这一矛盾的唯一选择。

除以上一般特征以外，网络产业还具有由本身技术特点决定的特殊特征，特殊特征因产业而异。如表 2-1 所示，即为电力产业的特殊特征。正是由于这些特征，网络产业才被称为"半途的房子"。其含义是，这类产业产品或服务的供给既不完全是政府的职责，也不完全是运营企业的职能，既要引入竞争机制又要对居于垄断地位的网络运营者的行为施加必要的限制，其产品或服务必须公平合理又不能自由定价，市场准入受到严格限制又要求遏制垄断可能带来的危害以实现竞争效率。这就是准公共产品的特点。网络产业的放松管制和管制改革的基本出发点，就是要确保运营者高效率地实现这些看似相互矛盾的目标。

表 2-1　电力产业的特殊特征及其影响

特征	影响
电力不能被经济地储存	减少了根据时间维度确定的市场规模，市场规模由即时需求而不是由一定期间的需求确定
需求和供给在时间上精确平衡	短期和长期电力需求可能发生周期性、季节性和偶然性变化，电力供给必须连续、可靠，频率和电压必须稳定，电力系统必须具有瞬时启动能力
供给方必须保有剩余能力以满足高峰需求	边际剩余能力储备随着用户数量增加而减少，结果使单位用户的运营和资本成本减少，垄断结构可能导致规模经济
间接网络外部性（每个电厂对与其联结的电力系统状况产生影响）	发电能力投资决策面临不确定性和外部性，任何增加或减少都会对整个系统产生影响；输电网络建设惠及所有与其联结的电厂和用户，具有公共产品的性质；垄断可能更有利于电力供给网络的计划和协调
电厂最小有效规模大幅度减少	长期以来，发电机组的有效规模为 100 万千瓦左右，最小有效规模为 40 万千瓦左右，但天然气发电的最小有效规模仅为 1 万千瓦。最小有效规模的变化，明显减少了电厂投资和建造周期

需要强调的是,网络产业的上述技术经济特征绝不是固定不变的。从历史上看,技术革新不断改变着网络产业产品和服务的供给方式。在铸铁管道和水泵发明之前,供水设施并未广泛普及,最早的配有水管网络的供水设施建于18世纪50年代的伦敦,这个系统由于降低了成本而使用水量猛增。在19世纪天然气管道网建立之前,用于照明的基础设施很少。19世纪末交流电传输的发明降低了电力成本,开辟了新的用电领域,扩大了电力使用范围,公共电报、电话系统替代了人工传递信息,管道排污系统替代了垃圾个别处理。从供给方式上看,19世纪和20世纪前半期,不少国家的私人部门对网络产业的参与十分重要——私人部门提供的某些设施至今还保留着。但是从那以后直到20世纪80年代初,政府或准国有机构主要通过纵向联系,居于垄断地位来提供这些设施。在相当长的时期内,国有垄断企业在网络产业占有相当高的比重,只有少数发电厂和电信公司掌握在私人手中,早期的大部分私营铁路随着国有化而消失。供水、排污、垃圾处理也倾向于由中央政府或地方政府所有和经营。由于高效率小规模发电技术的产生,电力产业呈现出分散生产和燃料相互替代的新趋势,分散发电可以在很大程度上替代电力传输,这削弱了电网的自然垄断性。电力产业边界正在迅速扩大,发电与天然气更加一体化,电力、电信终端配给活动趋于一体化。上述变化对电力产业市场结构和管制将产生重要影响。近几十年来的技术革新及其可能导致的影响,促使人们全面反思网络产业的管制问题。

(三)网络产业的自然垄断性

自然垄断理论是对网络产业施以进入管制和价格管制的基本依据。经济学对自然垄断的解释是,如果由一个厂商供给整个产业产出的总成本,比由两个或两个以上企业供给这个产出的总成本低,这个产业就是自然垄断的。对于自然垄断行业,传统经济理论认为,必须由政府对进入实施管制来形成和维持垄断,对价格、质量等实施管制来防止垄断企业自由决策时所产生的低效率。这一理论的政策效应是,直到20世纪中叶,铁路、电信、公用事业都被认为具备自然垄断的某些特征,各国普遍对这些产业的价格和进入进行管制,通常是只允许一家企业垄断整个产业的生产。

西方学者莱宾斯坦提出的 X 非效率理论,从理论上对自然垄断的传统看法进一步提出了有力挑战。他认为,自然垄断的传统观点假定企业能有效地购买和使用生产要素,垄断的弊病只是价格和产量的扭曲。但实际上,如果企业因管理上的问题而未能有效地购买和使用生产要素,它所引起的潜在福利损失要比哈伯格三角形和寻求耗费的成本大得多。追求成本最小化只是竞争市场结构中的厂商行为,而不是那种没有竞争压力的垄断市场结构中的垄断者行为。受管制产业中的垄断者丧失了追求成本最小化与利润最大化的能力,从而导致了 X 非效率。垄断企业之所以会产生 X 非效率,莱宾斯坦对此的解释是:外部环境对企业产生的影响先作用于企业经营者,然后再作用于下属各部门负责人员,最后再传导到企业的其他成员身上。这是一种从上至下式的逐级传导过程。在竞争性市场环境中,企业内部会从上至下产生一种压力感,从而导致该企业提高生产效率、降低成本,即产生 X 效率;在受管制的垄断市场环境中,垄断企业上至经营者下至作业者的每个成员都会显露出人的惰性,久而久之,惰性变成惯性,垄断企业内部就产生了 X 非效率。自莱宾斯坦以来,人们从多种角度对自然垄断的传统理论和以传统理论为依据的管制进行了反思,促成了网络产业的放松管制。

近几十年来,以信息技术和其他高技术为代表的技术革新的结果,在以前的自然垄断行业内形成了新企业进入和多家企业共同竞争的技术基础,通过管制来维持垄断的市场结构的理由已经被大大地弱化了。从经济史上看,铁路本来是作为运河的竞争对手产生和发展起来的,在 19 世纪逐渐取得了垄断地位。但是,铁路在 20 世纪所处的环境又发生了较大变化,随着高速公路的延伸和飞机场的建设,火车、汽车、飞机之间彼此竞争并可以互相替代,旅客可以根据自己的需要在不同运输方式之间进行选择,原来意义上的自然垄断性和国家垄断经营的依据就自然弱化了许多。电信、电力、供水、供气、供热、铁路管道运输等产业的技术革新,有可能形成能够有效替代以往的大规模网络系统的小规模网络系统，而且在那些因技术革新而使产业融合出现进展的产业，管制的自然垄断性根据已经弱化了，因此，放松管制便是不可缺少的。这种伴随技术革新进展引起的放松管制，不仅在电信产业，而且在其他网络产业都有可能实施自然垄断的传统理论一般没有考虑到产品和服务质量的度量成本问题。经验告诉我们，几乎所有的产品和服务都有许多质量维度，而且有时度量某一质量维度的成本可能超过潜在的收益。在竞争性市场结构中，企业有强烈的动机提供适当质量的产品或服务，如果卖方的产品或服务质量有所下降，那么买方就会更换卖主或是要求卖方降低价格。在垄断的市场结构中，消费者没有选择其他卖主的权利，卖方的动机是在满足政府强制性标准的条件下尽可能地降低产品或服务质量。确保垄断企业提供适当质量的产品或服务是政府管制的重要内容，但产品和服务质量的多维数和度量成本问题告诉我们，管制者难以精确地规定产品或服务的质量。如果管制者只控制一个或几个质量维度，受管制的企业多半会在其他未受控制的维度做出抗衡性的调整。虽然逻辑上管制者可以将管制扩大到更多的维度，但由于度量成本很高，往往难以取得成功。

由政府授权取得的垄断根本有别于通过市场竞争优胜劣汰形成的自然垄断。从历史上看，自然垄断是市场竞争而不是政府干预的结果。自然垄断与由政府授权取得的垄断的根本区别在于"自然"二字。"自然"的本来含义，是说明这种垄断不是通过政府管制人为地阻止其他企业进入市场形成的，而是通过企业间的价格和非价格竞争使处于劣势的厂商被击败并退出市场，潜在竞争者又因达不到市场现有的成本价格水平而无法进入所形成的。

日本产业经济学家植草益分析认为，网络产业属于自然垄断行业的技术经济理由主要有以下几点。

（1）这些产业在提供产品或服务时所依赖的网络系统具有规模经济性。也就是说，电力、邮政、军工、天然气、热力供应和自来水等产业，都有为生产厂商到用户室内提供服务所需的网络设施，电信产业也形成了将该项服务的所有用户都以通信线路连接起来的网络组织。这类网络设施需要庞大的固定资本投资，固定成本在总成本中所占的比重很大。一般来讲，这类产业的需求量越多，每一单位需求分担的固定成本就越少，因而规模经济效益也越显著。例如，电要经由从发电设备到用户的高压输电线路、中压输电线路、低压输电线路和室内输电线路才能提供给用户，由于高压输电线路被很多的用户共同利用，因此用户数量越多，就越能收到规模经济效益；在电信产业，电话局相互之间的干线，也能收到同样的规模经济效益。在这些产业中，不仅存在网络设施的规模经济效益，而且，除最近通过技术革新使小规模生产技术具有优越性外，这些产业还往往具有生产阶段的规模经济效益。简单地说，生产阶段的规模经济效益，指的是工厂中随着生产规模的扩大，产品或服务的单位成本呈现下降的现象。

（2）网络产业能收到生产与分配的纵向统一利益和对多种用户提供多种服务的复合供给利益，即范围经济利益。我们以电力产业的两种联合产品——工业用电和居民用电为例来说明。用 $C(q_1, q_2)$ 表示这两种产品联合生产和供给时的总成本，$C(q_1, 0)$ 和 $C(0, q_2)$ 表示这两种产品独立生产和供给时每种产品的总成本。工业用电和居民用电虽然具有不同的需求形态，但是进行联合生产可以共用一些设施，特别是在输、配电设备方面，如果各自独立建造一套的话就会形成巨额的重复投资，从而增加成本。范围经济利益，指的就是联合生产比单独生产能节省费用，以数学公式表示，如果 $C(q_1, q_2) < C(q_1, 0) + C(0, q_2)$，则 $[C(q_1, q_2) - C(0, q_2)]/q_1 < C(q_1, 0)/q_1$。

上式中，左边的分子是为了把居民用电纳入工业用电进行联合生产而增加的成本，可以将其称为增量成本，因而公式左边表示单位居民用电的增量成本，称其为平均增量成本，公式右边是居民用电独立生产时的平均成本。因此，上式意味着两种产品联合生产时居民用电的平均增量成本比独立生产的平均成本低。也就是说，意味着存在范围经济效益。

（3）规模经济和范围经济仅为自然垄断成立的必要而非充分条件，网络产业自然垄断结构的维持还有其他经济理由。规模经济和范围经济本身尤其是这些产业生产和传输设施的巨额固定投资构成了新企业进入的障碍。这些产业的

自然垄断行业企业集团综合绩效评价模式

固定设施具有很强的长期使用性质，在技术上难以将其转用于其他领域，因此固定成本的沉淀性很大。这种较大的沉淀成本，构成了新企业进入的另一障碍。

以上分析既表明了一个产业自然垄断成立的条件，也暗含了自然垄断崩溃的可能性。也就是说，下列条件变化可能使网络产业的自然垄断不再具有合理性：①技术变化引起的生产函数变化，可能使一个产业或一个产业的某些环节从自然垄断变为寡头垄断或竞争性结构。这里的技术变化，不仅包括能够改变成本函数的更有效的生产方法革新，而且包含对自然垄断产品和服务具有较强替代关系的产品和服务的开发。②需求的变化使得产业总需求超过了自然垄断合理性的临界最高产量，也会引起自然垄断产业向寡头垄断或竞争性结构靠拢。

考虑到垄断的形成过程，自然垄断还是一个需要慎重使用的概念。许多网络产业的垄断实际上并不是自然形成的，而是因政策原因形成的。即便在同一产业内，不同生产阶段的生产函数及特点也不一样。植草益对网络产业的自然垄断程度因具体产业和同一产业的不同环节而异的状况做了分析。其结论是，在日本的管制产业中，自然垄断性强的产业是配电、自来水和地区内电信（市内电话）产业；在某种程度上存在自然垄断性的产业是发电、天然气生产和输气、热力供应、邮政、军工、电信、有线广播、管道运输、铁路产业（见表2-2）。具有自然垄断性的产业，考虑到成本的次可加性，从技术角度考虑供给的独占垄断是有经济效率的，因此赋予特定企业以垄断经营权，限制其他企业进入。此时为了防止垄断者制定垄断价格损害资源的配置效率，还必须实行价格管制。实践表明，垄断的供给权和价格管制会产生企业内部无效率，而必须建立制度上的激励机制。

表 2-2　一些网络产业的技术经济特点

	网络传输系统	成本次可加性	成本沉淀性	替代品竞争	自然垄断程度
电力（发电）	无	中		中	中
（配电）	强	强		弱	强
城市天然气（生产）	无	中		中	中
（配送）	强	强	中	强	中
热力供应	强	中	弱	强	中
城市供水	强	强	强	强	
邮政		弱	弱		中
电信（第一种）		强	强	中	强
（第二种）	中	小	弱	中	中
铁路运输	中	强	强	强	中

三、自然垄断的社会成本

自19世纪晚期以来，经济学家开始把垄断与它的对立极端，即完全竞争的市场结构相比较，并触及了市场体制下的一个基本而又深刻的矛盾。这一矛盾早在100多年前就由英国著名经济学家马歇尔揭示了出来。马歇尔在1890年出版的《经济学原理》一书中论及生产要素问题时，在萨伊的生产三要素劳动、资本和土地的基础上，独出心裁地提出了第四个生产要素——组织。马歇尔之所以把组织作为生产的第四个要素，是因为他在研究分工与机器、某一地区特定行业的集中、大规模生产及企业的经营管理等问题时，触及了规模经济问题。显然，由大量生产带来的好处是与组织直接相关的。同时，他还注意到，追求规模经济的结果是垄断的发展，而垄断会扼杀自由竞争这一经济运动的原动力，使经济活动失去活力，破坏资源的合理配置。这样，在马歇尔那里，追求规模经济导致的垄断和竞争活力便成了一对顾此失彼的矛盾，以致后人把这一矛盾称为马歇尔难题。应该说，马歇尔难题所揭示出的矛盾是基本而深刻的，一方面，规模经济是客观存在的，在追求规模经济的过程中，必然导致企业规模的扩大和生产的集中。另一方面，从竞争的动机来看，企业在市场竞争中总是力求加强自己在产业内的领先地位和支配地位，因而总是力求扩张自己的规模。然而，每个产业的市场容量都是相对有限的，不能无限扩展。于是，有限的市场容量和企业追求规模扩张之间的矛盾，必然造成生产的集中和企业数量的减少。这样，随着为数不多但占有较大市场份额的寡头厂商的出现，一些生产者就获得了对价格施加影响的条件和能力。在寡头市场上，虽然寡头厂商之间仍处于竞争之中，但它们所具有的地位和力量能够通过这些企业之间的合谋、默契等形式和手段来控制一个产业的价格，达到占有垄断利润的目的，从而形成了扼杀竞争的垄断价格。正是规模经济和竞争活力之间存在的这个顾此失彼的难题，构成了作为社会公共利益代表的政府对网络产业进行干预的有力依据。

从垄断的形成过程和维持方式上看，当前中国网络产业的垄断与马歇尔所说的作为竞争的结果而形成的垄断具有本质区别。马歇尔所说的垄断是建立在市场竞争机制基础上的垄断，垄断者只能以不断提供令用户满意的产品或服务的方式来维持它的垄断地位。稍有疏忽，它的竞争对手——包括现实的、潜在的以及生产替代品的竞争对手就可能动摇它的垄断地位。而当前中国网络产业的垄断是建立在政府政策和管制保护基础上的垄断，基本上缺乏甚至没有竞争对手，也无须以改进产品或服务的质量、降低产品或服务的成本和价格的方式来维持其垄断地位。因此，在研究垄断的绩效时必须严格区分两种类型的垄断：一是作为有效竞争的过程和结果而形成的垄断；二是由产业的技术性质决定的人为造成的垄断。就垄断的第一种情形而言，虽然经济学上有关于自然垄断的理论，但产业革命以来的经济史表明，在没有政府市场准入保护的情况下，没有任何厂商能够独占整个市场，即使独占了整个市场，独占者也必须通过不懈的创新来维持其垄断地位，一旦松懈，市场就可能被窥视已久的潜在竞争者占领。网络产业的垄断虽然涉及了第一种情形，但第二种情形，特别是它的典型——借助于政府管制形成和维持的垄断，才是问题的核心。这两种情形由于产业管制及其价格的垄断，从某种意义上来讲均有增加社会成本的可能。

四、自然垄断行业的公共性

（一）自然垄断与公共事业

社会公共事业属于自然垄断范畴，因此公共事业具有自然垄断的社会属性。根据对公共需要、公共问题与公共事务的认识，以及传统事业的基本内涵和基本性质，结合当前我国传统事业转型所展现的事业活动的价值取向和要求，我们可以得出自然垄断行业范畴的公共事业公共性的基本特征。

1. 公共事业的基本内涵

所谓公共事业，是指随着我国社会主义市场经济体制的建立和事业单位管理体制改革而正在形成、发展的社会全体公众的事业，是面向社会，以满足社会公共需要为基本目标，直接或间接为国民经济提供服务或创造条件，关系到社会全体公众基本生活质量和共同利益。

从产品的角度看，公共事业是一个生产和提供公共事业产品满足公众需要的相关行业部门的活动。就其涉及的范围和基本特性而言，公共事业属于社会公共事务的范畴；而从传统事业的基本内涵来看，公共事业涉及的具体内容或活动主要是教育、科学、文化、卫生、体育，以及通信、邮电、铁路和公共交通、水、电、煤气组成的公用事业等，属于自然垄断行业。

对公共事业基本内涵的理解，还必须注意以下几点。

第一，公共事业与公共事务既有联系，又有区别。其联系在于：从公共事务分类的角度看，公共事务可分为政治的、经济的和社会的（即狭义的社会）公共事务，公共事业所包含的基本内容主要是狭义的社会公共事务，因而公共事业属于社会公共事务的范畴，公共事务涵盖了公共事业。其区别在于：广义的公共事务由于还涉及政治领域和经济领域，因而具有明显的政治性和阶级性，而从传统的事业向公共事业的转型中，基于原有事业的基本内涵和价值取向，公共事业主要涉及教育、科技、文化、卫生等，即基本上是狭义的社会公共事务，具有更为强烈的社会性和服务性。

第二，从社会产品的角度看，处理公共事务就是生产并向公众提供特定的产品或提供特定的服务。任何一种社会产品的生产和提供都是一个投入和产出的过程，是一个价值创造，并通过必需的方式（其中，既可以有传统的非市场的方式，更有今天的特定市场的方式）分配与消费而最终实现价值的过程。因此，公共事业不再是传统的"非经济"事务，而是与经济或市场有着天然的联系。确定公共事业内涵的基本标准不是"非核算"或与经济无关，也不是看它是否由非企业和非私人家庭操作，而是看这一产品的提供是否与公众的日常基本生活相连，是否首先满足公共需要和维护与发展公共利益。

2. 公共事业的基本特征

自然垄断性质的公共事业作为一种满足特定公共需要的社会活动，具有以下一些基本特征。

（1）公共性。

公共性是公共事业最主要和本质的特征。公共事业的公共性如果从活动的本身和过程看，主要体现在它的活动目标、活动承担主体和活动的手段方式上。就活动目标而言，公共性体现在公共事业涉及的是在一定的经济条件下与社会全体公众基本生活质量和共同利益有关的、市场不愿做或者不能完全交由市场做的事务。为此，满足社会公共需要，维护和增加公共利益，为整个社会的安全和发展创造条件，是活动的出发点和归宿，而且，其活动的结果涉及社会的方方面面，影响社会的整体运行目标和进程。就活动承担主体而言，其公共性体现在活动于这一领域或行业中的组织，主体是以非营利为目标的公共组织，如政府、准政府组织、非政府组织等，以及被纳入公共管理社会化和市场化管理框架，以政府管制为前提而进入这一领域活动的其他组织。就活动的手段方式而言，公共性主要体现在其活动得以展开所依据的是公共权力，由此，其活动的方式、方法必须遵循社会对公共权力运行的要求，并具体而完整地贯穿于整个活动过程中。

如果从公共事业活动结果所涉及的对象来看，由于活动结果的享有者是一个国家、社会或一个地区的全体社会成员，因而公共性表现为公众性；由于服务内容涉及一个国家、社会或一个地区的共同需要，因而这一国家全体公民或这一地区全体成员都可以享受解决这个共同需要所带来的利益，因而公共性表现为公用性；由于服务的目标是维护和增进公共利益，一个国家的全体公民或一个地区的全体成员都可以获得这种利益，因而公共性表现为公益性。

（2）营利的约束性。

营利的约束性可以说是公共事业公共性的一个更为具体的表现。由于公共事业活动的基本目标是满足公众基于基本生活的物质和精神需要，因而公共事业产品的生产和提供涉及的是基本的社会服务。从社会发展的角度看，这些基本的社会服务是保证一个社会安全稳定和发展的基本条件，是社会必须用社会的积累作为获得这些基本条件必须支付的成本。因此，在一般情况下，公共事业产品的生产和提供是以公共财政作为主要基础的，产品的营利性受到政府的规制，社会公众可以无偿地享受这一产品。虽然在现代社会，有时为了弥补特定的公共事业的经费不足，或者为了平衡在享受公共事业所提供的服务方面实际存在的差异，也会采用收取一定费用的办法，但是，特定的管理政策决定了这种收费绝不是以营利为目的，因而总体上的营利受到政府的管制。相应的，随着现代社会公众需求的扩大，有偿享受一定的公共服务正成为一个发展趋势。

必须指出的是，在现代社会中，垄断行业企业集团的主体部分，承担着公共产品生产与服务的职能，但由于有相应的政策法规的限制和必需的财政补贴，因而这些企业是在保证社会效益的前提下并在规定的利润空间里进行相关产品的生产和提供的。因此，这些涉及公共事业的企业的活动首先不是由市场自由决定的，活动在总体上体现为营利的约束性，或者说，在现代社会，进入公共事业领域活动的企业的营利是在一定限制下的特定的营利，即国家控制着网络产业的产品服务价格与利润水平。

总体上看，由于公共事业公共性的基本要求，决定了公共事业活动的承担主体的首要目标是满足公众的基本需要，是维护和增进公共利益，基于必要的资金来源保证,具有事业功能的企业即网络产业的产品与服务的营利是受到国家约束与控制的。在公平与效率不能兼顾的情况下,必须首先保证公平。

(3)规模性。

公共事业的规模性特征可以从两方面来理解。一方面,由于公共事业活动的目的是满足公共需要,其产品涉及的范围很广,因而必须具有一定的规模才能满足一个国家或地区公众的普遍需求。另一方面,由于公共事业活动所提供的产品大多具有非物质形态,即大多以提供服务作为其基本的产品,而建立一个公共服务体系需要大量的投入,且大部分属于经常性支出,加之公共事业的有些内容通常需要达到一定的规模后才能提供相应的服务,如公路、港口、机场、铁路等,同时,这些基础设施也具有投资大、建设周期长、资金回收慢的特点,必须形成一定的规模才能收到效益,所以,现代公共事业普遍具有规模性的特点,这也是网络产业的基本特点。这就要求充分考虑公共需要的涉及范围,在需求所及的范围内打破条块分割,通盘规范,统筹安排,以最适宜的规模向公众提供最多、最好的公共事业产品。

(二)公共事业产品性质分析

公共需要和公共事务的理论,以及中国传统公共事业的基本活动内容的规定及其转型,提供了认识当代中国公共事业基本内涵的重要理论支点。但是,要更为深入地把握公共事业的基本性质和特点,进而准确地认识公共事业管理,还必须从现代公共产品理论进行分析。美国经济学家布坎南认为,虽然公共事务理论给出了公共事业内涵和活动的基本范围及其基本性质,但是公共事务与私人事务并非是对立的,而更多的是互补的,且公共事务与私人事务之间是逐步过渡的,中间有巨大的中间地带,而且公共事务的处理或解决通常是以一定的产品的形式来表现和实现的,因而需要有进一步的分析工具或更为具体的具有操作性的标准来对公共事业进行界定和划分。公共产品理论就是这样一个有用的分析工具。公共产品理论尤其是其中的准公共产品理论,不仅能增进对公共事业基本性质的认识,而且也能让我们通过产品方式对公共事业管理的职能进行研究，即运用微观的方法来分析公共事业管理主体的活动成为可能。

公共产品理论与公共事务理论所描述的对象是一致的，但其研究和阐述问题的角度不同。公共产品理论主要是通过公共产品、准公共产品等概念和范畴对社会中不同属性的产品进行把握，明确公共事务的界限，进而分析市场失灵的问题以及政府参与提供公共产品的必要性，并从符合公平和效率原则出发，研究公共事务的合理管理方式和资金提供方式。

1. 公共产品

（1）公共产品的基本概念。

公共产品也称为公共商品、公共物品或公共品，它是人类文明发展的产物。在理论上，率先对公共产品做出严格定义的是美国经济学家萨缪尔森，他在《经济学与统计学评论》（1954年11月号）上发表的《公共支出的纯理论》中提出，纯粹的公共产品或劳务是指这样的产品或劳务，即每个人消费这种物品或劳务不会导致别人对该产品或劳务消费的减少。

通俗地说，所谓公共产品，是指那些按照私人市场的观点来看待的公共事务，是与私人产品相对应，用于满足社会公共消费需要的物品或劳务。什么是公共消费需要呢？就是我们上面所说的公共需要。进一步看，实际上人的活动具有两重性，即个体性和社会性。前者是指作为个体的人，需要一定的产品来满足其私人需要，如衣、食、住、行等；而后者则是指作为社会的人，他的生存依赖于社会环境，如国防、治安、城市道路、卫生等，这是人们生活中不能缺少的。这种与每个人的利益密切相关，但每个人又不能享受其消费独占权的，且是作为一定社会所共有的保证居民基本生活的需要，就是公共需要。

一般来说，可以根据满足需要的不同，把整个产品世界分为两类：一类是私人产品，即满足私人需要或私人消费需要的产品；另一类是公共产品，即用于满足公共需要的产品。在一个社会中，公共产品的范围十分广泛，如政治、法律、国防、治安、政府行政管理、大中型水利设施、城市规划、公共道路、环境保护和治理、环境卫生、天气预报、科学研究，以及铁路、城市公共交通设施、广播、电视、教育、电信、军工、石油、天然气、民航运输、管道运输,乃至抗旱、防洪网络经济范畴等,都属于公共产品的范畴。公共产品直接或间接地为企业的生产和个人的家庭生活提供服务,是社会总产品中重要的、不可缺少的部分,而且随着社会和经济的发展,社会公共产品总体上呈扩大的趋势。

(2)公共产品的特征。

在现代社会,作为人类劳动的结果,公共产品与私人产品的区别主要不在于生产的方式或资金来源上,而在于消费方式的不同。

第一,非排他性。非排他性是与排他性相对应的。排他性是指排斥他人消费的可能性,比如你在使用一件产品时别人就不能使用,或当你能完全拥有一件产品时,别人就不能拥有。一般来说,凡是企业和个人家庭能完整地购买其消费权的产品,都具有消费上的排他性。这种产品是私人产品。公共产品的非排他性也称为消费上的非排斥性,是指一个人在消费这类产品时,无法排除其他人也同时消费这类产品,而且即使你不愿意消费这一产品,你也没有办法排斥。比如你走在一条公路上时,你无法排除其他人也走这条公路,即使你不愿意受到公路上的路灯的光照,但只要你走上这条有路灯的公路,就必须受到照射。

非排他性的另外一层含义是,虽然有些产品在技术上也可以排斥其他人消费,但这样做是不经济的,或者是与公众的共同利益相违背的,因而是不允许的。比如,你可以在公路上设置路障来限制其他人通行,但如此会付出两方面的成本:一是需要建设路障并派人进行日常管理,即增加了管理成本;二是使本来可以走这条马路的人不再能通行,带来了效率的损失,这也是一种成本。因此,即使在马路上设立路障在技术上是可行的,但它是不经济的。同样以马路为例,虽然私人可以出资建设,但由此可能带来高额收费而影响公众的利益,因而必须由政府投资建设,或者必须将此作为公共产品进行必要的政府管理。

公共产品的非排他性主要与其劳务产品属性有关,但根本原因在于其收益的外溢性,即它具有外部收益。比如,在一些国家中,普通教育是作为每个适龄公民都可以享用的公共产品，普通教育对个人来说是提供了文化程度和素质，但这一结果对整个社会和国家都具有重要的价值，即这一教育产品具有了外溢性。又如电灯，如果安放在家里，就只能为家里的人提供光亮，但如果安放在马路上，则可以为所有经过的人提供光亮，在这里，电灯本身没有发生变化，仅仅是人们利用的方式不同，就有了不同的收益。

由于非排他性使一个产品既不能被个人所排斥，也不能被个人所拒绝，具有极大的外部收益，是一种人人都有权使用、人人都获益的产品，因此，非他性使产品具备了公共性的特征，是衡量一个产品是不是公共产品的重要特征之一。非排他性决定了公共产品不适合由个人和家庭或者企业经营，而只能由政府或其他非政府的公共组织进行经营和管理。

第二，非竞争性。非竞争性是相对于私人产品所具有的竞争性来说的。这里的竞争性是指消费上的竞争性。公共产品的非竞争性有两层基本含义：一是边际生产成本为零。这里所说的边际成本，是指增加一个消费者对供给者带来的边际成本，而非微观经济分析中的产量增加导致的边际成本。公共产品的边际成本为零，通常是指增加一个公共消费者，公共产品供给者并不增加成本。海上灯塔是较典型的公共产品，通常增加一艘船经过并得到指引并不需要增加任何生产成本。一般来说，边际生产成本是否为零，是判断某一产品是否具有非竞争性的重要标准。二是边际拥挤成本为零。即在公共产品的消费中，每个消费者的消费都不影响其他消费者的消费数量和质量。也就是说，这种产品不但是共同消费的，而且不存在消费中的拥挤现象，不存在消费者为获得公共服务需排除他人而付出代价。

一般认为，公共产品具有非竞争性，其原因是公共产品的消费具有可分割性，即它可以分割成很多单元，每个公共产品的消费者消费的仅仅是其中的某一单元，不是消费整个产品，因而不会与其他消费者的利益相冲突。因此，有人也将可分割性作为公共产品的一个特征。

总之，公共产品的非排他性和非竞争性是其基本特征，同时，也使其在生产和消费上与私人产品有明显的不同。首先，公共产品都必须具有相当的规模才能供公众同时消费，因而其成本是很高的，但正是由于它可以同时为许多人享用，因而每个享用者所分摊的费用并不一定很高。这也就决定了，在现代社会中，公共产品的费用最好由所有的居民共同分担。这种共同分担的基本形式就是通过税收，以公共支出予以保证。其次，公共产品的非排他性，决定了它不仅可以让许多人同时消费，还可以反复消费，因而其效率远远高于私人产品，这也就决定了公共产品不可能由营利机构来经营管理，而只能由非营利的组织来负责。最后，由于公共产品的非排他性，就可能出现"免费搭车"的现象，即不管是否付费都可以获得消费利益，使得有些人认为既然不付费就可以获得利益，而付费也未必能获得更多利益，从而尽可能地逃避付费。因此，公共产品生产费用的筹措通常需要通过税收的方式强制进行分摊。

必须注意的是，上述的两个特征长期以来被用于公共产品的判别，但事实上，这一概括也一直被人们质疑，主要在于：其一，认为公共产品的这两个特征是对公共产品自然特征的描述性概括，其潜在的结论是这两个特征是天然决定的，因而一种产品的公共产品性质也是天然决定的，是不以人的意志为转移的或无法改变的。但是，现实中各种产品的经济性质却是不断变化的，而且在许多情况下受制于人的作用。例如，在古代，无论是在中国还是在西方，教育都是私人产品，而随着工业革命的开展，义务教育开始产生，教育开始具有了公共产品的性质，而随着社会经济的发展，当代的义务教育年限也在逐渐增加，等等，就是产品的经济属性随着客观环境条件的改变而在发生转化。其二，认为对公共产品的两个特征的概括是高度抽象的，只适用于对假设的纯公共产品即同时具有完整的非排他性和非竞争性的产品的分析，而不适用于对现实中的公共产品的分析。因为现实中的多数公共产品实际上很难同时完整地具有这两个特性，通常，很多公共产品的消费在一定的条件下是存在一定的排他性或竞争性的。

目前，人们对公共产品特征的概括总结仍然不统一，但认为公共产品经济属性的获得即决定一个产品是公共产品还是私人产品，主要来源于后天的制度安排，则越来越成为人们的共识。之所以公共产品与私人产品的区别主要不在于生产的方式或资金来源上，而在于消费方式的不同，实际上主要源于不同的产权制度的安排。因此，公共产品的特征主要体现在它与私人产品的差别上，而公共产品和私人产品的差别就是在产品交易或分配过程中的差别。公共产品是公共消费的，任何特定范围内的成员都可以无偿获得特定的产品的消费。而一种产品作为私人产品，则要通过购买或付费的方式来实现消费者的排他性消费。因此，私人产品是通过市场交换，从其提供者转移到其消费者手中，因而有交易成本；而公共产品是由公共部门直接提供给公共消费的，从其提供者转移到消费者手中的过程不存在市场交易，是零交易成本的。

（3）公共产品的分类。

具有非排他性和非竞争性的产品是公共产品，但在现实中，并非所有的公共性的产品都同时具备这两个特征，或者这两个特征表现得很鲜明，即现实中还存在着大量的准公共产品。如果再结合私人产品的分类进行分析，就可以获得一个更为全面也更具操作性的对公共产品的认识。

公共产品一般可以分为纯公共产品和准公共产品。纯公共产品是指完全具备非排他性和非竞争性特点的产品，如国防、行政管理、基础科学研究、社会科学研究、立法、司法、环境保护等。准公共产品是介于纯公共产品和私人产品之间的公共产品。根据所具备的公共产品的两个特点的不同的组合，可以对准公共产品进一步进行划分。

私人产品是与公共产品相对应的一大类产品。私人产品按其性质也可以分成纯私人产品和俱乐部产品。纯私人产品是指完全具有排他性和竞争性特点的产品，由于这类产品只适宜市场供给，所以称为市场产品。俱乐部产品是指虽然具有私人产品的基本特点，但不十分强烈，且在一定程度上具有准公共产品的特征，其受益范围较小或有特定的规定，如通常的一些会员制的运动俱乐部、读书社、行业协会等。

这样，如果从社会总产品的角度来看，一个社会的产品可以分为纯公共产品、准公共产品、俱乐部产品和纯私人产品（通常称为商品），如图2-3所示。

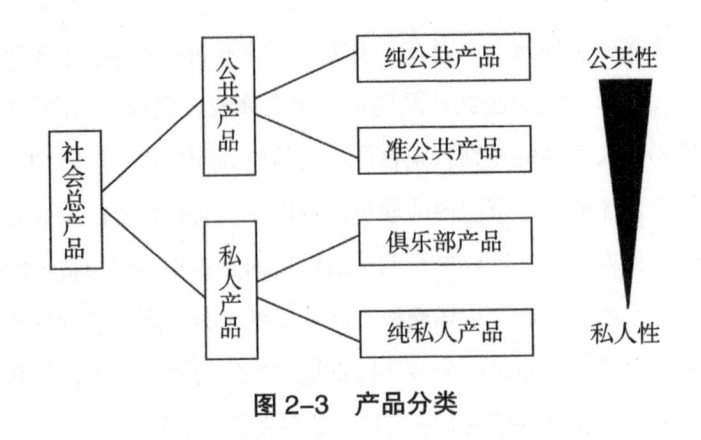

```
                    ┌─── 纯公共产品 ───┐   公共性
         ┌── 公共产品 ┤                │    ▲
社会总产品 ┤         └─── 准公共产品    │
         │          ┌─── 俱乐部产品    │
         └── 私人产品 ┤                │    ▼
                    └─── 纯私人产品    私人性
```

图 2-3 产品分类

此外，还可以按受益范围将公共产品划分为全国性公共产品和地方性公共产品，也称为公益性产品和互益性产品。前者是指全国居民都受益的公共事务，如国防、外交、全国性立法、国家行政事务管理等。后者是指一定地区或社区居民受益的公共事务，如地方性行政管理、执法、道路、环卫、治安等。地方性公共产品按照受益的范围，还可以进一步划分。一般来说，地方性公共产品由地方性的公共组织提供，但具有溢出效应。通常，全国性的公共产品大多属于纯公共产品，而地方性公共产品则以准公共产品为主，有些实际上已属于俱乐部产品。

在认识公共产品时，必须注意以下几点：第一，由于私有制国家也有公共产品，公有制国家也有私人产品，因此，公共产品和私人产品的划分不是由社会制度决定的，与社会制度无必然联系。第二，在不同社会中，由于受社会制度和社会发展程度的影响和制约，公共产品的范围存在着客观的差别，例如，森林、土地、矿产资源等在私有制国家完全可以成为私人物品，公共性并不确定，而在公有制国家则成为公共物品，具有较强的公共性，往往是通过法律予以明确规定的。

2. 准公共产品及其特点与分类

（1）准公共产品的基本内涵。

美国学者布坎南在《俱乐部的经济理论》一文中明确指出，根据萨缪尔森的定义所导出的公共产品是"纯公共产品",而完全由市场来决定的产品是"纯私人产品"。现实世界中大量存在的是介于公共产品和私人产品之间的一种商品,称作准公共产品和混合商品。这样,布坎南在萨缪尔森提出的公共产品概念及两个标准的基础上,以纯公共产品与非纯公共产品即准公共产品概念,以及建立以"内部俱乐部理论"为基础的"布坎南模型"为标志,提出了准公共产品理论。

准公共产品理论总体上属于公共产品理论范畴,而所谓准公共产品,是指具备非排他性和非竞争性两个特点中的一个,另一个不具备或不完全具备,或者虽然两个特点都不完全具备但具有较大的外部收益的产品。准公共产品是介于纯公共产品和私人产品之间的公共产品,它构成了纯公共产品与私人产品之间广阔的中间地带,或者说,在一个社会中,准公共产品居于数量上占有多数的地位。从公共管理组织提供公共服务的角度看,准公共产品由于其属于公共产品的范畴,因而进入了公共服务的范畴,也因此具有了提供这一类公共服务的应有方式。

(2)准公共产品的特点。

一般认为,准公共产品具有如下一些特点。

第一,非排他性和非竞争性特点的不充分性。非排他性和非竞争性是公共产品的基本标准,而准公共产品的这种不充分性主要表现为以下几种情况:一是某些产品只符合其中的一个标准,即符合其中的第一个而不符合第二个,或者符合第二个而不符合第一个;二是虽然两个标准并非完全符合,但又并非完全具有私人产品的特性,即具有完全的排他性和竞争性。准公共产品的这一特点,使其兼有纯公共产品和私人产品的性质,但从总体上说,在公共性和私人性两者之间,其还是偏重于公共性,因而才被称为准公共产品。

形成准公共产品这一特点的主要原因在于,准公共产品是历史发展到一定阶段的产物,即社会的发展程度和变化使一部分本应是公共的物品,只能满足部分成员的需要,或者是某些具有私人产品特征的物品,由于关系到社会公众的基本生活质量和共同利益,需要在其生产方式或管理上以偏于公共产品的方式进行，从而具有了公共产品的性质。

第二，外部性。外部性是指一个人的行为对第三者的福利的影响。外部性是准公共产品的又一重要特点。虽然外部性并非准公共产品独有，如纯公共产品甚至一些私人产品也具有，但准公共产品普遍具有外部性，因而这是它的一个鲜明特点。

准公共产品的外部性是指外部收益。外部收益是准公共产品的普遍现象。例如，交通的发展不仅使那些乘车的人节约时间，获得了内部收益，同时也改变了人们的时空观念，使整个社会获得了收益，这就是外部收益。再如，科学技术的发展，使运用这一技术的人获得了收益，同时也使没有直接使用这一技术的人在观念上发生了变化，并且在人们将这一技术应用于不同产品的生产上时，使产品变得便宜，或者使产品的功能增加，这就是科学技术的外部收益。准公共产品的这种外部性也称为溢出效应。

准公共产品的外部收益有两种表现形式：一是生产的正外部性，即生产的社会成本小于私人成本。它表现为生产成本的下降。例如，一个人提供了技术的研究费用，由于这种技术不仅有利于企业，也为社会增加了新技术，因而有利于社会，而且由于它能复制，使以后的生产者不必再花费研制费用，因而导致了社会成本低于私人成本。如果将技术完全按照市场方式供给，则会产生消费不足的问题。二是消费的正外部性，即消费的社会收益大于私人收益。它表现为社会对该产品的需求下降。例如，在教育消费中，如果教育产品的生产成本全都由私人负担，那么家长就会以自己的效用（如支付的学费相当于多少斤粮食等）来判断其效用。但在现实社会中，社会对于教育的估价往往超过个人的估价。因此，通常会产生消费不足的问题，公共组织如政府必须以一定的方式对这些重要的准公共产品予以管理。

（3）准公共产品的分类。

根据所具备的公共产品两个特点的不同的组合，可以进一步地对准公共产品进行划分。按照公共产品的两个基本特点及其在准公共产品中的表现，可以将准公共产品分为以下三类。

一是具有非排他性且非竞争性不充分的准公共产品。这类准公共产品的共同特点是具有较强的非排他性，同时又在消费上具有一定的竞争性，但其竞争性要弱于私人产品。教育就是这类准公共产品的典型例子。随着社会经济的发展和人们教育意识的加强，具有非排他性的教育逐步成为社会福利，但由于教育本身具有一定的消费竞争性，且在一定的社会历史阶段任何一个政府都难以将教育作为纯公共产品，因而一方面要以巨大的公共财政保证义务教育的实施，另一方面也允许在义务教育阶段以上的某些领域中进行竞争。

二是具有非竞争性且非排他性不充分的准公共产品。这类准公共产品的共同特点是具有消费上的非竞争性，同时又具有一定的消费排他性，但其消费排他性要弱于私人产品。道路是这类准公共产品的典型例子。由于其具有非竞争性，因而最适宜的方式是由非营利的组织进行管理，而由于它具有一定的消费排他性，因而也具有采取收费的方式进行管理的可能。

三是非排他性和非竞争性都不充分的准公共产品。这类准公共产品虽然非排他性和非竞争性都不充分，但又不完全同于具有排他性和竞争性特点的私人产品，或者说具有一定的排他性和竞争性，但总体上又偏于公共产品，如文化、艺术、医疗、体育等。在一定程度上，这类产品与属于私人产品的俱乐部产品比较接近。

总之，准公共产品总体属于公共产品的范畴，因而它与俱乐部产品还是有明显不同的，这主要表现在：第一，俱乐部产品的受益人是相对固定的，而这类准公共产品的受益人一般不固定，即其外部性是向社会发散的；第二，俱乐部产品虽然具有溢出效应，但其溢出范围通常限于少数利益相关的受益人，而这类准公共产品的溢出范围则较大。实际上，在现代社会中，在纯公共产品和纯私人产品之间是一个由准公共产品及俱乐部产品构成的巨大的空间。认识这一区别具有十分重要的意义，因为一般来说，俱乐部产品相对于其成员来说是一个利益共同体，可以通过共同费用分摊实现收益内在化，而这类准公共产品由于受益人不固定，难以做到收益内在化，所以，俱乐部产品适宜私人经营，而准公共产品则更适宜作为一种大众的事业，由公共组织如政府进行相应的管理。

3. 公共事业产品的基本性质

从社会产品的角度看，美国经济学家萨缪尔森认为公共事业活动提供的主要是科学技术产品、教育产品、文化产品、卫生产品、体育产品，属于城市公用性质的水、电、煤气、公共交通等产品，以及邮电、通信等产品，属于社会公用性质的铁路、公路、民航、石油、天然气、供水工程、发电与电网系统、管道运输等产品。在公共产品的视野里，事业产品总体上都属于准公共产品的范畴。但是，进一步分析可以发现，并非所有的公共事业产品都属于准公共产品的范畴。事业产品是一个由纯公共产品和准公共产品组成的混合体，大致可以分为以下两类。

（1）属于纯公共产品性质的事业产品。

这一类事业产品主要有气象、基础科学研究、农业技术研究和推广、大型水利设施、社会科学研究等。从数量上看，这类产品在整个公共事业产品中仅占少数，却是十分重要的。例如，基础科学研究所要解决的是人类共同面临的难题，在研究过程中，需要长期的、连续的资金投入，由于其研究的最终产品是得出相关的科学理论和方法，因而虽然这一科学的理论和方法可以肯定必然会在不同程度上对整个经济进步和社会发展产生影响甚至是巨大的影响，但这种基础科学研究的成果可以应用于哪些方面、在什么时间产生何种影响，却是应用科学研究部门的任务，且是较难准确预料的。也就是说，基础科学研究对研究者来说虽然具有明确而巨大的外部收益，但很难确定其内部收益，因而个人或企业很难独立承担，通常只能由政府拨款维持。

所以，公共事业的部分产品是纯公共产品，这些产品的数量虽然不多，但可以满足公共需要，对国民经济和社会发展具有十分重要的意义。一般来说，区别公共事业产品中纯公共产品与准公共产品的界线，不是外部收益而是内部收益。内部收益难以确定的基本上属于纯公共产品的范围，必须由政府通过直接投资等必要的方式直接负责，免费向大众提供。

（2）属于准公共产品的事业产品。

公共事业的产品大部分属于准公共产品，如教育、医疗、卫生、体育、动植物检疫、出版、广播、影视和属于城市公用性质的水、电、煤气、公共交通等产品，以及邮电、通信、军工、铁路、公路、民航、石油、天然气、供水工程、发电与电网系统、管道运输等产品及其相关的基础设施等。这些公共事业产品虽然同属准公共产品的范畴，但其外部性是不同的。

如何界定公共事业产品的排他性、竞争性和外部性三者之间的关系，是一个困难的问题，但也是把握各类具体的公共事业产品基本性质的重要问题。世界银行在1994年《世界发展报告》中，对基础设施服务进行过较为广泛的调查，并整理出基础设施的外部性示意图。在图中，处在左上方和右下方的分别是私人产品和纯公共产品。从左到右，产品的排他性是逐渐减弱的，同时，外部性逐渐增强。从上到下，产品的竞争性逐渐减弱。可以看出，最接近私人产品的是电信、地方电力输送、城市间高速公路等，而最接近纯公共产品的是农村道路、街道清扫、交通信号控制等准公共产品。据此可以看出，准公共产品的外部性主要是由非排他性程度决定的，非排他性越强的产品，其外部收益就越高，相应的，内部收益就越小。

总之，公共事业产品总体上是介于纯公共产品与私人产品之间的中间产品，即准公共产品，是纯公共产品与私人产品之间的广阔地带。公共事业产品总体上属于准公共产品的性质的基本特点，以及各类公共事业产品的公共性纯度，即具体表现为外部性的大小的不同，决定了在进行公共事业管理时，必须对不同的公共事业产品的生产和提供给予不同的财政供给政策。

五、自然垄断与规制经济

（一）产业经济与规制经济

规制经济也称管制经济学，是对政府规制活动所进行的系统研究，是产业经济学的一个重要分支。与其他学科的发展类似，规制经济学也随着规制活动的发展不断演变，体系与内容不断扩展。目前国外的规制经济学发展已相对成熟，体系较为完整，基本形成了一门相对独立的学科。

规制经济学中，对规制经济理论的研究主要分为两大派别：规制规范分析与规制实证分析。规范分析与实证分析是经济学的两种基本分析方法。规范分析涉及价值判断与伦理道德问题，侧重于说明一种事物或行为"应该怎样"，只有通过政治辩论或决策而不是单纯经济分析本身才能解决问题。与之不同，实证分析更侧重于用事实说话，说明事物本身情况，解决"是什么"的问题，主要借助于事实分析与经验证据。

规制规范分析学派侧重于说明是否应该进行规制，更多标准来自政府官员的主观判断，而不是规制实施所产生的实际效果。规制实证分析学派则是透过主观判断的表面，通过对经验数据的分析，深入考察规制实施的实际效果，侧重说明规制产生的实际作用。依据规制性质的不同，规制可分为经济性规制与社会性规制。经济性规制主要关注政府在约束企业定价、进入与退出等方面的作用，重点针对具有自然垄断、信息不对称等特征的行业。经济性规制主要通过以下几种方式实施：一是对企业进入及退出某一产业或对产业内竞争者的数量进行规制，这一规制可以通过发放许可证，实行审批制，或是制定较高的进入标准来实现；二是对所规制企业的产品或服务定价进行规制，也称为费率规制，包括费率水平规制或费率结构规制；三是对企业产量进行规制，产量高低直接影响着产品价格，进而关系到生产者与消费者的利益，通过规制可限制或鼓励企业生产；四是对产品质量进行规制，相对于前几种方式，对产品质量进行规制的成本较高，主要包括监督成本、检查成本，由于规制者难以亲自监督产品生产，企业和规制者之间存在着信息不对称，规制者对产品质量很难把握，因此实践中这类规制方式较少采用。而社会性规制是以确保居民生命健康安全、防止公害和保护环境为目的所进行的规制，主要针对与对付经济活动中发生的外部性有关的政策。社会性规制是近年来在各国逐渐施行的，主要通过设立相应标准、发放许可证、收取各种费用等方式进行。

（二）规制经济的发展

1776年产业革命的发生给英国著名经济学家亚当·斯密所倡导的自由放任经济带来强烈冲击，伴随技术革命产生的新发明，也对市场提出严峻挑战。尤其是铁路运输的发明与推广，需要大量固定资本投资，而当时的自由竞争市场难以迅速聚集所需资金，这引起了对自由放任经济有效性的质疑。当时英美等国政府成立了规制部门，就铁路运输中的资金问题、固定成本与沉没成本问题展开了激烈讨论。在1839—1850年间，对铁路部门实施规制的市场效果，包括对生产者福利与消费者福利的影响等问题被纷纷提了出来，正是对这些问题的研究奠定了规制规范分析的基础，同时也成为一般微观经济学理论的基础。

这一时期也出现了规制实证分析的萌芽。经济学家迪普特认为，尽管经济理论能够说明应该采取什么形式的规制政策，但在某些政治背景下，利益集团与政治家的相互利用往往最终决定实际政策，而所谓的社会福利最大化也只能是空谈而已。由于规制造成了社会资源配置扭曲，由此产生的成本可能要比不进行规制所带来的损失更大。

由于当时社会普遍坚信规制是为了保护公共利益，因此迪普特的这一观点并未受到重视，并迅速被1870年开始的"新古典革命"浪潮所淹没。自然垄断理论、社会福利理论的提出，都为进行规制提供了充足的理论依据。"新古典理论"代表人物马歇尔的"外部效应"思想说明了除自然垄断理由之外，还存在着基于成本与收益不当分配形成的新形式市场失灵，这一思想对其弟子及学说继位者庇古产生了很大影响，庇古在此基础上提出以税收或补贴形式进行政府干预，这构成了庇古学说的理论基础，该学说为规制理论中对"市场失灵"问题的研究奠定了基础，这些思想使亚当·斯密所倡导的自由竞争、放松规制的理论基础受到撼动。

从1929年开始的经济危机给西方发达国家带来很大冲击，经济出现急剧衰退，市场机制对这种衰退已无能为力，需要新的理论与政策来引导经济走出危机。美国从1933年开始实施的以凯恩斯主义和制度学派观点为基础的"罗斯福新政"，如一剂良药，给陷于危机中的美国经济带来了复苏的希望。对具

自然垄断行业企业集团综合绩效评价模式

有自然垄断特征的公用事业部门加强规制是罗斯福新政的重要内容。新政之前，电力、铁路等大型垄断公司为获取高额垄断利润，人为制定过高的垄断价格，损害了消费者福利，阻碍了经济发展。新政颁布法令，对交通运输和公用事业实行联邦管制。并成立了各种委员会，如铁路管理委员会、电力管理委员会，来规制相应的自然垄断部门，特别是对运费、电价等实行联邦管制价格。这些措施限制了垄断部门赚取高额垄断利润，促进了经济发展。当然，辩证地来看，这也是以牺牲部分私人垄断资本为代价来保护国家垄断资本。总之，以罗斯福新政为起点，由于政府对行业的规制而带来的经济发展与政治稳定，使经济学家对具有自然垄断特征的产业进行规制普遍持支持态度。

20世纪60年代，规制实证分析学派对规制规范分析学派发起挑战这一时期，规制政策实施效果出现较大问题，同时先进技术的出现也给某些规制行业提出竞争性要求，但研究领域中反对放松规制的声音此起彼伏。许多研究认为关键问题是讨论如何改善规制，而不是放松规制或放弃规制。这一时期政府所宣称的主要规制动机仍是"保护公共利益"，以提高社会对规制合理性的认可。在这种形势下，新技术的产生也只能成为进一步规制的理由，只不过是扩大或调整了规制范围，而对于是否有必要进行规制这一根本性问题却没有进行认真的思考。当时，市场失灵是假定存在的，是讨论各种问题的前提，很少有人对此提出怀疑。经济学家只是单纯地将经济福利等原理运用到被规制产业中。对一般静态均衡分析在由于技术进步而不断变化的市场条件下的适用性问题，没有引起规制经济学研究的关注，"政府失灵"问题还没有被提出来。

这一时期，尽管赞同对经济进行规制的政策主张占据了主流，但不容忽视的事实是，一些国家的政府规制出现了重大失败——制度僵化、腐败问题严重、规制成本增加，企业内部人浮于事，技术创新缓慢。这些问题的存在引发了对政府规制效率问题的重新思考，一些经济学家开始怀疑某些规制合同的有效性，并着手进行实证研究，这在一定程度上改变了盲目接受自然垄断合理性的传统模式，开始重新思考规制本身的必要性问题。规制实证分析研究了自然垄断行业产权配置的影响，将经济理论与政治理论结合起来，无论从理论上还是实践上都是对规制起源分析的革命性进展。实证分析学派主张政府放松规制或放弃规制，在某种程度上是对亚当·斯密及迪普特观点的一种回归。对传统规制合同有效性的质疑，集中体现在管制经济创始人经济学家斯蒂格勒发表的《管制经济学论文集》中。斯蒂格勒在文中提出一个简单却很根本的问题：规制者能够规制什么？斯蒂格勒一直强调应将政府规制目标与规制实际效果分开，规制者的愿望与制定规制制度是一回事，而规制是否能对被规制行业产生预期效果则是另一回事。斯蒂格勒在文中对作为自然垄断行业典型代表的电力供给部门的规制效率进行了研究，结果发现规制并没有降低收费标准，也没有解决价格歧视问题，对利润的提高也没有显著影响。这一结论与规制可以改善社会福利与效率的传统观点是明显矛盾的，更没有体现出规范分析所宣称的"保护公共利益"的目标。斯蒂格勒将其调查结果解释为：单个的公用事业部门并不存在长期的市场垄断力量，同样要面临着来自替代品生产部门的竞争压力，像电力部门要面临来自其他能源生产企业的竞争，例如天然气生产企业。这一结论对规范分析的前提条件，即在自然垄断领域中存在市场失灵，提出了有力挑战，使规范分析的立论基础受到动摇。

斯蒂格勒等学者继续分析认为：既然规制不能取得预期的实际效果，那么除保护公共利益动机之外，必然存在着进行规制的其他原因。这些学者将规制视作由规制者所生产的一种"商品"，并提出规制是利益集团对规制"商品"的需求与规制者对规制"商品"的供给之间的结合，以实现利益的再分配。政府官员通过提供规制"商品"可以获得选票，实现留任的目的或是取得其他形式的回报，而被规制者则可通过游说或贿赂来左右政府的规制政策，以达到利己的目的。

规制实证分析进而对作为规制者的政府的行为模式进行了研究。这种对规制者行为的重新认识突破了传统的思维定式，使规制理论有了实质性的进展。这种分析得益于公共选择学派的理论观点。

长期以来，政府行为被视作微观主体决策的外生变量。规范规制分析的最基本依据，也是正统经济学的一个基本假设是：企业追求利润最大化，个人追求效用最大化，政府则是追求社会利益最大化。言外之意，企业与个人是"经济人"，是自私自利的，而政府则是"社会人"，是无私的，没有自己独立的利益。这一看似很对称的假设，却难以得到现实的佐证。政府并不是抽象的存在，而是由某些特殊的党派、政客和官僚集团构成的实体，每个成员都有独立的利益，为什么单个"经济人"组合起来的政府就成了"社会人"？这种假设显然是很牵强的。

针对正统经济学的这一假设，20世纪60年代发生了一场"公共选择革命"，其重要代表人物就是布坎南，他代表的公共选择学派以上述假设及人们的思维定式为突破点，重新审视了政府的性质与作用，将"经济人"概念进一步延伸到那些以投票人或国家代理人身份参与政治或公共选择的人们的行为中，即承认政府追求的也是某种特殊利益，而不是所谓公共利益。这一延伸有助于解释为什么现实中政府的决策并不总是符合公众愿望，为什么会出现腐败或以权谋私，为什么出于公共利益考虑的政府规制却出现了低效率。

（三）规制经济的功能

1. 市场失灵

市场失灵构成了规制经济学的前提。如果没有市场失灵，就没有政府规制的必要，这也是规制经济学的功能所在。根据经济学基本理论，特别是微观经济学的基本理论，市场失灵主要表现在共用品、外部性、垄断（包括人为垄断和自然垄断）和信息不对称等方面。由于上述方面的市场失灵，市场自身不能完善地发挥配置资源的基础作用，政府规制则正当其时。市场经济条件下，政府干预大致分成宏观调控和微观规制两个方面。宏观调控通常是指中央政府（广义）利用财政政策、货币政策等手段来平抑经济周期，促进宏观经济平稳运行，间接干预特征比较明显。微观规制通常是指各级政府（广义）或其附属机构对微观经济和非经济活动主体，在价格、数量、质量、时间等方面的更为直接的干预。从这一点来看，规制经济学属于微观经济学，而且同产业经济学类似，也属于应用经济学。从内容上看，规制经济学由反垄断（规制）、经济性规制和社会性规制三大部分构成，分别主要针对人为垄断、自然垄断、信息不对称及外部性等三大类市场失灵问题。

2. 规制失灵

与市场失灵对应，政府规制也可能出现规制失灵。导致规制失灵的主要原因有规制者任职期限、自身利益、有限理性、有限信息等，甚至出现"规制俘房"，即规制者被被规制者"收买"的现象。按常理来说，如果市场失灵与规制失灵并存，应该"两害相权取其轻"，但现实中情况往往并不如此。因为政府规制是主观人为的，比如一项规章尽管已经不合时宜，但通常不会自动退出或解除，很可能还会受到既得利益者的阻碍。这是市场失灵与规制失灵的重大区别，在研究规制问题时需要特别注意。或者说，在有些情况下，政府规制的综合效果可能反倒不如默认市场运行的自然结果。

3. 反垄断

反垄断对于维持市场经济的正常运行至关重要，甚至说反垄断法（竞争政策的主要内容）是市场经济条件下的"经济宪法"也不为过。但要注意，反垄断法反对的是人为的市场垄断，如滥用市场势力、不当的企业购并、严重影响竞争的串谋行为等，而对自然垄断则通常予以豁免。如果说广义的规制经济学也把反垄断（规制）包括在内的话，则必须注意这部分内容与产业经济学或产业组织理论的交叉。当然，也可以只把产业组织理论视为反垄断法或竞争政策的理论基础。

4. 经济性规制

经济性规制是规制经济学最核心的内容，它与社会性规制既有联系，又有区别。如果把规制对象大致分为经济性活动和非经济性（或社会性）活动，把规制手段大致分为经济性手段和社会性手段的话，那么就可以比较清晰地对经济性规制和社会性规制进行定义。即，对经济性活动进行的规制就是经济性规制，对非经济性活动进行的规制就是社会性规制。这种划分与运用什么样的规制手段并无直接关系。正如法律经济学是研究法律问题的经济学，社会经济学是研究社会问题的经济学，经济计量学是研究经济问题的计量学（注意不是经济学,因此也不应称为计量经济学),规制经济学就是研究政府规制问题的经济学,或者说是用经济学分析规制问题,而不必在意规制对象是经济性活动还是社会性活动,更不必在意规制手段是经济性手段还是社会性手段。

应该进一步明确的是,经济性规制也不是针对所有涉及市场失灵的经济活动,而主要是针对自然垄断的。非自然垄断(人为垄断)的规制主要是反垄断法的干预内容。这样,又可进一步明确,对于非自然垄断,主要交给反垄断机构去处理;而对于自然垄断,则允许它存在,但要规制垄断者行为。这样,从逻辑思路上看,就有可能大体解决产业组织理论中著名的"两难困境",即规模经济与垄断弊端并存的问题。经济学已经证明,规模经济既不是自然垄断的充分条件,也不是必要条件,规模经济、范围经济和网络经济"三位一体"才是自然垄断的较好解释。但从经济计量学相关分析的角度看,规模经济与自然垄断"相关系数"较高还是可以成立的。

5. 社会性规制

社会性规制容易跑出经济学家的视野,这主要是因为不知不觉地受到"经济学帝国主义"指责的禁锢。非经济性活动或非人为垄断加自然垄断的社会性活动,当然也存在成本与效益的关系,自然也是经济学的用武之地。而且,随着科技进步和社会发展,如果说经济性规制呈放松趋势的话,社会性规制虽然个别时候或许有些结构调整,但整体上一直呈加强趋势。社会性规制有时也称"HSE规则",这是由于经济学家到目前为止对医疗卫生、安全和环境问题研究较多的缘故,并不是说社会性规制只限于这几个方面。对中国而言,社会性规制方兴未艾,很多属于社会性规制的问题还非常缺乏规制经济学的研究,如比较突出的就有医药市场问题、矿难问题、排污权交易问题,等等。

6. 放松规制

根据情况变化和经济与社会发展需要,各国政府有时放松规制、有时加强规制都是正常现象。但要注意,有时放松规制是特指某些国家的特定历史阶段的,比如美国的里根时代和英国的撒切尔时代。通常所说的放松规制是专门针对传统上的自然垄断行业的。这可以有多方面的理解,一是由于某些过去一般认为的自然垄断行业现在看来并不是真正的自然垄断，而是客观上存在相当程度的竞争；二是由于某些传统的自然垄断行业中有些业务本来就是可竞争的；三是政府规制在有些方面表现出较严重的规制失灵问题；四是经济全球化和WTO等国际组织的要求，等等。另外，根据著名经济学家鲍莫尔提出的进退无障碍市场理论，如果进退基本无障碍，那么即使垄断程度很高，也不会产生多大的垄断弊端。这些原因都自然会导致放松规制。

7. 加强规制

总的来说，在全世界范围内，经济性规制呈放松趋势，而社会性规制则呈加强趋势。而且较多的经济学家倾向于认为，越是市场化程度高的经济和社会，社会性规制越有必要加强。这一点对中国来说更是成立，比如我国医药产业存在的很多重大问题还缺乏较有条理的研究，有的研究不是从规制经济学的角度进行，也明显不得要领。近些年国内不少学者利用国家自然科学基金和国家社会科学基金的资助，对所谓自然垄断行业进行了较深入的研究，但仍侧重在放松经济性规制方面，而对社会性规制研究较少，更谈不上深入。

8. 激励性规制

传统的规制手段，如价格规制、收益率规制、市场准入、购并限制、纵向约束、专利保护、污染控制等，在实践中往往会产生逆反作用，达不到期望的效率。这有些类似于体制改革中的"一管就死"。那么如何避免"一管就死"，又不会出现"一死就放""一放就乱"呢？关键在于要尽量发挥激励性规制的效果。所谓激励性规制，主要就是要研究出适当的规制规则和规制政策，使被规制者感到约束的同时，还有足够的动力去追求与规制政策一致的目标。可以说，激励性规制是规制经济学的关键内容，其中博弈论大有用武之地。因为产业经济学和规制经济学研究都有从"结构主义"向"行为主义"转变的趋势，企业与企业的博弈（竞争）、企业与政府的博弈，越来越引起经济学者的兴趣，目前已有两届多人就因为研究博弈论而获得诺贝尔经济学奖。

9. 规制机构

从市场经济的客观要求和中国体制改革的前景来看，现存的规制机构设置肯定是要变革的。但从我国市场经济发展的进程及国家层面看，发展与改革委员会、工商总局、商务部、人民银行总行、环保总局等较为综合的机构，以及银监会、证监会、电监会、民航总局、铁道部、卫生部等部门性机构，都有相应的规制职能，是不可或缺的。自然垄断行业企业集团是规制经济的基本载体。中国的产业政策和竞争政策制定需要产业经济学或产业组织理论，中国的政府机构设置和职能定位需要规制经济学。在社会主义初级阶段，我国自然垄断行业还处在逐步强化规制阶段，自然垄断行业的的企业集团综合绩效评价从本质上讲也属于规制的手段范畴。

本章小结

我国现行经济体制下的自然垄断行业企业集团是在经济体制改革进程中发展壮大的。自20世纪90年代初，我国的经济体制由有计划的商品经济向社会主义市场经济体制过渡，行业管理部门即国家各级产业管理部门与其相适应的经济管理体制发生了根本性的变革。政企职能分开导致绝大部分的国家产业行政管理部门淡出政府序列，它们中间的大部分演变成为"功能性、专业性、自律性"的行业性产业协会；行业性产业协会的成员单位即企业的产品是竞争性、开放性的。它们完全进入市场，在"国家调控市场，市场引导企业"经济环境下运行。在国家及国民经济中具有控制力，而且发挥主导作用的产业部门即网络产业（自然垄断）除保留少部分对应的产业管理部门（如铁道部、民航局、邮政局、能源局等）外，其余的自然垄断性网络产业相继改制重组为产业领域性、垂直型、纵向一体化的企业集团。经过近10年的发展以及相继的购并整合再重组，经济实力和对国民经济的控制力逐步增强，已经成为国家和社会发展的经济支柱和主导力量，引领我国多种经济成分共同发展。

笔者认为，我国处于社会主义初级阶段，社会主义市场经济体制已经基本形成。2008年以来的金融风暴，之所以对我国的影响要远远小于西方国家，主要原因是国家牢牢控制着自然垄断行业及其企业集团。因此，在这一政治经济背景下，无论国内外形势如何变化，国家对自然垄断与寡头垄断的产业经济的调控力度都只能加强而决不能放松，对其综合绩效的评价及激励更应给予高度重视，列入重要的议事日程，强化其评价激励机制，进而确保自然垄断行业及国有经济的主体的控制力和主导作用。

本章涉及的自然垄断经济即网络产业管制垄断与放松管制自由竞争的问题，国内外专家学者从不同的角度都对此进行了详尽的表述，归纳起来主要是两个方面：一方面是产业性自然垄断的优势，另一方面是产业性自然垄断的弊端与劣势；一方面要强化自然垄断，另一方面则提倡彻底放开管制打破垄断实行开放性的自由竞争。通过分析可以看到，专家学者均是站在不同的社会政治经济制度、不同的宏观经济环境、不同的时代背景来分析问题，以及按照自身的价值观念取向来进行表述的。笔者认为，我国的自然垄断行业企业集团并不是没有竞争，而是在国际环境下面临着激烈的竞争。在全球经济一体化背景下，我国的自然垄断行业企业集团进入世界500强的并不多，总体竞争实力还有相当差距，但如果没有这些自然垄断企业集团，我们将更加难以与世界一流跨国垄断集团竞争。因此我们不能把竞争环境和对手局限于国内，而应该以进入WTO的国际环境作为竞争背景，增强我们的竞争实力。自然垄断行业企业集团应通过资本运营、购并重组乃至于到海外购并，形成一流的大型跨国企业集团，并且在国际市场竞争中通过行业协会的产业纽带作用，形成竞争合力。笔者表述上述观点，目的是强调做强做大自然垄断行业企业集团的意义，并引起国家的高度重视，同时更加重视自然垄断行业企业集团的综合绩效的评价与综合实力的评价，进一步形成切实可行的评价机制、激励机制、约束机制、监管机制，推动自然垄断行业企业集团健康发展。

第三章　自然垄断行业企业集团组织结构与运行模式

企业集团是伴随着市场经济的发展而产生的。发达国家大型企业集团多为跨国寡头垄断产业集团，自然垄断行业企业集团已经为数不多；发展中国家的自然垄断行业在整个国民经济中比重较大。我国自然垄断行业企业集团在市场化进程中逐步发展壮大，在国民经济中的地位举足轻重，是国有经济的主导力量。研究企业集团产生的历史条件，分析其功能与特征，继而分析研究发达国家大型跨国垄断寡头产业集团形成发展历史，借鉴其组织结构运行模式演进形态，对研究我国自然垄断行业企业集团组织结构与运行模式及其绩效评价具有重要意义。

一、企业集团的定义、特征与功能

从日本在20世纪50年代最早提出企业集团概念到今天，国家间的竞争已主要是各国大企业、大集团之间的竞争，一个国家的经济实力和国际竞争力也集中体现在大企业、大集团的实力和竞争力上。在当今世界，许多国家都把鼓励和支持本国大企业、大企业集团的发展，作为增强本国经济实力和国际竞争力的重要手段。

（一）企业集团的定义

在欧美一些发达市场经济的国家里，一般没有企业集团这一组织的定义。美国企业史学家艾尔弗雷德·钱德勒认为，现代大型联合工商企业的诞生是一个自然的历史发展过程，它既是市场和技术发展的必然结果，也是企业组织制度创新的具体表现。

早在19世纪中叶的资本主义发展初期，欧美国家曾相继出现了一批性质、形式各异，并且类似于现代企业集团的垄断经济组织的联合体，如以契约、协定为联结纽带的"卡特尔"和"辛迪加"，单一法人形态的"托拉斯"和"康采恩"等。后来，由于资本主义国家反垄断法（反托拉斯法）的实施，迫使这些垄断经济组织不断改变形态，调整内部结构，最终发展成为今天我们所看到的跨国公司和大企业（集团）。可以说，现代跨国公司和大企业（集团）的形成和发展，是企业组织适应内外部环境不断进行制度创新的结果。

这些"现代工商企业"有两个特点：一是它包含许多不同的营业单位，不像传统的公司那样只是单一单位的企业，而是将许多单位置于其控制之下，经营于不同的地点，通常进行不同类型的经济活动，处理不同类型的产品和服务；二是由各层级领取固定薪金的行政人员（即职业经理人员）管理着。从这些特点上看，如果把现代公司（集团）或跨国公司看成是我们现在所理解的企业集团，那么它们就可以定义为"由一组高薪的中高层经理人员所管理的多单位企业，即可适当地称之为现代企业"。

经济学领域里的企业集团概念，最早出现在20世纪50年代的日本。日本企业集团的形成和发展是在特殊的历史环境下完成的，是一种带有垄断性质的企业联合形态。"二战"以后初期，美国为了在日本推行经济民主化，通过占领军解散了控制日本的以三井、三菱、住友等为代表的大小财阀。后来，美国对日本这一政策发生了转变，这些旧财阀系统的大企业为适应日本产业结构调整、企业系列化和重化学工业化的发展新形势，在日本政府的大力支持下，又重新组织起来，形成一种我们现在理解的所谓"企业集团"的经济组织形态，这些经济组织形态都是以企业集团的形式进行集团活动。

自然垄断行业企业集团综合绩效评价模式

日本在使用企业集团概念上，并非在产生之初就很明确，而是随着企业集团的发展变化，在国民经济生活中的地位不断提高后才逐渐明确的。在1972年前后，日本公正交易委员会把纵向资本系列的结合称之为"企业集团"，把横向大企业间的相互结合称之为"企业组合群"。日本公正交易委员会在《关于综合商社的第二次调查报告》中还把社长会、相互持股、互派高级职员、系列融资、集团内部交易、共同投资和统一的商标和标记符号等项作为企业集团结合度的标志。该委员会把企业集团理解为"不是企业的简单聚合，而是一种特殊形式的大企业联合形态"。

由于企业集团是一个动态的范畴，随着生产要素、技术进步及经济发展等因素的变化，它的内涵和外延一直处于变动之中，因此日本学术界对企业集团的概念至今也没有一个明确、统一的定义。但是，从日本企业集团的发展进程上看，大的企业集团一般是一个由许多独立企业组成的企业联合组织，它们的联系纽带是环形持股（相互交叉持股），社长会是企业集团的决策机构，银行、商社是核心成员，经营范围涉及第一、二、三次产业，成员企业共同进行投资，并使用共同的商标和标志。

在我国，企业集团的产生与发展不仅与经济体制改革的大背景紧密联系在一起，而且同国有企业改革一样也经历了复杂、曲折的过程。同样，我国对企业集团的理解与认识，以及对它的本质规律性的把握，也经过了一个不断反复、深化的过程。

我国40多年的改革开放，始终是政府自上而下推动着，其中有一个很突出的特点是，人们对待每一新生经济事务或事件，只有当中央政府在政策、文件里头加以承认和肯定后，社会各界才能最终取得一致认识。因此，企业集团的权威定义同样最终由政府有关部门做出。

进入20世纪90年代中后期以后，我国的企业集团逐步发展形成了一定规模和数量，它们不仅在主要经济指标占全国工业的比重方面呈上升趋势，而且在国民经济中的主导地位也进一步增强。1998年，国家工商行政管理局为解决企业集团在工商注册登记上的技术性障碍，于当年4月6日发布了《企业集团登记管理暂行规定》，其中规定企业集团是指"以资本为主要联结纽带的母子公司为主体，以集团章程为共同行为规范的母公司、子公司、参股公司及其他成员企业或机构共同组成的具有一定规模的企业法人联合体""企业集团不具有企业法人资格""企业集团由母公司、子公司、参股公司以及其他成员单位组建而成，事业单位法人、社会团体法人也可以成为企业集团成员"。这是我国第一次从法律法规角度对企业集团概念做出了明确、统一的定义，并一直沿用到现在。

（二）企业集团的特征

从定义上看，企业集团是一种特殊的企业联合体，不同于一般的大中型企业。一般的企业联合体，如战略联盟、合作经营，也不能视为企业集团。现在，专家学者普遍认为企业集团最本质的特征是"一种以母子公司关系为基础的垂直型组织体制"。综观企业集团的运行实践，它具有以下几个主要特征。

1. 以公司制为基础

从生产关系角度讲，企业集团是现代企业制度发展的产物，其内部也是采取法人产权制度形式，基础是公司制企业。现代公司制企业最根本的特征是实行原始投资者的所有权与公司法人产权相分离和企业产权的控制权、经营权与监督权相分离。投资者有限责任原则和公司法人人格独立原则构成了企业法人制度的两大基础。公司法人制度的确立和发展不仅减少和转移了投资者的风险，刺激了他们投资的积极性，而且还克服了产权交易操作中的技术性难题，解决了投资者"退出"问题。

公司制之所以成为企业集团的基础，主要原因是，不仅公司是作为法人企业而存在，而且公司制是现代企业的典型组织形式。公司规模的扩大可以不受工厂规模的限制，它既能包含大工厂又能容纳众多的中小工厂，但它作为独立企业的规模不能无限地扩大。这时，企业集团的出现有利于继续发挥公司的作用，同时还解决了公司发展过程（规模扩大）中的矛盾。企业集团看起来像一个大公司，实际上并不是大公司。本质上说，公司是大企业的正形体，企业集团是大公司的变形体系。正是现代公司制企业中法人产权的完整性和承担责任的有限性，才使得企业集团边界规模的不断扩大成为可能。

2. 多法人的联合体

企业集团是由多个法人组成的企业联合体。从法律地位上看，企业集团本身不具备独立的法人资格，不具备独立承担民事责任的主体资格，也没有相应的法人财产权。然而，企业集团内部各成员企业则是独立的法人，有其独立的财产并以全部资产承担民事责任，经济利益也是各自独立的，但在共同的利益基础之上联合在一起。这种多法人的联合体不同于一般的企业联盟或合作经营，在不影响成员企业的独立法人地位和积极性的情况下，集团内部不仅实行统一的战略和发展规划，而且拥有自己特定的集团章程、管理机构、控制协调手段、规章制度以及分配方式等，形成自己相对独立的控制机制，确保集团整体正常运作。

一般来说，企业集团在以下几个方面由核心企业（集团公司或集团总部）对其他成员企业实行统一管理：统一集团的核心思想和理念系统，保持员工行为规范和企业识别系统的一致性；统一带有普遍性的企业标准和规章制度，保持集团政令的一体化；统一规划集团的发展规划、年度计划、产业布局和投资项目，保持发展战略和决策的一致性；统一人事招聘和任用，保持人事政策和制度的一致性；统一财务管理系统，保持控制体系的一体化；统一提供能发挥总体效益的服务，包括金融、培训、信息、重大策划、后勤保障、安全保卫、进出口及商务、重要的社会关系处理等服务。

3. 多种联系纽带

企业集团成员企业之间主要是由控股、参股所产生的资产纽带相联系，这种产权关系也是企业集团内成员企业最基本的联结纽带。从组织内部关系上看，一方面，集团母公司、子公司或关联企业均具备自身独立的法人资格；另一方面，集团母公司又以股权、产权为纽带垂直向下控制一些下属企业，包括拥有全部产权关系的全资子公司、拥有一半股权以上的控股性子公司，以及持有一定比例的参股关联企业，子公司一般不得反过来向上持有母公司股权（相关交叉持股的个别关联企业除外)。此外,成员企业之间还可以具有经营、技术、人事、契约等多方面的联系纽带。

4. 多层次运行体制

无论是纵向持股还是横向持股形成的企业集团,从持股比例上看,均可以划分为核心层、紧密层、半紧密层和松散层等层次企业,不同层次企业在企业集团中互相协作,但发挥着不同的功能作用;按企业集团纵向的层级结构分,可划分为投资中心、利润中心和成本中心三个不同层次的经营责任单位,不同层次的经营责任单位所享有的职权和承担的责任也完全不同。

核心层企业,也称集团公司、集团母公司或集团总公司,是企业集团的实体部分,它是依法成立、有独立财产和自己的组织管理机构、能独立承担民事责任的经济实体,并在企业集团中发挥着主导作用。紧密层企业,也称控股企业,是核心层企业直接控制(持股50%以上或虽持股低于50%但拥有实际控制权)的企业,具有独立的法人地位,在法律地位上为子公司。核心层企业与紧密层企业之间是母子公司关系。半紧密层企业,也称持股层企业,是指核心企业参股未达到控股或者紧密层企业下属的全资、控股企业,在这一层面由若干个关联公司组成。松散层企业是为企业集团提供协作服务的企业,与核心层企业没有产权关系但有经营业务关系。它与核心层企业、紧密层企业、半紧密层企业的联系一般以契约形式来维系。

投资中心是指处于核心层的集团公司(或集团母公司)。它的主要职责是进行投资决策、选择经营者、筹措与使用资金、获取经济效益,所履行的职责包括决策与执行两个方面,主要任务是制定整个集团的重大投资项目和投资计划,审核、批准和监督实施子公司和分公司的投资计划。利润中心是将企业集团原有的各生产经营实体以产品或业务为对象,经调整重组而形成的若干个独立核算、具有法人资格的子公司;集团公司下属的分公司或各事业部,虽然不是独立的法人企业,但实际上也是利润中心。利润中心集生产、经营、技术于一身,成为生产经营实体,实行专业化生产经营,与其他集团成员构成专业化分工协作体系,对法人资产的保值增值负责。它的主要任务是购入投入品,组织生产，并出售产品，要进行核算和实现盈利。成本中心是指集团内部各类公司的工厂或车间、班组，着重考核其在生产过程发生的成本和费用。成本中心具有生产决策权，主要负责完成上级下达的生产计划，并从事经济核算，通过增产节约来降低生产成本，不断提高产品质量，同时要对生产成本和产品质量负责。

5. 多元化经营战略

现实经济中，大多数企业集团一般都不只是从事单一产品的生产与经营，往往横跨几个经营领域或行业，以此达到充分利用资源、分散经营风险的目的。多元化经营战略也是大型企业集团发展的重要战略选择之一。企业集团的多元化经营通常是指企业集团所实行的产品开发多样化、服务项目多样化、开拓多个目标市场的经营，借助这一多样化经营来适应繁杂多变的市场需求。从企业发展史上看，很多企业集团为了迅速扩张规模，规避经营风险，不仅在本行业大举实行收购、兼并，而且还会进入别的行业，进行多元化经营。

从理论上说，实行多元化经营的企业集团按照多元化程度的差异，大体可划分为以下几种类型：一是相关联多元化企业集团，多元化扩展到其他相关领域后，没有任何单项产品的销售收入能占到集团销售总额的70%；二是无关联多元化企业集团，即进入与原来业务无关领域的；三是主导产品企业集团，其单项产品销售收入占集团销售总额的70%～95%；四是单项业务企业集团，其单项产品销售收入占企业集团销售总额的95%以上。

当然，企业集团开展多元化经营并不是没有风险的。当企业集团具有很强的实力，已形成一定规模经济（一般来说市场占有率应达到25%以上），拥有极强的市场竞争力，且现有的市场容量潜力不大时，才可考虑进入其他行业。否则就不宜实施多元化经营战略。此外，为实施多元化经营，企业集团还应具备一定的技术优势和资金优势等基本条件。

6. 跨国（多国）经营

发达市场经济国家里的企业集团通常是跨国集团，其经营领域不仅仅局限于母公司所在国。根据这些国家企业集团的发展经验，企业集团的跨国经营特征是本国企业集团发展到一定阶段的必然产物。随着企业集团规模的有效扩张和业务的不断扩大，本国的企业集团自然要向国外发展而成为跨国型企业集团。在当今世界经济全球化、市场一体化趋势的影响下，由国内经营走向跨国经营已成了一国企业集团为谋求发展出路、增强竞争能力不得不做出的选择。当然，并非要求任何一家企业集团在组建时都是跨国化的，这必须考虑到企业的实际情况和经济实力。

（三）企业集团的功能与优势

企业集团的作用可从两个层面来理解，一是企业集团对一国国民经济的功能作用，另一个是企业集团对企业自身经营所具有的经济优势。

1. 企业集团的功能与作用

在世界各国的国民经济中，大企业集团无论是在规模上还是质量上都占有举足轻重的地位与作用，它们对政府决策的影响也不是过去可以比拟的。在美国，虽然大企业只占企业总数的 5%，但生产总额却占全美企业总额的 60% 左右，创造了 50% 以上的国民生产总值，提供了 50% 以上的联邦财政收入；美国最大的 500 家公司的资产占全美非金融公司资产的 40% 以上，拥有全部银行资产的 1/3 以上，全部人寿保险公司资产的 85%，销售收入占全部企业的 1/2 以上，利润占 70% 左右；美国 42 个主要工业部门中，有 28 个部门产量的一半由 8 家大公司生产；在汽车、钢铁、建筑、化学等工业部门中，产量的 75%~90% 由 4 家大公司生产，通用、福特、克莱斯勒提供了全美 95% 的汽车。很多实例表明，少数几家大的企业集团的实力往往决定着一国在国际上的综合竞争能力。

具体而言，大企业集团在一国国民经济的发展中起到了以下的积极作用。

（1）提高区域经济整体优势，增强市场竞争力。组建大型企业集团，不仅能够推动规模经济的发展，还能够推动一国或区域内生产要素的流动，实现高度聚集，减少或避免重复投资、重复建设，使社会生产要素得以优化配置，大幅度降低资源配置成本；同时，企业集团全方位、多层次、跨区域的联合与协作，能有效地促进区域及区域之间的合理分工，提高经济增长质量和效益。

（2）企业集团是国家产业结构调整的主体。"二战"后，随着产业集中化趋势的增强，大公司和企业集团日益成为结构调整和产业升级的主导力量。它们的技术创新和产业化活动不断创造出新的产业群，把产业结构一步步推向更高的层次。它们先进的技术和管理通过产业协作链条传递到数量众多的中小企业中去，带动了一批企业乃至整个国民经济技术水平和管理素质的提高。另外，它们所进行的并购活动更是推动产业结构调整的巨大力量。20世纪50年代的企业并购活动基本上局限于美国最大的500家公司与500家之外的公司之间进行，20世纪70年代进展到500家公司之间，20世纪80年代发展到最大的100家公司之间，21世纪初已发展到最大的10~50家公司之间。这些并购活动既是跨国公司壮大自己、提高竞争力的有效途径，也是一国不断调整、校正扭曲着的产业结构的有效手段。

（3）企业集团是国家技术创新的载体。当今世界，各国技术创新主体呈现出日益集中于大公司和企业集团的趋势。近几十年来，随着科学技术的迅猛发展，技术创新所需要的人力、才力也越来越多，已不是一般企业所能承受得起。目前，世界500强企业研究开发费用占全球的比重接近70%，全世界每年产生的新技术、新工艺有70%以上为500强大企业所拥有。跨国公司不仅成了世界产业技术进步的策源地，还使得它的母国占据着全球经济竞争的制高点。

（3）在我国，大公司和企业集团是国家综合国力基础，也是国有经济主导作用的体现。在经济全球化的背景下，国际竞争已完全超越了国界，国与国之间的竞争，越来越演化成各大公司和企业集团之间的竞争，一个国家的经济实力和国家竞争力，也集中地体现在大公司和企业集团的实力和竞争力上。目前，我国已经把实施大公司、大集团战略确立为国有大中型企业改革和发展的一项重大举措，大型企业集团的改革与发展也是我国实现经济发展方式由粗放型向集约型和经济体制由计划体制向市场体制的两个根本性转变的关键环节。

综合上述，正因为大公司和企业集团在任何一国国民经济的特殊性与重要性，反过来又说明，如果它们经营不好或经营不善，对一国国民经济的负面作用同样是巨大的。比如，韩国在1997年那场席卷亚洲的金融危机中不能幸免，也于当年下半年爆发了自20世纪50年代以来最大的经济危机，其中韩国经济的中坚——大公司和企业集团（财团）的不实经营和过度负债是诱发韩国国内经济危机的根本原因之一。

2. 企业集团自身经济优势

对于企业组织来说，企业集团的经济优势主要表现在以下几个方面。

一是实现规模经济和范围经济。企业在规模扩大过程中，不仅可以综合利用副产品，而且原材料的大批量采购和产品供给的垄断地位也将提高大企业在市场交易中讨价还价的谈判能力。规模经济较强的产业有汽车、飞机、轮船、摩托车、钢铁、石化、计算机、家电、玻璃板、水泥、酿酒和一些服务业；范围经济较强的产业主要是一些网络产业，如电信、电力、航空、铁路、民航、管道运输、石油能源、天然气等。

二是可以实现对集团内资源的充分有效利用，发挥群体功能效应。子公司间的交叉持股和相互贷款担保可以保证集团内部资本的安全；集团内部的贸易（内部交易）可以为成员企业开发出新的市场机会；对国际市场的合作开发以及在国际范围内的资源整合，可以提高集团的国际竞争力；收益的内部化也可以提高集团技术开发的积极性。

三是多元化经营可以降低集团研究与开发的风险。

四是大公司和企业集团可以发挥在经济实力、创新领先技术、实现研究与开发的规模经济、转化研究与开发成果等方面的优势；企业集团创新收益内部化的程度高，被仿制而降低创新收益的可能性小，这些反过来又可增强集团创新的动力。

五是企业集团规模的扩张还可以获得其他一些好处，如内部交易可以合理避税、提高进入壁垒、增强企业的垄断力量、实现扩大市场和提高市场占有率的目标，等等。

当然，一些现实的制约性因素的存在，如管理成本的提高和管理效率的降低，企业在快速变化的环境中会因规模扩大而导致企业转型缺乏灵活性，以及政府为促进竞争性市场的形成而采取的各种反垄断政策等，不仅影响着企业集团的有效运行，而且决定着企业集团规模扩张的边界范围。

二、垄断行业企业集团组织结构与运行模式

企业集团的管理体制包含两部分内容，一是企业集团的领导体制，二是企业管理模式。在现代公司里，领导体制实质上就是公司的治理结构问题。公司治理结构是指一种协调股东和其他利益相关者关系的制度安排，所涉及的是在公司的边界之外董事如何全面指导企业，监察和控制管理部门的执行行动，实现公司边界之外的各利益相关者的目标，具体内容包括股东、董事、经理的职能和权利的行使等问题。管理模式则是公司内部资源配置的制度安排形式（或称"控制制度"），确保公司内各部门、各层次围绕着企业目标协调运转。

（一）垄断行业企业集团模式

1. 现代企业管理模式的本质特征

从组织理论产生的那天起，关于组织管理问题就有两种截然不同的观点：一种观点将组织看成是激励制度和惩罚机制的设计问题，以促进追求个人利益并且缺乏努力动机的成员们认识到为组织的目标而努力工作符合他们自身的利益；另一观点倾向于把组织看成一个有机体，企业内部资源配置的优劣取决于领导者的个人决策，管理者的主要工作就是领导，激发下属们合作、冒险、创新的意愿，让他们超越那种狭隘的自利性追求。但就现代企业组织的结构特征而言，经过近百年来企业组织理论的发展，特别是科斯和钱德勒等人的开创性贡献，今天的组织经济学与组织行为学都一致认同，现代企业的组织结构在本质上是一种层级制（或科层制）组织。

所谓的层级制（或科层制）实际上就是一种基于层级结构的官僚制度，通过一层一层的行政隶属关系，按照内部的组织制度和行政命令，完成公司内部的交易；通过层级制度，把复杂的管理程序合理地分解，由各个专业化的部门

负责，并由统一的最高权力层次协调；通过标准化的程序组织，传递信息、做出决策和执行命令。

按照钱德勒给现代企业下的定义，这种层级制（或科层制）组织的显著特征是"由一组高薪的中高层管理人员所管理的多单位企业"。它具有以下特点：严格的层级关系；固定的职责；高度的正规性；正式的沟通渠道；集权的决策。在这一层级结构里，企业组织的运行提倡内部组成成员（部门）的协作精神和团队精神，以人为本。现代企业（公司）从19世纪40年代至今100多年的成长历程中，先后采用过三种管理模式（或称"内部组织结构"）：第一种是直线职能制（U型结构）；第二种是事业部制（M型结构）；第三种是控股公司制（H型结构）。今天，U型结构和M型结构仍是世界各国（大型）企业普遍采用的两种最基本的组织管理模式（或组织结构）。

为了系统地说明现代企业组织的管理方式，钱德勒把美国19世纪40年代以前（现代企业产生之前的历史）的企业统称为"传统企业"，也就是现在人们常说的"古典企业"。这些企业大多遵循传统的商业习惯，并以传统的方式经营着。他认为，古典企业具有以下几个特点：这种企业组织通常规模较小，只具有一种经济职能，经营单一的产品系列，只在一个地区经营，各项活动是由市场和价格机制来协调，钱德勒称之为"单一单位的企业"；企业的管理者通常兼有资本所有者的身份，资本所有权和管理是合一的；古典企业组织作为层级组织通常只包含两个层级，企业管理者是最高决策层级，工人是最低决策层级，前者直接指挥后者，没有中间决策层级，是一种简单的形态。

相比之下，现代企业组织即层级制（科层制）组织的主要特点表现在：这种企业组织通常规模较大，具备多种经济功能，经营多个系列的产品，在不同地区经营，钱德勒称之为"多单位的企业"；企业的中高层决策者都不再兼有资本所有者的身份，而成为专门的"高薪管理人员"，资本所有权与管理发生了分离；现代企业组织作为层级组织包含两个以上的决策层，也就是说，包含了中间决策层级，中高层级的决策者形成了较为复杂的决策分工体系，表现在企业内部的管理组织上，钱德勒称之为"管理层级制"。如图3-1所示。

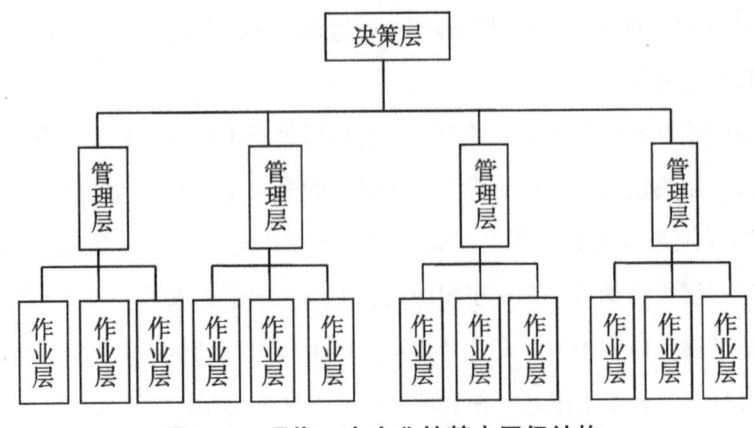

图 3-1 现代工商企业的基本层级结构

钱德勒认为，现代工商企业的成长过程有三方面含义：一是企业规模的扩张过程；二是企业资本所有权与管理权的分离过程；三是企业内部管理层级制的形成过程。并且，他还把现代工商企业出现和发展的原因归结为技术和市场的作用。钱德勒在《看得见的手——美国企业的管理革命》一书中分析认为，美国现代工商企业的出现和发展可以划分为三个阶段。

第一个阶段（1790—1840年）是传统经济阶段。在这半个世纪里，在欧洲殖民地基础上形成的早期美国经济主要依靠市场机制来协调物品和服务的生产和分配，没有建立新的经济制度，也没有发生工商业经营方式的革命。美国早期企业史的发展主要是由市场扩张而促进的不断增加的专业分工推进的。在铁路和电报出现之前，工商业活动继续由中世纪以来就广泛出现的单一单位的企业（即传统企业）所主宰。

第二个阶段（1840—1880年），铁路、电报和无烟煤的广泛使用这三项划时代的技术进步打破了以市场协调和企业为特征的传统经济的平衡。钱德勒发现，铁路是历史上第一批雇用受过训练的职业经理的企业，发展了最早的管理层级。交通通信革命带来的市场扩张以及生产技术的变化不仅增加了贸易量，而且大大提高了贸易和生产的速度。这期间，单个工商业企业的规模因实行大批量分配和大批量生产得到迅速扩大。

第三个阶段开始于 1880 年左右，也是最具革命性变化的阶段。从这时起，生产企业开始把大批量分配结合进自己的经营过程，现代工业企业（也就是今天跨国公司的原型）由此产生。它们的成长通过两种途径进行，一种是某些小的、单一单位的公司直接建立自己全国性和世界性的销售网络以及广泛的采购组织，并取得自己的原材料来源和运输设备（内部扩张）；另一种是进行外部合并，许多小的、单一单位的、家族或个人拥有的公司合并成一个大型全国性的企业，新合并的企业把生产管理加以集中，然后再向前和向后实行结合（外部扩张）。

与此相对应，美国现代工商企业内部的管理层级结构形成和发展的历史进程也大体可以归纳为：大企业在最初阶段，会全力扩充工厂、设备和人员，包括建立起自己的分销和销售（通常是批发）组织及供给来源，以满足市场对产品急剧增长的而且往往是全新的需求，一旦掌握这些资源后，经理们就开始将管理的中心越来越多地转向更加合理、更高效率地运用这些资源上，此时，企业内部就会要求建立一个组织结构（除其他管理职能建设之外），以便在每一项职能活动中系统地动员资源，使市场需求与产品的流量相协调，并确定职能部门内部活动的工作量。当企业的成长受到现有市场的限制，企业管理者必须通过系统地整合各项职能活动来降低单位成本，同时要开始寻找新的市场（包括向海外寻找市场）或发展新的业务，以便更充分地利用企业现有的资源，使企业保持持续增长。最后，那些已经完成新市场或新产品开发的公司，需要重新界定企业内部的沟通和权力路线，相应调整企业内部管理的层级结构，使之更加适应市场变化的需求。

2. 国际垄断行业企业集团运行模式与组织体系

当今世界的垄断行业企业集团多为跨国垄断寡头，在全球经济中占有举足轻重的地位。近几年来，超大型寡头垄断跨国公司呈现出来的发展态势及其产业和地区分布的特点，对整个世界经济和国际社会的发展将产生越来越重要的影响。

一般认为，跨国垄断集团的发展主要有两种方式。一种是以欧美跨国大公司为代表的发展方式。这些跨国大公司大多经历了一个循序渐进的过程，在长期的发展过程中积累了雄厚的实力，是一种先发型企业。另一种是以20世纪70年代日本和80年代韩国的跨国公司为代表的发展方式。这些后发型企业选择了一条超常规发展道路，创建了综合商社型的跨国公司发展新模式。但是，发达国家的大型跨国垄断集团无论选择哪一种发展方式，无一不是通过兼并联合发展起来的。它们主要通过兼并、收购、联合、重组等手段，进行了大规模的外部扩张，迅速扩大经营规模，使企业规模呈几何级数增长。至今为止，资本主义发展史上已相继发生了多次企业兼并的浪潮，每次兼并浪潮几乎都出现了跨国公司强强联合的趋势，诸如戴姆勒奔驰公司和克莱斯勒公司合并而成的戴姆勒－克莱斯勒公司、BP公司和阿莫科公司合并而成的BP阿莫科公司、波音公司和麦道合并而成的波音－麦道公司、东京银行和三菱银行合并而成的东京－三菱银行等"庞然大物"。这些公司通过兼并联合，不仅扩大了经营规模，而且实现了资源的重组和优化配置，强化了寡头垄断程度，提高了效率和竞争力。

跨国垄断集团基本上都是国际化经营的，业务涉及多个领域。所要处理业务的复杂性以及为处理复杂业务所需要的组织理论和技巧，也是一般企业所不具有的和不能比拟的。这一特点使得它们对企业内部组织结构的要求大大超过一般企业，必须更加突出组织功能的作用。内部组织结构和管理模式的特色主要体现在高层组织上。它们的底层组织如基层班组、车间、办公室，甚至一般的工厂或子公司，与一般企业相比较并没有太大的区别，而且与集团的关系多为松散的战略联盟，为集团提供零部件，基础制造层次不是集团的关注重点。所以，跨国垄断集团注重的是高层组织如公司总部、区域总部等层面上的组织结构和管理体制，带有明显的独特性。

从理论上来说，跨国垄断集团大体上可以分为三种基本管理模式。

一种是职能部制、地区部制和产品部制（见图3-2、3-3、3-4）。职能部制的管理模式是以职能部门为主线划分组织结构，在这种模式中，公司经营活动通过各职能部门的高度专业化管理和控制，在公司总部的层面上进行协调和统

第三章 自然垄断行业企业集团组织结构与运行模式

一；地区部制的管理模式是以地区或地域线为主划分组织结构，公司总部把具体的管理和控制职能下放给各地区部，减少公司总部层面上管理集中的压力，每一个地区部的生产和销售可依市场情况自主做出调整；产品部制的管理模式是以产品线为主划分组织结构，公司总部兼顾集中决策和分散管理两方面，产品的生产和销售比较贴近市场。

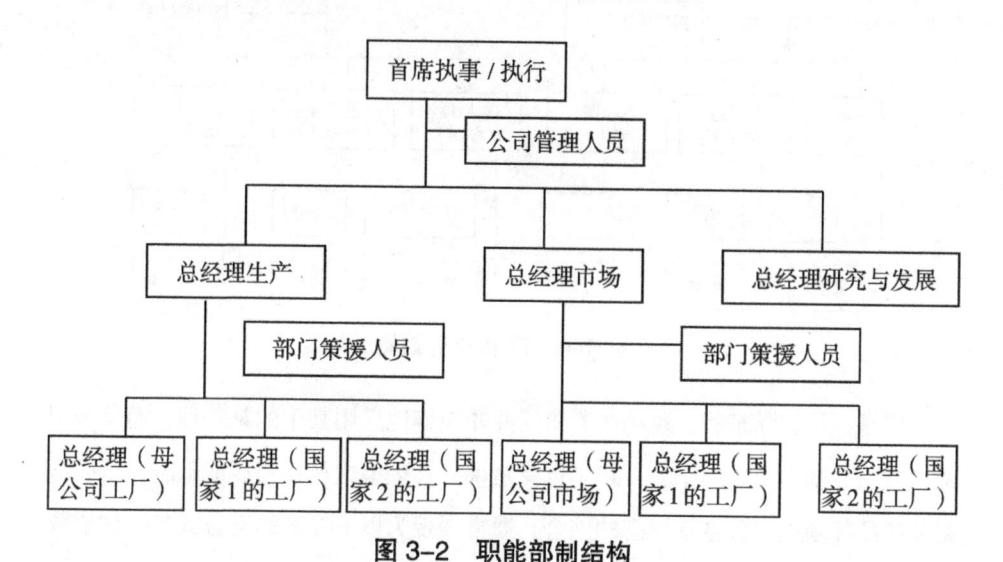

图 3-2　职能部制结构

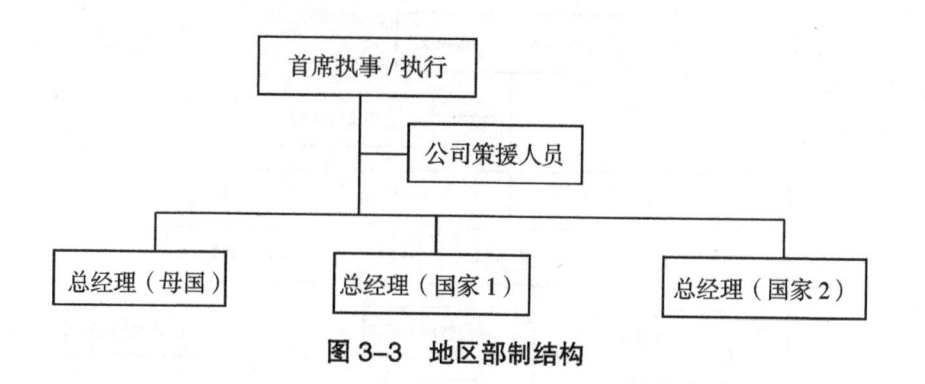

图 3-3　地区部制结构

■ 自然垄断行业企业集团综合绩效评价模式

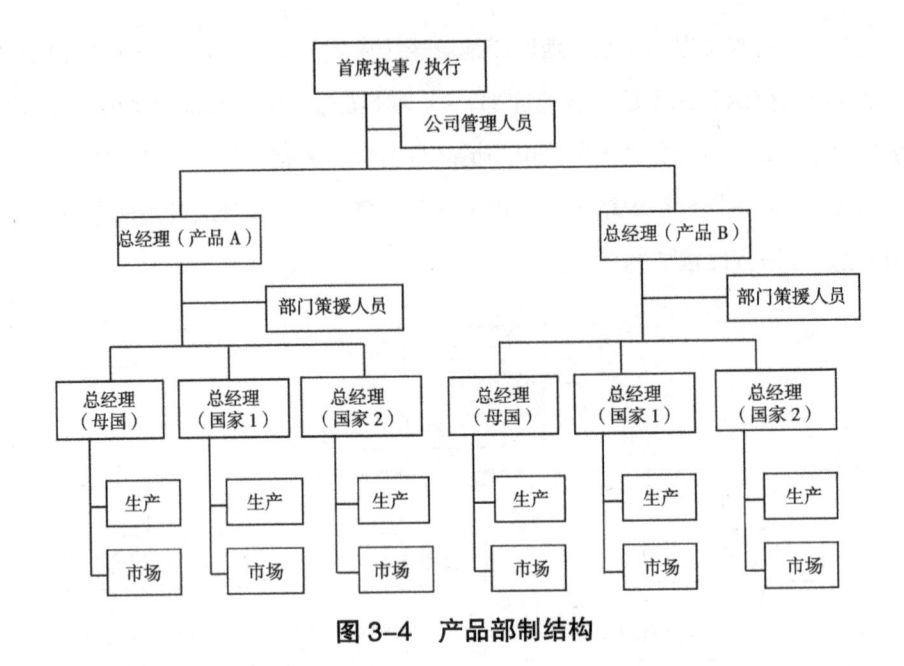

图 3-4 产品部制结构

但是,从实际来看,跨国垄断集团并非纯粹地采用其中的某一种,而是采用两种或三种基本形式的结合方式。也就是说,管理模式往往是职能部制、地区部制和产品部制这三种基本形态的结合,通常表现为以下三种结合方式的一种或数种:国际部制结构、混合式结构和矩阵式结构,如图 3-5、3-6、3-7 所示。

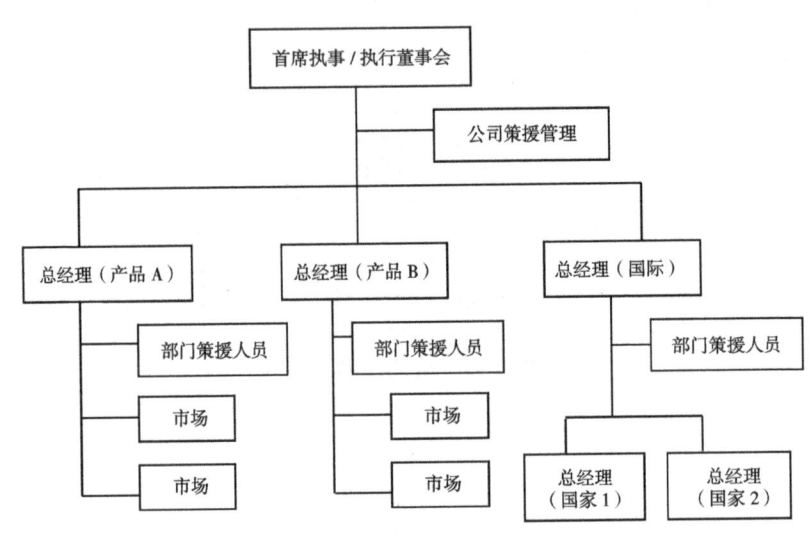

图 3-5 国际部制结构

第三章 自然垄断行业企业集团组织结构与运行模式

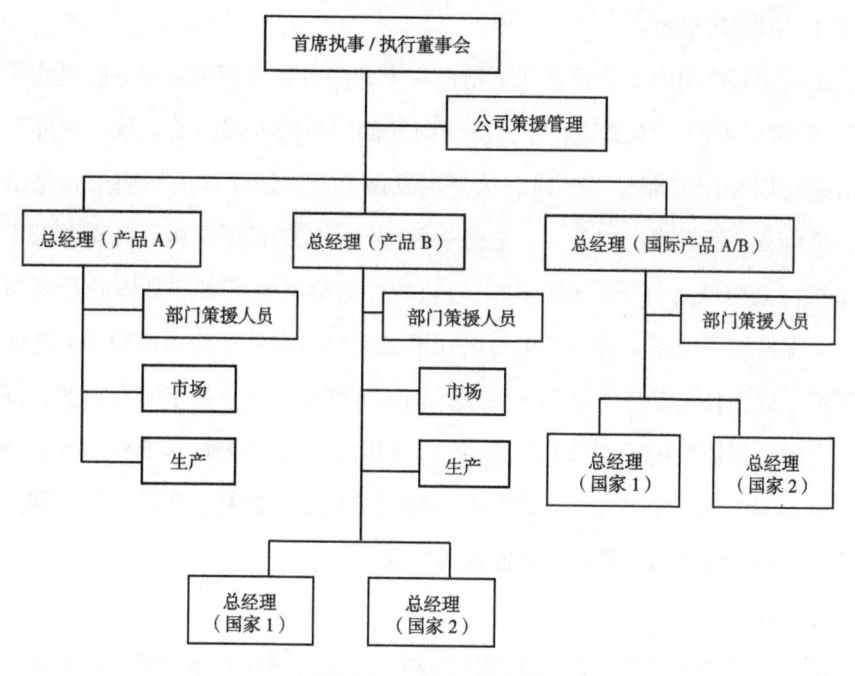

图 3-6 混合式结构

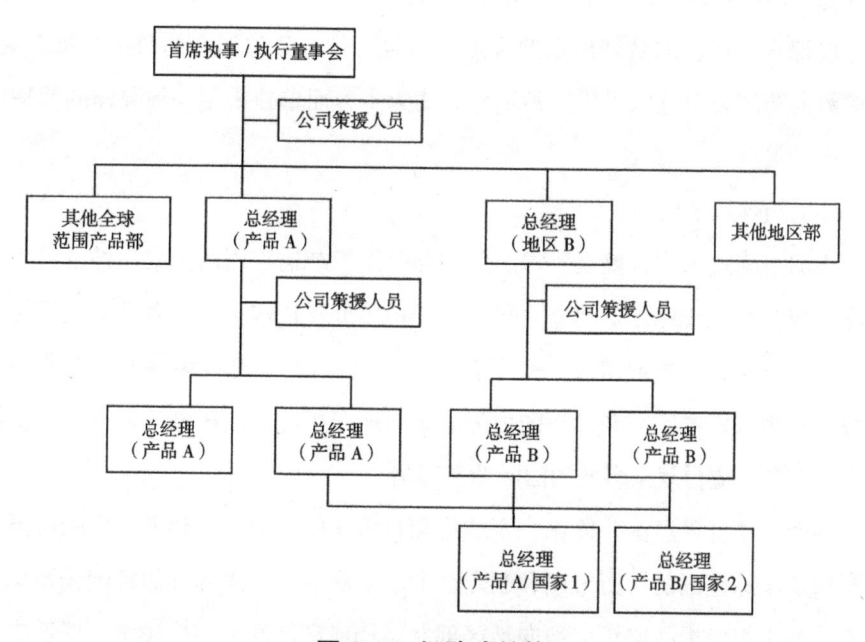

图 3-7 矩阵式结构

（1）国际部结构。

在国际部结构中，公司总部下增设一个专门负责公司国际业务的机构（部门），管理国外的实体及其业务，协调国外部门与国内部门的关系。国外部分的组织可以和国内部分不一样。从公司发展上看，国际部的初级形式是出口部，只负责公司的进出口业务。它是一种虚设形式的母子结构，公司总部不设实体机构来协调海外子公司，对于公司的经营活动也不实施具体的管理与控制，但保持控股关系，并主要由母公司的总经理与海外子公司经理个人之间进行联系，以保持母子公司之间的联系。国际部结构的优点在于设立方便，基本上不会对公司原有的管理体制带来冲击，同时还可改善公司总部对国外经济活动的管理和协调；缺点是国际部的业务需要依赖于国内其他部门，协调和发展国外经营活动所需的资源大多掌握在国内部门手中。

（2）混合式结构。

混合式结构的主要特征是把职能部制、地区部制和产品部制这三种基本形态中的两种或三种混合在一起。公司的一部分组织结构可能按产品主线划分，而其他部门则可能按地域主线或职能主线划分。对于企业来说，采用混合式结构可以综合所混合的管理形态的优点，但也可带进各种形态的缺点。可以说，大多数的跨国公司是以采用这种结构方式为主，而单独采用一种纯粹的管理形态的已经很少。

（3）矩阵式结构。

所谓矩阵式结构，就是公司的每一部分组织结构均用两种或三种主线（或职能、或产品、或地区）划分，每个子公司（分支机构）要向多个上级报告工作，多个上级部门同时管理一个子公司（分支机构）。这种结构方式主要为那些技术实力、资本实力和管理能力强的企业所采用。它的信息流丰富、应变能力强，有利于应付复杂多变的国际业务环境。

然而，在世界经济一体化、全球化和自由化的推动下，越来越多的跨国公司开始从全球范围的视野考虑和制定企业的发展战略，大部分的跨国公司也正把它们的组织发展战略更多地向地区部制结构或产品部制结构倾斜，以适应全球经济发展这一新形势的需要。跨国垄断集团组织结构的演进一般包括以下两种方式。

（1）渐进演进方式。

渐进式演变是指企业管理模式的发展依次经历了企业从小变大、从国内到国外，以及从地方性到全球性的一个漫长过程。这一过程大致上可分为三个阶段，每个阶段的企业管理模式也是随之发生变化的。

第一阶段为本国范围经营阶段，管理模式往往以职能部制为主。但在一些国内市场庞大且对外开放度不高的国家，企业则可能采用本国范围的产品部、地区部或混合式方式的管理模式。企业出口产品大多借助进出口商或代理商。当出口额达到一定规模并且有较为稳定的销售渠道后，企业便开始在国外设立分销机构或销售子公司，把产品直接销往国外，这时，公司总部会设立一个出口部统筹国外业务。

第二阶段为多国范围经营阶段。当在国外生产变得有利可图时，公司开始走向多国经营。这时，公司会在国外增设生产机构和实体性公司。随着国外业务范围的扩大和国外分支机构数目的增加，公司会倾向于设立国际部或采用较为简单的母子公司结构，分别管理海外业务。如果公司国外的业务量所占的比例相当大，国外分支机构或子公司也相当多，那么公司可能设立多个平级的国际部或含海外业务的产品部或地区部。在这一过程中，公司组织的延伸往往先从邻国开始，然后逐步扩展到远距离的国家，如欧洲公司一般先在欧洲邻国设立分支机构，美国公司先投资于加拿大，日本公司先到东南亚投资，等等。

第三阶段为全球范围经营阶段。当公司的业务遍布全世界，在许多国家有生产基地，企业管理层和基础雇员也来自世界各地后，公司就需要把全球作为一个统一的市场来考虑和执行经营决策，此时，公司相应的组织结构也相应地要被全球性组织结构所代替。全球性组织结构包括全球性经营范围的职能部结构、地区部结构、产品部结构以及混合式结构和矩阵式结构等。

到21世纪90年代以后，一些原来组织管理为矩阵式结构或部分矩阵式结构的跨国垄断集团企业又首先调整了公司管理模式，开始采用以产品部为主导，辅以大陆（欧、亚、美等）层面的地区部结构，即所谓大陆结构。每个地区部（如大东亚总部、亚洲总部等）注重于市场服务、销售服务和管理支持等，而公司总部的工作重心则转到战略管理上来。

（2）跃进式演变。

受特殊的历史条件、社会环境的影响，也有一些跨国垄断集团企业的发展不会完全遵照上述的渐进式进程，而会越过中间的某个阶段或某些阶段，直接过渡到全球范围经营阶段的管理模式，从全球化视角开展经营活动，特别是一些实力雄厚的企业，就可以从本国范围的产品部结构直接过渡到全球范围的产品部结构。比如，欧洲有相当一部分跨国公司是直接从本国范围的职能部结构演变到母子结构，再跃向全球范围的产品主导的结构。如今，我国企业的跨国化经营，大多也是走跃进式演变的发展路子。

（二）跨国垄断集团的层级结构

跨国集团同战略联盟所形成的加工制造基础组织的管理，在体制、内容和方式等方面，与一般的中小型企业不会有太大的区别。它们的层级（或科层）结构的重点部位主要体现在最高管理层、国际分支机构和区域机构这三个层级上。它们通过核心技术与资本控制为之提供制造加工业务的合作伙伴。在跨国垄断集团的组织结构中几乎不存在生产作业与制造层次。

1. 最高管理层

在公司的产品、地域、市场多样性和企业规模十分庞大的情况下，公司最高管理者已无法保持高度的中央集中控制，各级管理人员的合作和支持对于保证上层决策的执行显得更加重要。为此，这些超大规模跨国垄断企业在管理上往往会给中下层管理者更大范围的授权内容，使最高管理层更加专注于企业战略管理。

跨国垄断企业的最高管理层通常由两个机构叠加而成。第一个机构是公司董事会，主要负责公司的重大战略决策，包括公司要从事什么方面的业务、要在什么国家经营、投入多大的资源、预期得到什么结果，以及决定公司最重要位置上的人选，包括首席执事的聘任和解聘。第二个机构是由首席执事（即CEO）领导的公司经理团队，全面负责企业日常经营事务，是公司的最高执行机构。企业的所有重要部门和单位的领导（其中的一个或多个会是这个经理团队的成员）都要向这个经理团队负责。首席执事多数情况下由公司的董事长兼任，常常同时领导这两个机构，在某些情况下也可能只担任其中一个机构的主管。

2. 国际分支机构

跨国垄断集团的海外业务占有重要的地位，大多数企业海外业务所占的比重在50%以上，极端的例子如瑞士的雀巢公司和荷兰的飞利浦公司，其海外销售额约占总销售额的95%。所以说，海外机构是500强企业组织的主要组成部分，其组织结构和管理体制也是企业管理模式颇具特色的重要内容。

（1）海外业务的组织体系。

海外业务大多数是从国际贸易开始的，业务的单一性加上地域距离比较遥远等原因，使得海外机构相对独立自主，拥有的权责也比较大。这一组织特点一直延续至今。但同时，在公司业务的发展和世界全球化趋势的推动下，500强企业在国外陆续成立的分支机构，正由前期分散的、各自相对独立地由公司最高层负责的形式，逐步整合成一个有分工与协作的组织体系。不管国外的分支机构能否自成相对完整的体系，企业的国际业务和相对应的海外机构的整合和发展基本上都是按职能部结构、地域制结构和产品制结构三种基本形态中的一种进行，形成相应的组织体系。与整个公司的组织结构相比，国外部分的组织结构要显得单纯一些，组织形式也是多种多样。国际业务组织体系中的每一个单位（组成部分）的权责范围有大有小，有自主经营、自负盈亏的独立子公司，有仅仅担当有效策援角色的办公室，有管辖整个国际业务的国际部，也有只管辖某个国家的国家部或更小的地区办公室。

跨国垄断企业海外组织体系的整合和发展，也促使整个公司的管理体制进行相应的调整。在美国，过去相当多的美国公司是依靠国际部管理海外业务，现在已经调整为依靠全球产品部管理。例如，美国埃克森石油公司国际部的管辖范围缩小为国际石油业务，国际化学部制品的业务和相应的分支机构分解给几个产品部管辖。日本公司则是长期把销售业务和生产业务分开，最初的海外业务仅仅是销售，由一个国际贸易机构或国际部统辖，但当公司的生产部门扩展到国外，把国外的制造单位统统归到公司的生产部下管理后，国外部分的组织也相应形成了以市场线和生产线为主的职能结构。例如，日本佳能公司分为三个职能系统，一个负责研究与开发，属下机构基本上在国内；另一个负责生产，直接或分区域地领导海内外的生产制造机构；再一个负责市场，分几个地区部分别统辖所属地域的市场销售。在英国，有许多500强企业会依靠众多的综合性分支机构多职能地管理国际业务，再分区域进行协调。例如，英荷壳牌公司把海外业务和机构分成几个大区域，每个区域由董事会派出董事辅以一个区域办公室进行协调和督察。

（2）海外附属单位。

实践中，跨国垄断集团的海外附属单位（工厂、部门、办事处、工厂营业部等）各式各样，有规模大的也有规模小的，有独立法人的也有非独立法人的，有经营覆盖地域广的也有经营覆盖地域窄的，有经营多种产品的也有经营单一产品的，等等。这些单位在规模、所有权、覆盖的地域和产品范围上的差异性，决定了它们行使或承担的权责范围也极大不同。但它们的基本职能是按订单生产、按合同销售或提供原材料，严格意义上讲并不在跨国垄断集团的组织范畴。

3. 区域机构

区域机构也是跨国垄断集团的派出机构，覆盖的范围可能包括公司的母国。它们在协调和支撑企业的全球化经营方面发挥着极其重要的作用。

跨国垄断集团在海内外都有大量的附属合作单位，但受管理跨度和地理距离的限制，公司总部不可能直接协调众多的附属单位。因此，不管跨国垄断集团企业采用何种管理模式（组织结构），按照企业组织管理幅度和管理层次设置的一般原理，公司总部都会把一定权力授予下属的一些区域性机构，让它们在负责的区域内代行公司总部的职能和相应的产品范围，统一协调辖区内的有关附属合作单位。在一些巨型的跨国公司里，这些区域机构所负责的区域大多为一个国家或一个洲，下面又设有二级区域单位、三级区域单位等，实行逐级授权管理。

跨国垄断集团的区域派出机构有国家层面的区域单位和大陆（洲）中心两种类型。

（1）国家层面的区域单位。

国家层面的区域单位是大部分企业组织的基本区域单位，它所负责的区域为某一国家。这些单位充当什么样的角色取决于上级机构或公司总部在职能方面和产品范围方面的授权程度（见表3-1），具体有综合型和专业型两种。

表3-1　国家层面的区域单位的角色比较

职能方面的权责	负责的产品范围	
	窄范围	宽范围
有限职能	有限产品、有限职能的角色	多产品、有限职能的角色
有限职能加协调	多产品、有限职能加协调的角色	多产品、有限职能加协调的角色
多职能	多职能、有限产品的角色	多产品多职能的综合型角色

综合型区域单位主要是负责组织生产、销售和管理上级机构（或母公司）在相应地区经营的多种类型产品中的一部分或全部。这种类型的单位可以和所辖区域内的公司附属单位形成一个紧密的实体机构。比如，英荷壳牌公司在许多国家设有经营公司，每个经营公司负责相应国家内的生产和销售，全权领导属下的各类附属合作单位。综合型区域单位和所辖区域内的公司附属单位的关系也可能是一种松散的联系。比如，英国石油公司在德国的区域单位辖有经营石油天然气、化学品、矿产品等的多家公司，并且是母公司在德国的权益代表，但由于英国石油公司的管理模式是以产品部为主导，区域单位主要为相应

区域内的公司提供经营管理方面的策援和督察，因此，英国石油天然气（德国）公司业务只向英国石油天然气（欧洲）公司负责，同样，英国石油天然气（欧洲）公司业务也只向它的上级英国石油天然气公司报告。

专业型区域单位的目的较为单一，作为一级组织，对上它的自主权会相对弱些，对下它和下属单位的关系则会紧密些。专业型区域单位具体有三种类型：第一种是多产品但职能基本上受限定的。如日本索尼公司在国外的区域单位的角色只限定为销售众多种类的索尼产品；美国IBM公司的国外区域单位的角色大多集中在销售，但兼有充当对设在相应国家的制造和其他单位进行行政协调的角色。第二种是多职能但限定产品的公司。如美国通用汽车公司授权美国电子数据系统公司的附属机构在一个限定区域内全权负责其中一个产品的生产和销售。第三种是单产品单职能的公司。如日本日立制作所的一个国际附属单位，只负责在一个国家里销售日立产品的一个小配件，而日立的海外制造公司也大多为单产品和限定职能的，其他的单产品单职能附属机构也基本上只负责制造。

（2）大陆（洲）中心。

所谓大陆（洲）中心（或称大陆组织、办公室或公司）就是跨国垄断集团以大陆（如欧洲、亚洲、北美洲等）层面为板块设立的区域性机构。大陆（洲）中心在企业中大量出现主要是源于企业的全球性扩张、国际分支机构数目的增长以及对比邻附属单位进行更大区域协调和理顺关系的需要，特别是当一个大陆（洲）的经济趋于一体化或公司的经营在该大陆（洲）逐步整合成一个系统时更是如此。

一个大陆（洲）中心的服务范围视具体的公司而定，可能只是一个洲的主要部分，如欧盟；也可能大于一个洲，如欧洲加上非洲和中东。不同企业的大陆（洲）中心在管理或协调方面的作用不尽相同。美国3G公司、IBM公司以及日本的索尼公司等均有发达的大陆（洲）中心。大陆（洲）中心配备了产品专家和职能专家，其领导和管理人员握有较大的权力，可以指导下属区域机构制定和修改经营方向和策略。大陆（洲）中心的权责可按公司总部在职能和产品范围两个方面的授权情况分为多种类型，如表3-2所示。

表3-2 大陆（洲）中心的角色比较

职能的权责范围	产品的权责范围	
	狭窄范围、有限产品	宽范围，多产品
有限职能的后援	对有限产品提供有限职能的后援	提供管理后援服务和代表公司
有限职能的经营管理	对有限产品进行有限职能的经营	管理上的协调和指引市场营销、服务代表公司
协调和有限职能的经营管理	对有限产品进行协调和有限职能的经营	市场营销、服务行政管理人员的支援其他职能的协调
大范围的多职能经营管理	对有限产品范围的多职能的经营管理	综合权责，包括管理、协调、指引市场营销和服务生产行政管理人员的支援部分研究与发展

综合型大陆（洲）中心开展多产品多职能的经营管理活动。美国3M公司的欧洲中心是个典型案例。3M欧洲中心的总部设在比利时的布鲁塞尔，管理和协调3M在欧洲的全部业务。该中心把全部产品分为数个产品区，每个产品区相应地设有数个国家层面的区域单位，称为国家总部，共有16个国家总部，每个国家总部负责相应产品在相应国家的生产和市场营销。中心总部内设有多个策援部门，如财务办公室、人力资源办公室、一个生产部门和数个营销部门等，分别对应于数个产品区。各部门的经理行政上归中心的经理领导，并且在经营上和设在美国明尼苏达的3M总部的对应部门的上司维持一种报告关系，部门经理和国家总部（中心）或其他附属单位的对应职员并不是一种直接的上下级关系。国家总部的经理向欧洲中心的经理负责，欧洲中心的经理向3M公司总部负责国际业务的常务副总经理负责。

但是，也有许多公司的大陆（洲）中心可能只为公司承担局部的管理角色，即为专业型，职权范围仅涉及有限的产品或有限的职能。例如，美国通用汽车公司的欧洲中心之一——欧洲通用汽车，只负责美国通用汽车公司在欧洲的车辆业务，而美国通用汽车公司的其他产品如航空和电子产品，则有它们自己的欧洲中心。日本三菱电机公司的大陆（洲）中心只负责市场营销和服务，在生产制造方面只起到有限的协调作用。日本日立制作所的欧洲协调办公室也只在有限产品范围内行使有限职能，仅仅督察日立制作所的全部产品中占总销售额不到12%的消费品在欧洲大陆的销售情况。

三、我国自然垄断行业企业集团的发展与组织运行模式

（一）我国垄断行业企业集团的发展

1. 我国企业管理体制的演进

我国的国有企业管理体制改革一开始就选择了一条既有中国特色，又符合经济发展规律要求的改革道路。在传统的计划经济体制下，中国、苏联等社会主义国家都进行过企业管理体制的调整或改革，但采取的方式主要是将国有企业从中央政府下放给地方政府管辖，企业下放并未改变经济资源分配的行政协调方式，因而本质上仍然是行政性分权。与此相反，另一种分权的取向是经济性分权，也就是还权给企业，使企业成为自主经营、自负盈亏的市场主体，让市场发挥资源配置的基础性作用。选择经济性分权而不是行政性分权，使市场机制得以引入并不断强化，正是几十年来中国国有企业改革的基本取向。这一条渐近式的改革道路，大致可以分为扩权让利、两权分离、建立现代企业制度创新等几个阶段。而我国垄断产业企业集团在这一过程中也在逐步发展。

2. 现代企业制度与规范运作

现代企业制度的命题，是由经济学界在20世纪80年代中期提出的。这里的现代企业是与由出资者直接掌管的企业（包括独资企业、合伙企业和一些由大股东直接掌管的公司企业）即所谓古典企业相对而言的，主要是从经济学、企业管理学上提出的概念，特指以现代西方国家的大型有限公司为代表的企业

模式，这种公司的实际控制权转移到很少甚至根本不拥有公司股份的经理人员手中。因此，所谓现代企业，其本义只是从企业的内部管理模式和企业的运行机制上与古典企业相区别的，但目前人们一般都把现代企业制度理解成了公司制度。从企业制度的演变过程来看，现代企业制度应该是经理式企业的公司制度，也称为联合股份公司制度，其基本特性是：股权高度分散；所有权与经营权分离；经理管理型控制。现代企业制度的基本内容是一个由多层次制度构成的制度体系。在这一制度体系中，最基本的制度架构包括企业产权制度、企业组织制度和企业管理制度。

3. 现代企业制度与产权变革

党的十四届三中全会通过的《中共中央关于建立社会主义市场经济体制若干问题的决定》提出现代企业制度的首要特征是"产权清晰"，其解释是"企业国有资产所有权属于国家，企业拥有包括国家在内的出资者投资形成的全部法人财产权，成为享有民事权利、承担民事责任的法人实体"。这是在十四大提出产权的概念以后，中央对产权概念最早的解释。

在1993年12月21日发布实施的《国有资产产权界定和产权纠纷处理暂行办法》第二条，将产权界定为"系指财产所有权以及与财产所有权有关的经营权、使用权等财产权，不包括债权"。

党的十六届三中全会审议通过的《中共中央关于完善社会主义市场经济体制若干问题的决定》提出了建立现代产权制度的重大决策，第一次把产权制度提到如此的高度，提出"产权是所有制的核心和主要内容"；第一次提到建立"归属清晰、权责明确、保护严格、流转顺畅"的现代产权制度。这是对"产权清晰、权责明确、政企分开、管理科学"的现代企业制度的重大创新和历史突破。

近年来，随着我国经济体制改革的不断深入，产权改革、理顺产权关系、建立产权制度等与产权相关的问题成了人们关注的热点。然而，在产权改革的目标和如何进行国有企业产权改革等重大理论与实践问题上，人们的看法却存在着很大的分歧。究其原因，很多歧义是由于产权概念的模糊造成的。模糊的产权理论不可能正确指导产权改革的实践。为此，理清产权含义及其与所有权、所有制等相关概念的关系，对后续研究自然垄断行业企业集团的出资人到位与绩效评价有重要意义。

4. 股份制与国有企业集团控股

党的十四大以来，中央反复强调切实强化股份制与国企改制，"股份制有利于促进政企分开、转换企业经营机制和积聚社会资金，要积极运作，总结经验，抓紧制定和落实有关法规，使之有秩序地健康发展。"

随着社会主义市场经济体制改革的深化，党的十五大提出，"股份制是现代企业的一种资本组织形式……资本主义可以用，社会主义也可以用。"党的十五届四中全会提出，"国有大中型企业尤其是优势企业，宜于实行股份制的，要通过规范上市、中外合资和企业互相参股等形式，改为股份制企业，发展混合所有制经济。"

党的十六届三中全会《决定》总结了多年来的实践经验，进一步提出，"要适应经济市场化不断发展的趋势，进一步增强公有制经济的活力，大力发展国有资本、集体资本和非公有资本等参股的混合所有制经济，实现投资主体多元化，使股份制成为公有制的主要实现形式。"

明确股份制是公有制的主要实现形式，有利于深化国有企业改革，推进产权主体多元化，增强公有制经济的活力；有利于所有权和经营权的分离，有利于提高企业和资本的运作效率；有利于把多种所有制经济有效地组织起来，融合各类资本形成股份资本，很好地解决"多种所有制经济共同发展"的问题。对于自然垄断行业企业集团的改制重组，即资本运作、并购控股、做大做强企业集团具有现实指导作用。

5. 自然垄断行业企业集团的发展壮大

我国产业组织的演进与发展是自然垄断行业企业集团发展形成的组织基础。大型企业集团即垄断性企业集团的组建初始，一般是从我国政府不同产业管理部门翻牌而成（如石油工业部翻牌为中国石油天然气总公司，部长更名为总经理），或者由政府行为整合而成，均不同程度地带有行政色彩，本质上是政企合一的经济实体，远不是现代企业制度意义的集团管理体制与运行机制。经过 20 多年的实践探索与集团经济的发展，我国的企业集团特别是自然垄断行业企业集团进一步规范壮大。《公司法》的颁布实施使得垄断性企业集团的发展有法可依，步入健康的快车道。2003 年，国务院设立国有资产监督管理委员会。2006 年，新修订的《公司法》颁布实施，充分体现国有资产出资人到位，又为资本运营购并重组提供了法律依据。按《公司法》规范改制，自然垄断行业企业集团均改为国有独资公司或绝对控股公司。经过进一步的资本运作，一部分自然垄断企业集团发展为上市公司，国资委所属行业性企业集团经过近 10 年的动态重组由 300 多家减少到 100 多家。企业数量虽然减少，但经过重组后的规模实力成倍增长，创新能力与核心竞争力极度增强，资本收益大幅度提高，在国民经济发展中成为名副其实的"国家队"与社会稳固的基础。

（二）我国垄断行业企业集团组织结构与管理体制

垄断行业企业集团产权模式均为国有独资或绝对控股（含上市公司），国有法人股占绝对比例。其组织结构与运营模式大致分为两类，一类是自然垄断组织模式，一类是寡头垄断组织模式。

根据我国自然垄断企业集团形成过程中集团公司（母公司）的形成方式和发挥主导作用的主体不同，它们的形成模式和途径大体上可划分为组织机构演变型、联合改组型和企业成长型三种。

1. 组织机构演变型

这类企业集团主要集中在自然垄断行业和军工产业。它们原先都是国有企业，规模比较大，发展过程大多经历了工业部—行政总公司—集团公司或行政总公司—集团公司这几个阶段。其中，政府在集团的组建和发展过程中起着主导作用，所以它们也被称为政府主导型企业集团。例如，中国石油天然气集团公司和中国石油化工集团公司是根据国务院机构改革方案，于 1998 年分别在原中国石油天然气总公司和原中国石油化工总公司的基础上组建而成的国有大型企业集团。它们都是实行自然垄断性、垂直型、纵向纽带衔接、上下游、内外贸、产销一体化经营，按照现代企业制度运作，实行跨地区、跨行业、跨国经营的综合性企业集团。

2. 联合改组型

这类企业集团主要集中在规模经济效益比较明显的产业，如钢铁、汽车、外贸等。政府和企业在它们的形成过程起着共同作用，所以也称为政府－企业主导型企业集团。它们具体通过以下两种方式组建而成：一种是以大企业为中心，把在生产经营上相联系的企业联合在一起组成一个企业集团；如上海宝钢集团和首钢集团。这种方式实际上是行业主管部门或地方政府利用行政管理职能强行把本行业或本地区的一些中小型企业划归同行业的一个大企业管理，具有强烈的工业改组的色彩。另一种是强强联合，就是将几个生产经营上有联系的大型企业或企业集团联合在一起组成一个大型企业集团，如天津渤海化工集团，基本属于寡头垄断企业集团。

上述组建方式的优点是有利于政府精简机构，减少管理层次；有利于解决同一地区出现重复建设和盲目投资问题；下属企业可以形成合理分工，发挥各自的优势，同时集团公司集中整个集团的研究与开发、人才培训和其他一些带有共性的事情，解决企业"大而全""小而全"问题；有利于实现规模经济效益，降低固定费用和生产成本，减少融资、采购和销售成本。其缺点是集团组建并非出自企业的自愿，下属企业形不成核心，缺乏向心力；成员企业业务雷同、自成体系，给业务重组带来困难；企业文化融合度差。所以，这一类企业集团一直处在动态重组过程中。

3. 企业成长型

这类企业集团大多集中在竞争性产业，集团公司自主权大，产品较早进入市场，市场化程度高，非国有占相当大的比重，如联想集团、海尔集团、万象集团、希望集团等。它们形成的方式有：一是企业分裂，企业将原来属于自己的分支机构分离出去，如分厂、不独立的销售公司以及一些为生产或生活服务的机构等，成立独立的企业，与原公司形成母子公司体制。二是企业根据业务、市场发展的需要新设立一些子公司。三是企业购并，通过购买或交换股票、收购债务等投资形式取得其他企业的控股权或参股权，使之成为集团的成员。

以这种方式形成的企业集团的主要优点是产权关系明晰，集团公司不仅产权实现多元化，而且与成员企业间以资产为主要联结纽带建立起一种投资与被投资的关系；集团公司与成员企业成为利益共同体和命运共同体，具有很强的向心力；不容易受政府行政权力的干扰，集团自主权大；集团一般只有两个管理层次，只有少数有三个层次，管理效率高。其缺点是成长过程时间长，主要取决于集团公司的实力，要完全依靠企业的高效益和卓有成效的投融资活动及自身长时间的持久努力。

（三）我国大型企业集团管理体制尚待完善

1. 集团总部功能建设落后

集团公司要在集团中发挥核心和主导作用，总部的功能建设尤为关键，针对这点在国家有关部委的政策上有过明确的指导意见。国家计委、国家经贸委、国家体改委1997年4月8日印发《关于深化大型企业集团试点工作的意见》，其中就规定，要进一步"增强试点企业集团母公司的功能"，试点企业集团母公司要在"制定集团发展战略、调整结构、协调利益等方面发挥主导作用，逐步成为集团的投融资、科技开发、对外贸易和经济技术交流等重大经营活动的决策中心"。

但是，从实践上看，我国企业集团的集团总部的功能建设还是比较落后，有的甚至处于空白状态，例如在资产经营功能、金融功能等方面。这种落后主要表现在：市场开拓功能不够突出，营销网络建设比较滞后，营销方式单调陈旧，不能适应自身规模和市场形势变化的需要；科技开发功能普遍偏弱，无法适应科技进步和产品品种升级换代的要求；体制（制度）创新功能尚未建立健全，机制转换步伐缓慢；集团的财务控制仅局限于报表统计、会计审计等日常活动，起不到当家理财的"大财务"作用。另外，集团总部还缺乏制定和实施中长期战略规划的能力，经常陷于日常经营事务，或者往往由集团内的二级经营机构负责人而不是依靠一个完备的专家群组成的议事机构充当集团总部的战略决策班子，不仅决策水平低，而且乱投资、乱上项目的现象比较严重。以上不足也是我国企业集团缺乏核心竞争力的根本性原因之一。

2. 集团总部与分支机构的关系没有理顺

目前，有很多集团总部与分支机构之间的关系尚未理顺，导致集团"集而不团"，缺乏凝聚力，产生不了 1+1>2 的规模效应，集团无法形成强大的合力。

一方面，一些在大工厂的基础上发展起来的企业集团，其中也包括一些通过市场形成的企业集团，仍然沿用传统的大工厂管理方式，用管理单个企业的方式简单套用到管理集团中，集权过度，母公司对子公司的生产经营活动统得过死，影响下属企业积极性的发挥。另一方面，一些从行业管理机构转变而来或者由政府把强强企业撮合而成的企业集团，普遍实行多级法人并享有自主权的体制，形成多个投资中心，分权过度，母公司对子公司的重大经营活动该管的管不住，集团核心企业与成员企业之间及成员企业之间相互争利，甚至互为竞争对手。

（四）我国规范自然垄断行业企业集团管理体制的举措

20 世纪 90 年代以来，国家先后采取各种政策、措施，积极鼓励和支持大型企业集团的发展。这些政策和措施主要包括以下几个方面。

1. 企业集团计划单列

根据 1992 年印发的《关于试点企业集团实行国家计划单列的实施办法（试行）》，计划单列政策是指将企业集团的核心企业和紧密层企业的主要经济指标和社会发展计划指标，以企业集团的名义在国家计委和有关综合部门单列户头，直接进入国家计划序列，成为国家计划的一个单元。大型企业集团实行国家计划单列，是我国政府改革计划体制、加强和改善宏观管理、搞活企业的一项重要措施，目的在于促使企业摆脱条块束缚，减少管理层次，实行政企分开，发展横向经济联合和专业化协作，增强活力。

实行企业集团计划单列后，政府部门转变职能，改进宏观管理方式，以间接调控为主，减少对企业集团的直接行政干预，为企业集团的发展创造条件。国家对计划单列企业集团的计划管理主要包括审批总体发展规划、由国家资金安排的大中型和限额以上的建设项目，确定国家计划任务及总承包方案等，加强信息的沟通和联系，帮助计划单列企业集团实行行业归口管理，根据行业规划和产业政策对企业集团的总体发展规划进行指导，对生产经营中的问题进行协调，负责国家指令性计划的组织实施、考核和检查。国家计划单列企业集团除了享有一般企业应有的生产经济自主权外，还被赋予了其他权限，包括：计划单列企业集团可以直接向国家计委及各有关部门请示、报告工作，参加有关的全国性会议，并获得有关文件和信息；计划单列企业集团在固定资产投资、直接吸收外商投资及境外投资等方面享有更大的自主决策权；计划单列企业集团成立财务公司和申请进出口经营权、外事权等，可以按国家有关规定予以优先审批；计划单列企业集团按国家有关规定享有优惠政策和权限仍保持不变。

虽然说企业集团实行国家计划单列政策后，打破了企业的"部门所有、地区所有"的行政管理格局，推动了企业原主管部门的职能转换，并赋予单列企业集团更多的经营自主权，使企业集团核心企业通过计划权的行使，提高了它引导和规范一大批成员企业行为的有效性，促进企业集团的发育成型，但国家计划单列政策本身属于计划体制的范畴，是由旧体制向新体制转轨的一种过渡性措施，带有很多局限性，可能会阻碍市场经济体制的建立和运行。鉴于此，从1997年以后原则上不再新增实行计划单列的企业集团。

2. 组建企业集团财务公司

企业集团财务公司是指依据我国《公司法》和中国人民银行2000年7月13日颁布的《企业集团财务公司管理办法》设立的为企业集团成员单位技术改造、新产品开发及产品销售提供金融服务，以中长期金融业务为主的非银行金融机构。鼓励有条件的企业集团组建财务公司，也是国家支持和发展企业集团的一项重要政策。早在1991年底，国务院批转了国家计委、国家体改委、国务院生产办公室《关于选择一批大型企业集团进行试点请示的通知》中就规定，"国家试点企业集团要逐步建立财务公司"，使大型企业集团可通过自己的金融机构，解决发展过程遇到的资金问题，同时探索具有中国特色的产业资本与金融资本的融合方式。目前，我国大多数国家级试点的企业集团都设立了财务公司。

根据《企业集团财务公司管理办法》规定，企业集团向中国人民银行申请设立财务公司，自身必须具备以下条件：符合国家产业政策；申请前一年集团控股或按规定并表核算的成员单位总资产不低于80亿元人民币或等值的自由兑换货币，所有者权益不低于30亿元人民币或等值的自由兑换货币，且净资产率不低于35%；集团控股或按规定并表核算的成员单位在申请前连续3年每年总营业收入不低于60亿元人民币、利润总额不少于2亿元人民币或等值的自由兑换货币；母公司成立3年以上并具有集团内部财务管理和资金管理经验，近3年未发生重大违法违规行为。另外，财务公司的最低注册资本（为实收货币资本）为3亿元人民币或等值的自由兑换货币。财务公司经过中国人民银行批准后，可以从事下列部分或全部业务：吸收成员单位3个月以上定期存款；发行财务公司债券；同业拆借；对成员单位办理贷款及融资租赁；办理集团成员单位产品的消费信贷、买方信贷及融资租赁；办理成员单位商业汇票的承兑及贴现；办理成员单位的委托贷款及委托投资；有价证券、金融机构股权及成员单位股权投资；承销成员单位发行的企业债券；对成员单位办理财务顾问、信用鉴证及其他咨询代理业务；对成员单位提供担保；境外外汇借款；经中国人民银行批准的其他业务。

3. 企业集团国有资产授权经营

我国的企业集团很多是政府撮合而成的，集团公司与成员企业之间大多非产权关系，即是行政隶属关系、统一计划单列关系、统一承包关系或生产协作关系，并没有形成通常所说的出资与被出资的关系。为改变大多数企业集团分散经营，竞争力弱的状况，我国政府有关部委根据国务院《关于选择一批大型企业集团进行试点请示的通知》的精神，于1992年9月11日印发《关于国家试点企业集团国有资产授权经营的实施办法》，决定在国家试点企业集团实施国有资产授权经营，由国有资产管理部门将企业集团中紧密层企业的国有资产统一授权给核心企业（集团公司）经营和管理，建立核心企业与紧密层企业之间的产权纽带，增强集团凝聚力，使紧密层企业成为核心企业的全资子公司或控股子公司，发挥整体优势。在此基础上，国家国有资产管理局又于1996年9月11日印发《关于企业集团国有资产授权经营的指导意见》，决定将企业集团中国家以各种形式直接投资设立的成员企业（指与集团公司为非产权关系的企业）的国有资产授权集团公司持股，实质上也就是通过政府授权持股方式对集团公司进行产权重组，确定集团公司与成员企业的母子公司产权管理，集团公司作为成员企业的出资者。授权经营后集团公司依据产权关系，依法对子公司行使选择管理者、重大决策、资产受益等权利。

企业集团国有资产授权经营只是确立集团内企业间的产权关系，即集团公司与子公司之间的产权关系，并未明确集团公司与国家的关系，授权经营后，集团公司不等于成为国家授权投资的机构，但少数具备条件的集团公司经政府授权可以成为国家授权投资的机构，同时理顺政府与集团公司的管理关系及集团公司与成员企业的产权关系。企业集团国有资产授权经营后，集团公司还可根据集团发展规划在集团内进行产权重组，通过结构合理调整、资源优化配置，实现规模经营，并由集团公司统一承担其占用国有资产的保值增值责任。授权经营分为整体授权和逐一授权两种方式。

4. 实施发展一批具有国际竞争力的大公司和企业集团的战略计划

我国"十一五"计划纲要明确提出．要把"形成一批拥有著名品牌和自主知识产权、主业突出、核心能力强的大公司和企业集团"确立为一项对国民经济发展具有重要战略意义的工作任务。在"十一五''期间，这项工作的目标是，通过引导企业集团积极参与国内外市场竞争，努力发展一批具有以下特征的重点大型企业集团：技术创新能力强，主业突出，拥有知名品牌和自主知识产权；市场开拓能力强，有健全的营销网络，拥有持续的市场占有率；经营管理能力强，有适应国际化经营的优秀管理人才队伍和现代化管理手段；劳动生产率、净资产收益率等主要经济指标达到国际同行业先进水平；规模经济效益好，具有持续的盈利能力和抗御风险能力。

为实现上述目标，需要重点做好以下两项工作：一是企业集团要加快改革和发展的步伐，提高国际竞争力；二是政府有关部门要为提高企业集团国际竞争力创造公平竞争的环境和必要的条件。前者的具体内容包括企业集团要建立现代企业制度，加强和完善战略管理，提高技术创新能力，提高市场营销能力，推进内部改革，加强企业管理，突出主业、做好内部重组和分离分流工作等。后者的具体内容包括实行授权经营，支持企业集团上市和多渠道融资，改革项目审批办法和支持技术创新，改革工资总额管理办法，支持内部重组和分离分流，鼓励开发国际市场和跨国经营，充分利用国际国内两种人才资源，建立政府有关部门与企业集团定期沟通渠道等。

四、我国自然垄断行业企业集团组织结构与运行模式

（一）自然垄断行业企业集团类型

根据上述研究，笔者将自然垄断行业集团的组织结构与运行模式划分为两种类型，即区域自然垄断型（见图3-8）和功能自然垄断型（见图3-9）。

第三章 自然垄断行业企业集团组织结构与运行模式

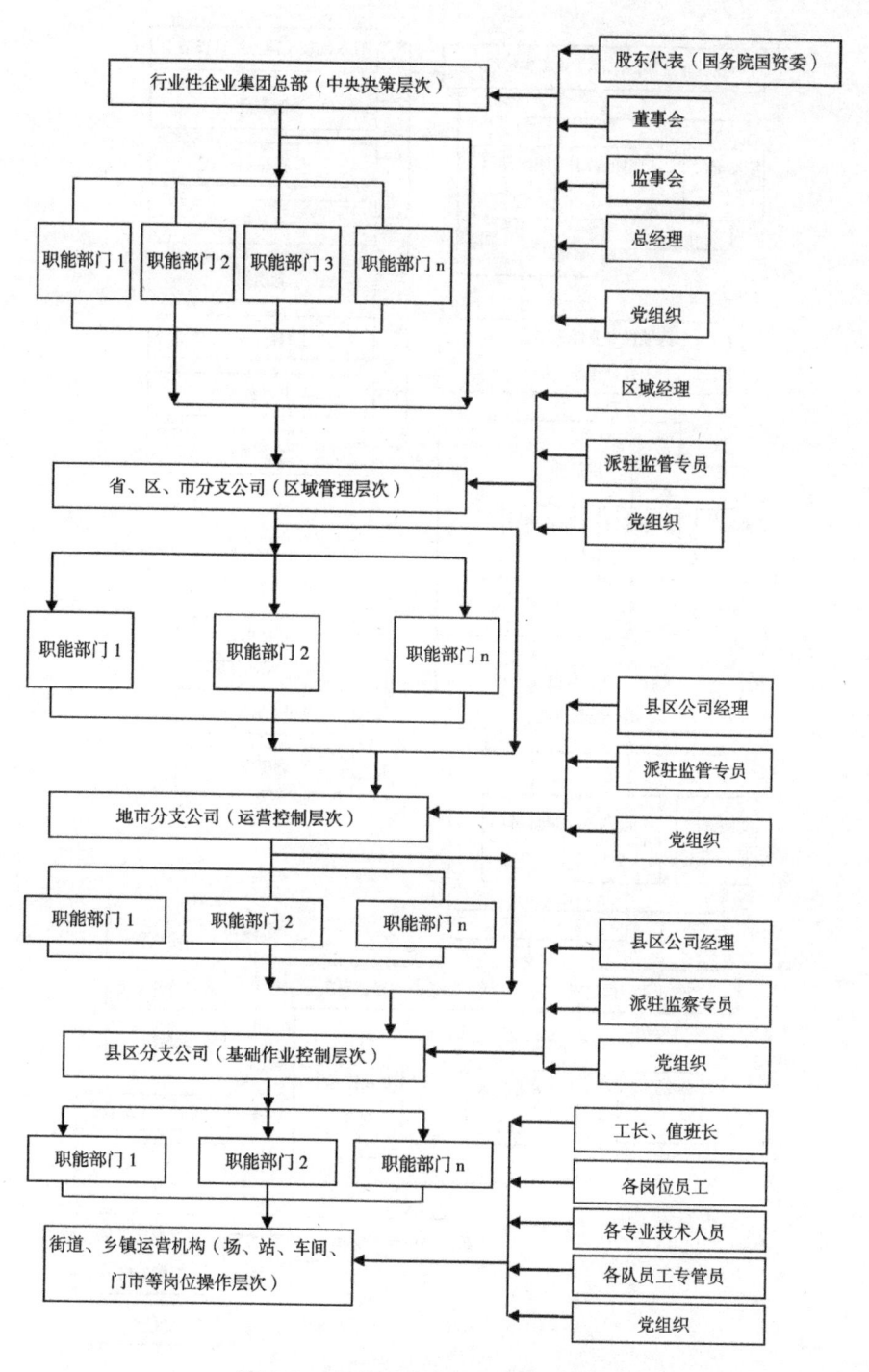

图 3-8 区域自然垄断型组织结构

■ 自然垄断行业企业集团综合绩效评价模式

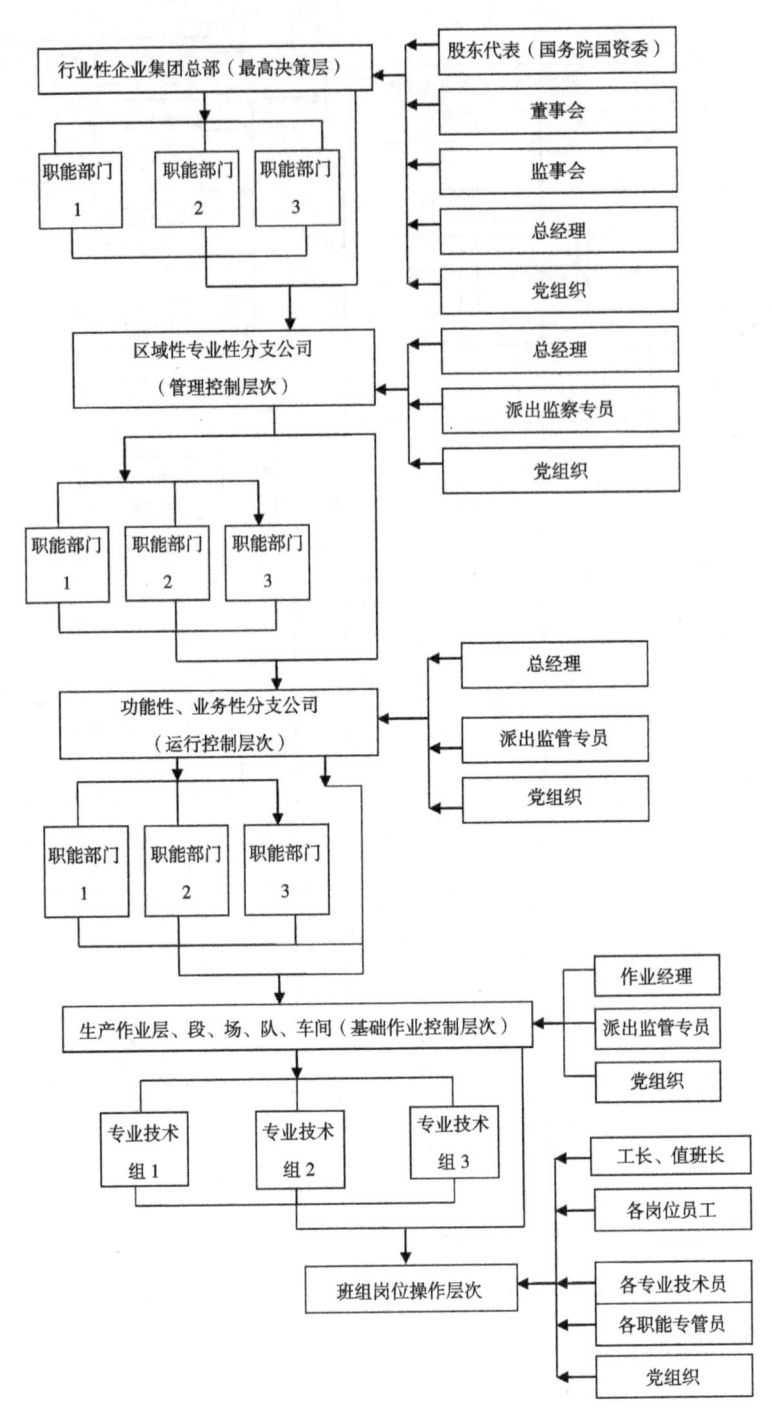

图 3-9 功能自然垄断型组织结构

1. 区域自然垄断型

这一类型的垄断性企业集团是在我国经济体制改革中翻牌而形成的。它们的前身是国家产业行政管理部门，由中央到地方各个行政层级所设置的产业管理的行政机构。企业集团发展过程中，行政性纵向一体化的行业集团公司逐渐规范完善为垄断性性企业集团。由于是自然垄断，因此它们的组织结构呈现多层次、直线职能式、纵向一体化宝塔型运行模式。其组织构架基本与政府行政层级对应设置分支公司。

2. 功能自然垄断型

这一类型的垄断性企业集团是在我国经济体制改革通过运用行政手段分拆自然垄断型的产业性企业集团，以及在政府的导向下强强联合、重组并购与企业改制而形成。企业集团发展过程中行政色彩逐渐淡化直至消失。逐渐发展为规范的垄断性企业集团。它们的组织结构与区域自然垄断型相同，同样是多层次、职能直线式、纵向一体化宝塔型运行模式，但是组织结构的功能性十分明显。在分支公司的设置上根据业务功能而定，其区域性服从于功能性，而不与国家区域行政层次对应设置分支机构。

（二）自然垄断行业企业集团产权结构

自然垄断行业企业集团均为国有独资的产权形式。在坚持国有经济主导多种经济成分共同发展的格局中，垄断行业企业集团是我国国民经济发展的物质基础，是我国经济稳定发展的产业支柱。体现了国有经济的质量与在多种经济共同发展格局中的控制地位。因此，在产权结构上，国家丝毫不会放弃国有资本在经济运行中的支配权。为强化这一运行格局与国有独资、国有资本绝对控股的产权结构，国务院特设国有资产监督管理委员会，行使国有资本出资人的权利。

（三）自然垄断行业企业集团作业重点部位

自然垄断行业企业集团的宝塔型运营模式体现了作业部位的重点在基础层

次。组织层级一般划分五层以上，才能满足生产运营的要求，而集团的作业部位在"宝塔"的基础层面的运营控制层次、作业控制层次、岗位操作层次。据统计资料显示，垄断行业企业集团的生产经营任务85%以上集中在作业层次，而更趋于集中在基础作业与岗位操作层次。因此，作业层次基础部位是垄断行业企业集团生产要素的基本载体，90%以上的有形实物资产集中于这三个层次，特别是作业控制层次和岗位操作层次。这一特点在自然垄断行业企业集团中更为突出。因此企业集团的管理重心下移是十分必要的，强化作业层次基础部位的管理，掌握现场生产要素运行状况，优化要素资源配置具有重要意义。由此可见，对自然垄断行业企业集团综合绩效的评价也应侧重于作业层次基础部位，客观科学地评价作业层次基础部位生产要素配置与运行状况，使之成为自然垄断行业企业集团综合绩效评价模式指标体系的主要内容之一，是十分必要的。

本章小结

本章基于我国自然垄断行业企业集团的发展，对企业集团理论的相关含义、特征、功能进行研究综述，对国内外垄断行业企业集团的组织结构与运行模式进行了剖析，并对其经验教训进行评述，特别是对世界跨国垄断集团的层级与功能结构进行深入研究。在此基础上追溯了我国大型企业集团的发展历史与运行模式，并进行延伸探索。这一研究探索对于构建垄断行业企业集团，特别是自然垄断行业企业集团的综合评价模式具有重要作用。结合改革开放40多年来，我国经济体制从计划经济到市场经济的变革过程，探讨了伴随经济体制改革的企业管理体制演进过程。对企业管理体制变革运行中的现代企业制度与规范运作，企业制度变革与产权制度变革，依据《公司法》的企业集团改制、重组并购、国有独资、上市绝对控股等与行业性企业集团发展相关的重大理论与实践问题进行了研究。

根据上述研究，从我国自然垄断行业企业集团发展壮大过程出发，根据《公司法》和国务院国资委国有资产监管的有关规定，借鉴发达国家经验，特别是世界跨国垄断企业集团的发展历史和组织结构与运行模式的变迁，回顾我国大型企业集团形成过程的组织结构与运行模式的沿革历史，可以看到，我国自然垄断行业企业集团的管理体制、运行机制、评价机制、组织结构模式均有待完善。其存在的主要问题是"组织框架结构头重脚轻""工作重心与绩效评价上浮"。因此按照国务院国资委"强化基层管理、强化基础工作、管理重心下移"要求，笔者从做大做强自然垄断行业企业集团与完善评价激励机制出发，描述性地构建了"突出作业层次与基础部位、管理运作控制重心下移、直线职能科层结构"的，并体现垄断产业企业集团特征的、垂直型纵向一体化的组织结构与逻辑行为模式。与此组织结构与运行模式相对应，将体现工作重心下移的"作业层次与基础部位"作为自然垄断行业企业集团综合绩效评价的基本内容之一，这是具有创意性的评价思路。

第四章 自然垄断行业企业集团绩效评价的价值观

价值观念体系属于意识形态，形成的基础是国家的政治经济体制及其社会制度。我国实行的是社会主义市场经济体制，在社会主义初级阶段，自然垄断行业企业集团依据《公司法》的规定，其产权形式为国有独资或国家绝对控股。评价的形态是有意识有目的的观念活动，价值观念制约绩效评价过程。因此在自然垄断行业企业集团的绩效评价过程中，绩效评价的参照体系、评价体系的规范要求、评价指标的价值判断及评价过程的运作取向都要坚持国有资本安全与保值增值，即遵循社会主义主导价值观念，使自然垄断行业企业集团的绩效评价体现国家与社会的最大利益。

一、绩效评价的目的与参照体系

评价是指根据确定的目的来测定对象系统的属性，并将这种属性变为客观定量的计值或者主观效用的行为。评价过程应包括确立评价的目的和评价的参照系统、获取评价信息、形成价值判断三个主要环节。

（一）确立评价的目的

评价的高级形态是一种有意识、有目的的观念活动。这一活动的灵魂是评价的目的，它统摄着整个评价过程。因此，以其运作的顺序而言，评价目的的确立应该是评价过程的第一步；以其运作的逻辑而言，它应该是评价过程的前提。

确立了评价目的，才有可能确立评价的参照体系。评价的参照体系是以评价目的为核心的，是评价目的具体化的评价，是进行评价的逻辑框架，评价过程的其他环节就是在这个逻辑框架中展开的。

因此，评价目的制约着评价的参照体系，并通过评价的参照体系制约着整个评价活动。如果评价目的是明晰、稳定的，评价的参照体系是充分体现这一评价目的的，而且评价的整个过程在逻辑上是遵循着这一参照体系展开的，那么至少可以从逻辑上说这一评价是合理的。

（二）确立评价的参照体系

评价参照体系的确立是进行具体评价操作的前提，任何一种评价活动都是以评价的参照体系为依据的。评价的结果有许多种表现形式，无论它的表现形式如何，评价结果实质上蕴含的意思都可以简化地表达为：X是有价值的（或无价值的）。"X是有价值的"其含义的扩展式为"X……是有价值的"，它可能包含的内容有四个方面：第一，X对谁是有价值的；第二，X（对谁）的哪一方面是有价值的；第三，X与什么相比（对谁的哪一方面）是有价值的；第四，以什么为标准衡量X（与谁的哪一方面比什么）是有价值的。

"X是有价值的"指的是评价主体，而其他四个方面"对谁""就什么方面而言""与什么相比""以什么为标准进行衡量"，分别指的是评价中的评价客体、评价视角、评价领域和评价标准，这四个方面就构成了评价参照体系的内容。

因此，评价的参照体系可定义为：评价者做出价值判断所参照的条件，或评价主体用以对价值客体的意义予以不同程度的肯定或否定的比较因素体系。

1. 评价客体

评价客体即评价对象，评价首先需要确定的就是评价客体。任何客体都是相对于确定的主体而言的。同一事物与具有不同需要的主体形成了不同的价值关系，因此对于具有不同需要的主体而言，这同一事物就具有了不同的价值（或正价值、或负价值、或无价值）。

2. 评价视角

评价视角指的是评价所取的角度。评价视角的确立是进行具体评价操作的前提。在评价活动中，因评价者所取视角不同，价值客体向评价者显现出不同的信息。价值主体的需要亦是如此。评价视角的选取确立了评价的方向，同时也确定了评价的限度。从不同评价视角做出的评价，在逻辑上是不相同的。

3. 评价领域

评价领域是指评价者所选择的价值客体的价值的比较范围。评价与认知活动相区别的一个重要特点在于，评价的结论是具有相对性的。在作为决策过程的一个阶段的评价活动中，比较同类客体，以判定价值客体的价值也是非常普遍的。决策科学的一个基本的原理就是：没有一组备选方案，就谈不上决策。决策就是将这组备选方案进行比较，以选择较佳的方案的过程。

4. 评价标准

评价标准即参照客体。为了把握评价客体的价值，评价者不仅要把握价值客体本身的信息，而且还常常必须把握与价值客体相关的另一些客体的信息。只有这样才能通过将价值客体与这"另一些客体"的比较，对价值客体的意义做出较为有效的、符合目的的判定。

在许多情况下，如果评价者对价值客体之外的其他可以与价值客体形成比较的客体的信息一无所知，那么他就会感到几乎不可能对价值客体做出评价。

在评价活动中，即使是从同一视角对同一价值客体做出评价，假若评价标准不同，评价的结论也将不同，有时甚至完全相反。

二、评价体系的规范要求

评价作为评价人或事物价值的一种观念性活动,具有四种最为基本的功能:判断、预测、选择、导向。评价的目的是把握价值主体与价值客体之间的价值关系。

公司业绩评价体系属于公司管理控制系统的一部分。它与各种行为控制体系、人事控制体系共同构成公司管理控制体系。公司管理控制体系是公司战略目标实现的重要保障。由于每个公司的战略目标有其特殊性,所以,有效的业绩评价体系在各公司中的表现各不相同。但是,作为公司实现战略目标的通用工具,各公司有效的业绩评价系具有同质性。

(一)业绩评价体系要素

业绩评价体系作为公司管理控制体系中一个相对独立的子系统,由以下几个基本要素构成。

1. 评价目标

公司业绩评价体系的目标是整个体系运行的指南和目的,它服从和服务于公司目标。业绩评价体系要处理好评价体系目标和公司目标之间的依存关系。公司目标的实现需要各方面的努力,比如建立合适的组织结构、建立管理控制系统、制定预算、设计业绩评价系统和激励系统,等等。

2. 评价对象

业绩评价体系有两个评价对象,一是企业,二是企业管理者,两者既有联系又有区别。评价对象的确定非常重要。评价的结果对业绩评价对象必然会产生影响,关系到评价对象今后的命运问题。对企业的评价关系到企业是扩张、维持、重组还是收缩、转向或退出;对管理者的评价则关系到其奖惩、升降等问题。

3. 评价指标

业绩评价指标是指对评价对象的哪些方面进行评价。业绩评价体系关心的是评价对象与公司目标的相关方面，即所谓的关键成功因素。这些关键成功因素具体表现在评价指标上。关键成功因素有财务方面的，如投资报酬率、销售利润率、每股税后利润等，也有非财务方面的，如售后服务水平、产品质量、创新速度和能力等。因此，用来衡量业绩的指标也分为财务指标和非财务指标。如何将关键成功因素准确地体现在各具体指标上，是业绩评价系设计的重要问题。

4. 评价标准

业绩评价标准是指判断评价对象业绩优劣的基准。选择什么标准作为评价的基准取决于评价的目的，在公司业绩评价体系中常用的三类标准分别为年度预算标准、资本预算标准及竞争对手标准。为了全面发挥业绩评价体系的功能，同一个体系中应同时使用这三类不同的标准。在具体选用标准时，应与评价对象密切联系。一般来讲，评价对象为管理者时，采用年度预算标准较恰当；而评价对象为企业时，最好采用资本预算标准和竞争对手标准。

5. 分析报告

业绩评价分析报告是业绩评价体系的输出信息，也是业绩评价体系的结论性文件。业绩评价人员以业绩评价对象为单位，通过会计信息系统及其他信息系统，获取与评价对象有关的信息，经过加工整理后得出业绩评价对象的评价指标数值或状况，将该评价对象的评价指数的数值状况与预先确定的评价标准进行对比，通过差异分析，找出产生差异的原因、责任及影响，得出评价对象业绩优劣的结论。形成业绩评价报告。

上述五个要素共同组成了一个完整的业绩评价体系，它们之间相互联系、相互影响。不同的目标决定了不同对象、指标和标准的选择，其报告的形式也不同。可以说目标是业绩评价系统的中枢，没有明确的目标，整个业绩评价系统将处于混乱状态。

在公司管理体系中，由于公司是一个层级结构，业绩评价体系也就具有明显的层次结构。但无论这种层次有多少，都不外乎两个基本层次，一是公司外部出资所有者对公司及其管理者的评价；二是公司内部管理者对下属机构和下属人员的评价。本书主要研究公司外部出资所有者对公司及其管理者的评价。

（二）评价体系设计要求

一个设计得很好的业绩评价系统可以使高层管理者判断现有经营活动的获利性，发现尚未控制的领域，有效地配置公司有限的资源，评价管理业绩；应使母公司管理者评价其国际经营的经济实绩（通常是指对单位经营实绩的评价），评价单位管理者的业绩，追踪并监督公司目标（包括战略目标）的实现进程；帮助实现有效的资源配置。

评价体系的设计很大程度上取决于组织结构特征，只有适应于经营组织战略的结构，才有助于实施适当的控制。组织结构也影响信息的流向与流量，因此，任何控制体系都需要设计在整个组织的结构之中。而且组织的结构随着公司战略的发展而演进，控制体系也需要随组织结构的演进而做出调整，以取得和谐一致。企业的战略发展和组织演进，使得组织的外部环境和内部结构日趋复杂，这就从根本上决定了必须有一个完善的评价控制体系。

控制体系的设计，必须满足以下要求。

（1）准确。若要确认实际业绩是否符合预期业绩，关于业绩的信息就必须是准确的。所以，在一个有效的控制系统中，计量什么及如何计量，就必须是十分清楚的，然而，准确很难做到，这是因为不同的人对"准确"的理解是不一样的。

（2）及时。信息只有及时获得才是有用的。迟到的信息可能导致不适当的反应或压根儿没有反应。因此，何时计量及以多快的速度将计量结果予以报告，就成了一个有效的控制体系的关键。

（3）客观。信息必须尽可能地客观，而不是限于个人意见。个人意见可能是片面的，确保客观也是有困难的。这是因为，感性的偏见很可能会影响即使看起来是客观的业绩计量。

(4) 可接受。一个控制系统只有当人去使用它时才会有作用。如果一个控制系统不能为组织成员所接受，那么他们会无视它的存在，或是不甚情愿地遵守它。这样，提供的信息很可能是不准确、不及时和不客观的，因此，一个好的控制体系，必须尽可能地按使用者的内心所需设计。

(5) 可理解。信息只有当它是可理解的和能被用户恰当地解释时才是有用的。难以理解的信息会导致错误的行动，确保所提供信息的清晰是设计有效的控制系统的一个重要方面。

(6) 成本效益。一个良好的控制体系应能提供较其实施和维护成本更大的利益，这种利益包括基于控制体系提供的信息所做的管理决策的改善。

(7) 反映公司特性。一个有效的评价控制体系的设计，也必须反映公司独特的特征。任何评价控制系统的一个重要目的，就是评价组织成员的业绩。从控制的观点出发，业绩评价的焦点通常集中于评价公司或分支机构经理的业绩，以确定该单位是否实现了预期的结果。在美国的非国际企业中，评价经理通常依据的是销售的增长、市场份额及利润。但是，这些因素各自所占的权重在企业之间具有较显著的差异。

(8) 目标一致性。有效的业绩评价体系，其评价指标应是战略目标实施计划的分解，评价指标很好完成也就能保证战略目标计划的完成。

(9) 可控性和激励性。对管理者的评价必须将评价范围限制在他所能控制的范围内，这样他才能接受，才会感到公平。即使某指标与战略目标非常相关，只要经理人员无法对其实施控制，他也无法对该指标的完成情况负责，用它来评价经理人员的业绩会引起抵触。因此，非可控指标应尽量避免出现。此外，指标水平应是平均先进水平，这对经理人员的工作具有一定的挑战性，能够激发其工作潜能。

(10) 良好的应变性。良好的业绩评价体系应对公司战略变化及内外部变化非常敏感，并且系统本身能较快做出反应，进行相应调整，以适应变化的要求。

当一家公司的业绩评价体系不具备以上特征中的大部分时，则说明该系统已经在某些方面出现问题，需要进行调查并予以解决。美国的两位学者在一篇文章中提出了七个警告信号，若这些警告信号存在，则业绩评价体系需重新设计。它们是：除了利润以外，公司的业绩在所有方面都是可接受的；即使价格具有较强的竞争力，消费者仍然不购买你的商品或服务；当未提供业绩报告时，没有人引起注意；经理人员花费大量的时间对评价指标的意义进行争论；虽然有较好的财务业绩，股票价格仍然毫无起色；你已经很长时间没有改变你的评价指标；你最近刚刚改变了你公司的战略。以上这些信号值得引起注意，并根据情况进行具体分析，及时采取调整措施。

（三）控制方法的选择

评价体系的设计依赖于对控制方法的选择，代理理论认为，在控制方法的选择上，将编制收益报告方法的选择权授予代理人能使委托人利益最大，理由如下。

1.监督控制方法的可选择性

委托人可采用不同的监控方式控制代理人的行为，因此，在如何实施监控这个问题上，委托人可有两种不同的选择。一种选择是委托选定某一个监控系统并从中直接收集信息，监控评价代理人的行为和业绩。但是，委托人直接收集掌握这些系统所产生的信息花费的代价比代理人要大。因此，另外一种选择是，由代理人选择一个监控系统，然后从此系统中收集信息，编制业绩报告，呈递委托人。委托人据此对代理人实施监控、考评。

代理理论的研究发现，在企业的较低层次上，第二种选择能取得更好的效果。这是因为，虽然监控人可独立收集与代理人行为和业绩有关的信息，并将它们呈报给委托人，但监控人是由代理人在较大范围内选择出来的，所以监控人提供给委托人的信息相比之下对代理人是最有利的。因此，委托人有充分的理由相信，如果这些信息反映代理人业绩不佳，代理人在履行委托人赋予的职责时必定没有达到最高效率。据此，委托人可给代理人以严厉处罚。反之，委托人则可给代理人以最高奖励，以充分发挥代理人的主观能动性，选择最佳履职方法，尽可能地使委托人的利益最大化得以实现。

2. 信息分布的不对称性

由于代理人掌握着委托人所不掌握的有价值的信息。所以，如果代理人掌握了有助于正确选择编制收益表方法的信息，而此信息在传递上有一定的困难，那么委托人就应将这样的选择权赋予代理人。像折旧方法、存货计价方法的选择等这些选择权，委托人也可自己掌握，但是这其中很多合理选择赖以成立的依据，委托人却往往很少能把握，而代理人却有这方面的独特优势。如果在收益期末选择确定收益的方法，那么无论是委托人还是代理人行使某种选择权，都将带有极强烈的机会主义倾向。

在企业内，层次越高，反映代理人业绩的信息就越有概括性，代理人监督者的可选范围就越小。为了较好地激发代理人的积极性，诱导他们的正确行为，必须赋予他们更大的风险责任。风险越大，报酬也应越高。当然，报酬的高低还应和代理人的履职业绩相结合。只要监控人的选择过程是可观察的，并且能用合同事先规定的，委托人仍应将这项权利授予代理人。这样做对委托人是有利的。这不仅是因为委托人可诱导代理人选择他希望的人；还在于通过对监控人选择过程的观察，委托人不难推断由代理人自己选择的监控人其反映的代理人业绩信息，在众多备选信息中，对代理人来说必定是相对最有利的。既然如此，委托人根据此信息对代理人进行业绩考核，必定能使代理人信服，从而最大限度地发挥代理人的积极性，而使委托人的利益最大化。

（四）绩效目标定位

1. 公司目标

毫无疑问，资本控制对控股公司来说几乎构成其管理的绝大部分，控制是控股公司的主要功能。控股公司作为一个企业，其目标是多元的，作为一个集团化的企业就更是如此。但是在其多元化的目标当中，只有资本控制目标才是具有支配性的指标，才是企业的本质追求。这是由控股公司的性质和功能客观决定的。因此，本书将控股公司目标和控股公司的资本控制目标等同处理，正像企业目标往往被等价地表达为财务目标一样。

没有目标与计划，也就不可能控制，这是因为必须把绩效同某些已规定的标准相比较。可见，资本控制目标是控股公司资本控制的起点。目标是系统所希望实现的结果，资本控制目标是控股公司资本控制所要达到的目的，是评价子公司资产经营合理与否的标准。

在市场经济条件下，任何企业在经营目标上都有差异也都有共同的特征，其中最根本的就是，一个企业获得不了盈利，那么，它本身就没有存在的理由，或正当性。像其他企业一样，控股公司经济活动的多样性和层次性，决定了其目标的多元和层次结构。然而，这里所讨论的目标，指的是主宰各种具体目标形成与变化的终极目标，这一目标是最高层次的，具有不可操作性，其他具体目标则是实现这一目标的手段，只是因为它们各自又有更为低层次的更为具体的可操作手段，才又成为目标。相对于最高目标来讲，它们只是在一定领域内起作用的次级目标，最高目标才无所不在地支配着企业行为的每一过程、每一环节和每一方面。

控股公司是在一定社会环境下运行的，这就决定了企业目标的形成必将受多方面因素的影响。对控股公司的子公司来说，由于母公司对其形成了实际控制而统驭其经营和财务决策，因此，控股公司的目标对子公司的目标有决定作用。而控股公司的目标则一方面受其股东目标的影响，另一方面受集团整体利益的影响。也就是说较之一般企业，控股公司受相关因素和相关利益主体制约较多。

然而，作为资本提供者，无论是控股公司还是控股公司的股东，其出资办企业尽管有不同的动机，但在"盈利"这一点上却无一例外。否则，企业就无以生存和发展，因而也就违背了企业的基本属性。如果我们承认这一基本假定，亦即把资本提供者首先或主要地视为"经济人"，那么，其所决定的企业终极目标就是实现资本增值极大化，诚如马克思所说："资本只有当它给自己的所有者带来收入或利润的时候，才叫作资本。"

当然，在控股公司与其子公司之间，由于存在"两权"分离且存在代理关系，子公司经理不可能完全按照母公司的意愿从事活动，也就是说，母子公司的目标在某种程度上并不完全一致。然而，这正是控股公司资本控制目标所要考虑的主要因素。

对企业目标形成有影响作用的因素主要包括：出资者、雇员、职业经理、消费者、政府及社会公众。这些利益主体都直接或间接地成为企业参与者，每一类参与者在参与企业活动时，都带着其个人目标。因此，企业目标就不可能简单地等同于任一利益主体的个人目标，否则，就无法实现组织平衡。所以，企业目标只能是"所有参与者的间接的个人目标"，或者说，企业目标是各类参与者个人目标之综合，是一个目标体系。如果一定要将企业目标表述为某一单一目标，那它只能是各类参与者个人目标之折衷。只有这样，企业目标的实现，才意味着各类参与者个人目标的相应实现，也只有这样，各类参与者才会继续参与到企业组织之中，企业组织才得以生存和发展。

以上分析表明，控股公司资本控制目标有其与一般单个企业相同或不同的特点，主要包括以下几个方面。

（1）控股公司资本控制目标受控股公司类型的影响。世界各国控股公司的功能定性有三种选择模式：一是金融型控股公司，以追求资本增值为唯一目标，无明确的产业选择，投资对象多为上市公司，股权流动性高，如各种基金性公司；二是资本型纯粹控股公司，以追求资本增值与多元产业发展为双重目标，有明确的产业选择，是战略投资者，但以资本运营为主，如投资管理型公司；三是产业型混合控股公司，以追求主导产业市场占有率与资本增值为双重目标，有明确的主导产业，既从事生产经营，又从事资本运营，如跨国公司、集团公司。

（2）控股公司资本控制目标在各个子公司、不同区域和公司发展的各个时期之间具有差异性。由于各个子公司的产业可能不同，在控股集团中发挥的作用和功能不同，所处的地理、经济、社会及政治环境不同，以及控股公司在不同发展阶段对子公司的阶段性目标不同，所以其在各公司、不同区域、不同时期的目标也就不同。而这种差异性恰恰构成了整个控股集团全球的长远战略目标，因此，各个公司、不同区域、不同时期目标的差异性构成了控股公司目标的整体性和一致性。

（3）控股公司的资本控制在某一区域、某一子公司、某一时期的目标具有相对稳定性。环境塑造企业，企业功能决定其目标。因此，特定企业、特定区域、特定时期的特定目标具有其存在的合理性，因而，也就具有相对稳定性。但是环境总是要变化的，企业也总是在不断发展的，人们对资本控制目标的认识也是在不断深化的，所以，资本控制目标也就不可能永远不变，稳定是相对的。

（4）控股公司资本控制目标具有多元性。多元性是指资本控制目标不是单一的，而是适应多因素变化的综合目标群。资本控制是一个系统工程，其目标也是一个多元的有机构成体系，在这多元目标中有一个处于支配地位、起主导作用的目标，称之为主导目标，其他一些处于被支配地位，对主导目标的实现有配合作用的目标，称为辅助目标。例如，资本控制在努力实现"整体组合长远规模财富最大化"这一主导目标的同时．还必须努力实现保全资本存量、加速资本流量、减少市场竞争、提高市场占有、促进科技进步等一系列辅助目标。

（5）控股公司的资本控制目标具有层次性。资本控制目标是由资本控制内容所决定的不同层次的目标所构成的目标结构。某一控制内容都有其直接目标，只有实现各个控制内容的直接目标，才能达到资本控制最终目标的实现。根据资本控制的内容，资本目标控制的直接目标是界定责权利，形成决策机制；资本结构控制的直接目标是优化资本配置；资本关系控制的直接目标是节约交易费用，减少代理成本，约束管理者；业绩评价的直接目标是计量子公司价值，提供经营信息，激励管理者解决动力问题。

资本控制内容的这种层次性，使资本控制目标成为一个由整体目标、分部目标和具体目标三个层次组成的指标体系。整体目标是控股公司进行资本控制理所要达到的目标，它决定着分部目标和具体目标；分部目标则是指在整体目标的制约下，进行某一部分财务活动所要实现的目标；具体目标是指在整体目标和分部目标的制约下，从事某项具体财务活动所要达到的目标，它是财务目标层次体系的基层环节，是整体目标和分部目标的落脚点，对保证整体目标和一般目标的实现有重要意义。

从理论上讲，控股公司资本控制目标与单一的企业的资本控制目标是一样的，即不断提高企业价值，增加股东财富，即所谓"财富最大化"。财富最大化是指通过企业的合理经营，采用最优的财务政策，在考虑货币的时间价值和风险报酬的情况下不断增加企业财富，使企业总价值达到最大。在股份有限公司中，企业的总价值可以用股票市场价值总额来代表。股东的财富由其所拥有的股票数量和股票市场价格两方面来决定，当股票价格达到最高时，则股东财富也达到最大。所以，在股份有限公司中，财富最大化也可以表述为股东财富最大化。

但是，由于各个子公司有其独立的法人定位、独立的利益、独立的资本关系和独立的运行环境，有其独立的目标，由控股公司及其子公司组成的企业集团在资本营运上有其不同于单个企业的整体效应、组合效应、规模效应以及总体目标、综合目标和长远目标，控股公司又是企业发展的高级形态，所以，由控股公司及其子公司组成的巨型企业集团，不仅在经济领域对国民经济的发展起着举足轻重的作用，而且对保护和发展民族工业，解决劳动就业，保护环境，建设企业文化，促进社会精神文明建设，维护社会的安宁和稳定，甚至世界的和平都有重要影响。也就是说，大集团公司肩负着一定的社会责任。这也决定了控股公司不能只是从局部和眼前单纯地追求财富最大化目标，而不考虑其他因素。我们必须充分认识到这些制约因素对财富最大化目标的限制。这样，控股公司的资本控制目标就不是个体目标，而是系统目标。这个系统目标的核心，即起决定作用的主导目标仍是财富最大化，在它的下面或周围有若干辅助系统目标。这种系统目标体现了以控股公司为核心的控股集团的整体利益、持续发展及组合效益和规模效益。因此，我们把它表述为"整体持续价值最大化"。

综上所述，按照控股公司目标的多元化和层次性，控股公司资本控制的系统目标应包括如下几个方面。

（1）整体利益最大化。控股公司资本控制，不是单纯以最大化母公司或是子公司利益为目标，而是以最大化母公司和子公司组成的控股集团整体利益为目标。

（2）可持续发展。即兼顾眼前财富最大化和长远财富最大化，实现控股公司的可持续发展，获得长远利益。

（3）组合效应。即在各公司之间使生产要素互补以及提高专业化分工程度，从而提高资源的利用效率，从而获得1+1>2的效果。

（4）规模经济效益。即控制更多企业，提高生产经营规模，产生企业规模扩大而带来的企业投资和经营成本的节约，获得较多利润。

（5）财务协同收益。即通过规模的扩大和组织结构的改变，产生税收、会计、证券方面的收益，以提高税后合并收益。

（6）占有市场，减少竞争。即依靠集团优势提高产品的市场占有率，从而提高对市场的控制能力，从而提高产品对市场的垄断性，获得更多的超额利润。

（7）节约交易费用，减少代理成本。即通过处理"委托代理"关系，调整企业组织结构和规模结构，减少交易费用的支付量。

（8）优化资本配置结构，获得资源配置效应。即通过调整资本存量结构，加速资本资源向高效企业流动，提高资本的流动性和增值性。

（9）提高科技含量和产品质量。即以集团的规模和资金实力，增加科技投入并积聚科技人力资源，提高产品质量和附加值。

（10）其他目标。如社会责任、企业文化、经济稳定等。

2. 财务目标

财务存在于一个独立的微观企业中，财务管理是对资本的管理，它作为企业管理的重要子系统，属于综合性的价值管理，担负着包括其他企业管理子系统功能在内的一种综合功能，因此企业目标在很多情况下与财务目标表现出一致性。但是，企业财务管理工作是一项具体的工作，它不能简单地以不便于实际操作的企业目标直接作为其具体工作目标，因而，企业财务目标便呈献出一定的层次性。

（1）企业财务的基本目标。基本目标是指财务目标中具有支配地位、起主导作甩的目标，它是一切财务活动的出发点和归宿。不管企业的财务活动多么复杂和千变万化，总有一个最基本的目标对企业的财务行为起决定作用，这个目标就是财务管理的基本目标，即实现所有者权益的最大化。

（2）企业财务的优化目标。财务状况优良的企业，其他方面的素质也会比较好，表现为企业整体素质好，发展速度快，经济效益高；反之，财务状况恶劣的企业，企业的盈利能力和偿债能力都很低，企业的健康发展必然受到影响。因此，企业的财务状况是企业财务管理效果的综合体现。作为财务管理的目标就是要优化企业的财务状况，为企业生产经营活动的顺利发展创造良好的环境，使企业在激烈的市场竞争中以优良的财务状况立于不败之地。

衡量企业财务状况优劣的基本标志有四个：企业的发展趋势、企业的获利能力、企业的偿债能力、企业资金的运用效率。这四个方面的标志都将通过优化企业的财务状况而使所有者权益达到最大化，换句话说，这四个方面的优化都将保证所有者权益的最大化。优化的财务状况或保证所有者权益最大化的财务状况要求做到以下几点：维护原始所有者权益的完整无损；在企业的持续经营中实现所有者权益的最大化；企业必须创造条件实现持续的发展性经营，即企业规模必须不断壮大；上缴利税后净利的最大化；企业在经营中各种风险的最小化，即所有者权益在企业动态发展中能够预计到的最大化。

为满足以上基本要求，实现财务状况的优化，保证所有者权益实现最大化，需要设计以下一些便于操作的企业财务具体目标。

（1）资本获利增值目标。即所有者的原始投资必须完整无损，企业利润的确定必须以充分维护业主权益为前提，企业经营中的一切成本、费用和损失必须由当期营业收入予以补偿，而不能冲减所有者权益。

企业获利能力的大小，是一个企业生命力强弱的重要标志，它从根本上决定了一个企业财务状况的优劣。从财务管理的角度看，较强的获利能力有助于加速资金周转速度，有助于提高企业的借款保证能力，有助于克服企业财务运行系统中的各种不利因素。一般来讲，企业获利能力较强的标志有：实现利润额较大，增长率较高，而且经过因素分析确知不存在明显的不利因素；各种利润率指标不低于同行业平均水平并有提高的潜力；盈亏平衡点较低，经营安全率较高，经营风险较小。因此，获利性目标自然是财务管理的一个重要的具体目标。

（2）资金变现偿付目标。企业为了在持续经营中实现所有者权益的最大化，就必须保持足够的资金流动性和债务偿付性。债务偿付性指的是资产流动性或变现性与企业债务的对比关系，特别是与企业流动负债的对比关系。通过理想的资产变现性与债务的对比关系，满足支付到期债务的需要，理顺企业与债权人的关系，保持优越的筹资环境，维持企业的持续经营，保持企业财务状况的稳定性，从而实现企业所有者权益在发展中的最大化。

这就要求在财务管理实践中，一是要注意研究资产结构，保持足够的变现性极强的资产比例；二是要保持足够大的销售额和稳定的销售额增长速度；三是要合理安排债务总额负担和债务结构以与各期的资产流动性相匹配，保持理想的偿债能力。

（3）销售持续增长目标。销售持续增长目标与企业的发展趋势可通过各方面的指标进行分析，其中销售额指标是一个极其重要的财务指标，它包含着多方面的财务意义：销售额的数额及其增长速度可以表明企业的整体实力；销售额的增长速度越快，企业抵御风险的能力就越大；销售额增长速度的大小影响到企业所采取的不同的财务政策；销售额的大小对企业的成本水平和企业的成本承受能力有着决定性影响；等等。由于销售额的这些重要作用，现代企业应当致力于销售额的快速增长。因此，销售额目标就理所当然地构成现代企业的重要的财务管理目标。

（4）资产流动营运目标。没有资产流动就无所谓资本增值，而资产的流动性又是由资产营运能力和资产质量来支撑的。财务管理的任务就是要保持资产营运的高质和高效。

（5）财务风险规避目标。最大限度取得风险收益和最大限度规避风险是一个对立统一的目标，最理想的当然是低风险高回报，但是风险和收益好像一对孪生兄弟，要把它们分开似乎很难。因此，这就构成了财务管理要为之而努力的目标。

（五）绩效评价体系的功能

1. 主要目标与功能

企业的经营绩效及其功能，不仅受本身策略行为的影响，而且也受产业环境与组织结构的影响。产业环境因素包括市场空间、地理位置、竞争程度、顾客需求结构、产品生命周期、顾客购买力等；组织结构的影响在于企业规模、多元化程度、分权化程度、机动与灵活性、整合程度、地区／产品／功能结构等。绩效评价可以协助企业了解其所处环境及趋势，进而衡量企业有关目标的实现程度。

在现代企业组织结构下，对企业及各部门进行绩效评价是必要的。在分权化的组织形态下，企业授予部门某一程度的决策自主权，绩效评价应以其可控制的责任范围为依据，使其所投入的贡献与所分享的利益趋于一致，避免部门为追求个别利润最大化而影响企业整体价值最大化。经营绩效除受管理者可控制的变量因素影响外，亦受公司政策及不确定的外在环境变量因素的影响。为符合目标一致原则，并起到良好的激励作用，必须制定适当的绩效评价制度，从而使绩效评价公平、合理、客观。

绩效评价的目标与功能主要包括以下几个方面。

（1）确保计划目标的如期实现。计划目标是一切工作的核心，确保目标有效实现，是绩效评价的中心工作。在计划进行中及完成后，需不断地实施有效的评估与考核，以确保目标的如期实现。

（2）纠正管理上的浪费与偏差。对于利用资源效率的考核，是主要的绩效评价目标之一，目的是纠正人力、财力、物力、时间等各方面的浪费及执行上的偏差。

（3）重大问题的发现与解决。随着未来环境的变动，任何一项完善的计划，在执行时均有可能遭遇到不可预期的困难或障碍，因此，绩效评价不可完全依照计划进行，而须考虑实际情况。

（4）评估计划完成后的效益。计划目标的完成需要一定的时间，而计划目标完成后其效益的体现更需要时间。因此，计划完成后的初期效益仅是反映部分成果，对应计划目标实现后的完整效益须建立长期追踪评价观念，以从实践的成果中衡量计划的真正成效。

（5）改进管理方法及程序。任何问题的发生，皆由于管理不当所致，而问题的解决与改进，则有赖于更完善的管理。评价的目的并非挑毛病、找缺点，而是在于督促及协助计划执行单位改进其管理方法及程序。

（6）作为事后奖惩的依据。评价与考核不同，评价的对象是计划目标及其完成情况，而考核的对象则是执行计划的人。绩效评价的结果是事后考核奖惩的重要依据，而奖惩作为激励手段又能够促使管理者更好地完成未来的目标计划，做出更好的业绩。

（7）矫正日常营运和管理。绩效评价所产生的反馈信息，使管理当局可随时掌握其责任范围内的工作状况，尤其对重大差异之揭示与分析，会更加便于管理当局进行例外管理。

（8）增进管理者的成就感。绩效评价可使管理者了解其工作成就，以满足其成就欲，激励其工作士气。

2.绩效评价的原则

（1）基本原则。企业存在的目的就是要实现其目标，如无特别因素，未能实现预定目标，即表示该企业未能有效地经营。因此，绩效考核的第一项原则，即为评定企业对目标的实现性。

（2）沟通原则。绩效考核最好能由被考核者依规定的标准及方法先行自我评价，然后再与考核者进行相互沟通，这样可使考核者不会忽略或抹煞被考核者的贡献，并从而得知其未能注意到的地方．而被考核者亦可由此获悉什么事情该做，该如何做，并据以改进。采取这种充分的双向沟通方式，才能使绩效考核工作更加落到实处。

（3）激励原则。一般而言，报酬是绩效的函数。以报酬作为激励，是现代企业中不可缺少的有效管理工具。因此，设计一套业绩考核制度时，应使其具有激励作用是相当重要的。

（4）客观原则。在评定绩效时，经常需要凭借第三者或专家，以其超然独立的立场，或其精湛胜任的能力加以判断。只有以客观的立场评估优劣、以公平的态度评估得失、以合理的方法量度绩效、以严密的处理慎重其事，方能使得绩效评核工作不受人为因素的影响——主观、成见及不胜任等产生的偏差。

（5）比较原则。评定企业绩效，数字是最佳的衡量工具，但缺乏比较的基准数字资料没有任何意义。企业盈余高低或亏损多寡，需要与其过去的记录、预算目标及同业水准等加以比较，才能显示出绩效的优劣。因此，在评核绩效时，应有一定的基准资料，与企业实际经营结果所产生的数字加以比较分析才有意义。

（6）责任原则。奖惩之前，应首先确定责任的归属；确定责任时，则须辨明是否在当事人权责范围之内，并且是否为当事人可控制事项。在评定绩效时，应将管理当局无法改变的外在影响因素剔除，才能真正使绩效考核工作更加公平合理。

（7）时效原则。为了能够及时了解企业的营运状况，应对企业的绩效及时加以评估，并对有关人员立即予以奖惩，这样才能有助于业务的改进。

3. 绩效评价要处理好的关系

（1）可控制与不可控制。在衡量绩效时，对于无法控制因素所产生的影响均应尽量排除，否则会显失公平。在评定经营绩效时，对企业无法改变或控制的因素，例如重大意外灾害、原料价格变动、利率调整、汇率变动、执行政策改变等，都应排除业绩衡量之外。此外，对可控制或不可控制的因素，也应明确划分，例如，企业本身应注意而未注意或疏于管理防范所发生的火灾，不能认为是不可控制因素，但纯因地震等不可抗拒因素而发生的事项，则属于不可控制范围。又如前任因盲目扩张所做的错误投资决策造成的折旧及利息等相关费用，也属于现任不可控制因素之一。总之，绩效评价应以可控制范围为基准。

（2）量化与非量化。量化就是将所要考评的事物或作业予以数量化，通常可用货币金额、产销数量、完成比率、完成阶段等来表示。但并非所有业绩项目均能很容易地予以数量化。譬如，研究发展成果、员工士气、企业形象及履行社会责任等方面的评估，就很难以数字来加以表达。因为对这些项目的量化，可能需要经过相当复杂的手续、漫长的时间，并投入大量的人力、财力、物力，才能予以确定，所以常把这些很难量化者称为非量化因素；相对的，可以用具体数字衡量者，则称为量化因素。绩效评价过程中，为了更加公平、合理，避免人为主观成分的介入，应尽量采用量化方式，亦即将难以量化的因素，思考采用最简易的方式使其成为量化因素。

（3）财务性与非财务性。传统企业经营绩效衡量，多注重可用货币单位计量的财务性指标，直接引用会计报表上的数据资料，或转换成相关比率来评量。这当然是绩效评价中最重要的了，然而有些非财务性指标是绩效衡量所必需的，如产品质量、技术进步、生产率、市场占有率等，对企业长期营运亦极为重要。因此，绩效评价应特别重视非财务指标的运用，以保证绩效评价的全面性。

（4）单一性与多重性。衡量企业绩效时，为顾及公平合理，不宜采用单一衡量指标评定其绩效，应从多方面综合考量较为适宜。

（5）长期性与短期性。任何的单项衡量标准，都不是过于强调部门的长期绩效，就是过于强调短期绩效。为避免部门过度追求短期效益，而有损企业长期发展潜能，业绩评价指标宜长短期并重。

（6）效果与效率。所谓效果，是指完成目标的程度，而效率则是指实现目标的资源运用情况。彼得·杜拉克将效果定义为"做正确的事"，而将效率定义为"以正确的方法做事"。为避免企业"以正确或不正确的方法，做不正确的事"，衡量时有必要区分效果与效率。原则上，应以效果之追求为先，再强化效率问题。

（7）主观与成见。乔治·奥迪奥恩在其所著《目标管理》一书中曾指出，主管在评定员工业绩时，普遍存有主观及成见的情形。

主观倾向往往高估业绩，主要包括以下一些情形。

· 第一印象：因为某人过去表现良好，于是现在的表现即被认为不错；

· 顺我者昌：对态度、性格合心意者给予较高评价；

· 边际效果：某天的一个特殊表现，可能抬高整年平平的作为；

· 特殊位势：拥有较高学位的人，或为主管的校友或学生，其评价比其他不具此等条件的人要高；

· 盲点效果：主管察觉不到其缺点，因为那正是他自己的缺点；

· 潜力效果：只凭文件记录判断一个人，而不重视他对组织的贡献；

· 无怨无错："没有消息，就是好消息"，事事都称好，每每无抱怨，则业绩保平安；

· 无过便是功：说不出有什么缺点和优点的人比说得出优点也说得出缺点的人更被认可；

· 瘦死的骆驼比马大：大公司、大人物的小业绩比小公司、小人物的大业绩大；

· 强将手下无弱兵：认可主管，部属则不在话下；

· 一好遮百丑：效益突出掩盖管理松懈。

成见倾向往往低估业绩，主要包括以下一些情形。

· 追求完美：要求标准过高，低估了应得的评价；

· 唱反调：时常提相反意见的人不受欢迎；

· 逆我者亡：不习惯服从的人的考绩总比其他人低；

· 弱队一员：弱队里的好球员，他所得的考绩要比胜队的一般球员来得差；

· 近墨者黑：主管对某人不甚熟悉，常就其所交往的朋友好坏做间接判断；

· 骤变的效果：最近一次失误，可能使几个月来的优异表现付之东流，到头来考绩比应得的要低；

· 性格特征效果：部属如果太骄傲、太性急、太软弱、太被动或缺少主管所认为的好员工应具备的特质，则考绩会较差；

·持不同意见者：主管支持某项工作，而某人正巧在这项工作上的做法与主管不同，则其考绩一定比其他不曾插手的人要差；

·矫枉过正：出了差错则一无是处。

·将熊熊一窝：主管业绩较差，部下也好不到哪里去；

·将错就错：不轻易否定自己业已做出的结论，尽管该结论是错误的。

三、绩效评价的价值判断

价值判断，是评价主体经过一系列评价环节而得到的关于评价客体与评价主体价值关系的结论。

（一）价值判断程序

价值判断是关于评价客体对评价主体有无价值、有何价值、价值大小的判断。做出合理的价值判断的必要前提条件是：评价者必须明确评价的目的，必须确立以这个评价目的为核心的恰当的评价参照体系，必须较充分地、较真实地、有目的地获取关于评价客体、评价主体以及参照客体的信息，并将这些信息进行客观科学的处理。在这一前提下，评价主体应根据以下程序，对价值客体的价值做出判断。

（1）将评价标准具体化，确定评价标准体系与评价指标。

"体系"的含义是：其一，它是反映评价宗旨的，体现评价标准总原则的。其二，它是多指标的，其指标是分层次的，如一级指标、二级指标、三级指标等。指标层次的排列呈现由简到繁的趋势。如一级指标取向较之二级指标取向简单、抽象，而二级指标较之一级指标复杂而具体，以此类推。其三，它的各个指标根据其在评价体系中与主体目的的关系，有权重之别，每项指标应有适当的权重值。权重的取值应便于计算，权重的分配应采用从粗到细的给值方式，即先粗略地把权数分给各一级指标，然后再具体分配给二级指标。由于权重的不同就体现出评价者在各项指标冲突时的取舍原则，体现出评价者的价值观念形态的价值取向。其四，它具有各指标的约束条件。其五，这一评价指标体系在逻辑上是平行的，即各指标的划分是不重合的、清晰的，各层次的划分是符合包含关系的，等等。

满足了以上五个条件者，便可称为评价标准体系的指标系列。评价标准体系是进行评价的关键和依据，价值判断就是根据评价标准体系而做出的判断。因此，评价标准体系指标的确立恰当与否直接影响着评价结论。

（2）以评价标准体系衡量评价客体。

这一步骤包括：将评价客体依据评价指标进行分解，以评价指标衡量评价客体各个部分，然后根据一定的计算方法，得出关于评价客体的综合评价值。以对评价客体的评价标准与评价步骤，对评价客体的参照客体进行评估，得出关于参照客体的综合评价值。

（3）将评价客体的综合评价值与参照客体的综合评价值进行比较，做出关于评价客体的价值判断。

显然，这一模式反映的是一种理性化的，而且理性程度较高的评价过程，即概念操作化的过程。这一模式的基本原则对各类评价都是适用的，但具体操作程序则往往是用于生活中具有较重要意义的，甚至其抉择对于个人或社会群体的存在与发展举足轻重的情势之中的。这一模型蓝本是科学决策所研究的关于工程、产品、企业评估、人员选拔等诸如此类的评价，它适用于学术著作、教育成效等的评价。也就是说，它适用于评价者认为需要认真对待、需要理性化处理的评价情形，而无论这类评价是为了确定价值客体的哪一类价值——功利的，甚至是美学的。

（二）价值判断形式

在现实评价活动中，评价主体的心理运作过程会受到价值观念形态的影响，并非都是逻辑化的理性推演过程。尽管这种理性逻辑推演过程对于获得符合目的的客观的评价结论是非常重要的，但它并不是达到合理性评价的唯一方式。换言之，非逻辑化的价值判断过程，同样有可能达到客观的价值判断。

（1）以感觉为尺度的评价。这类评价标准是以"感觉"的形式存在的，即对价值客体价值的判断，所依据的标准是评价者的感觉，而不是评价者的观念，也不是评价者经过理性推演而得出的形式化的评价标准体系。以感觉为尺度的评价，是人类评价活动中一种基本的、普遍的评价形式。它的基本原则是：当价值客体引起评价者快乐的感觉时，评价者会认为价值客体具有正价值；当价值客体引起评价者厌恶的感觉时，评价者会认为它具有负价值；当价值客体不能引起评价者的任何感觉时，评价者则会认为它无价值。

（2）以意象为尺度的评价。以意象为尺度的评价具有以下几个显著特点：一是间接性。价值主体与评价主体有了相对的分离，价值过程与评价过程有了相对的区别，评价标准与价值客体不再是一一对应的关系，而是以一对多的关系。二是个体性。意象作为一种抽象化的由积淀而形成的直观的理性，更能反映评价者深层的感受、持久的追求和较为稳定的观念，因而也就更能反映评价者的个性。

（3）以观念为尺度的评价。与感觉不同，它是一个更高的认识阶段的结果，属于人们的理性认识层次。以观念为尺度的评价所奉行的原则是：符合观念的才是有正价值的，而与观念相违背的则具有负价值。与以感觉和意象为尺度的评价相比，以观念为尺度的评价具有三个明显的特点：一是间接性，二是社会群体性，三是相对稳定性。

在实际评价活动中，形成价值判断的一般有形象思维、逻辑思维、直觉思维这三种思维操作形式。

（1）以形象思维形式为判断方式的评价，是运用直观的形象和表象进行推演的。评价者按照评价判断的一般程序，运用具体可感的形象为标准，衡量评价客体和评价客体的参照客体。此时评价客体与参照客体也是具体可感的形象。这种评价的操作过程，是形象的比较和形象的意义的衡量。这种评价判断方式在审美评价和人际交往关系中是最为常见的。以意象为尺度的评价基本属于该类评价。

（2）以逻辑思维形式为判断方式的评价，是运用概念、判断、推理的基本形式，以分析、综合、比较、抽象、概括和具体化作为基本过程的评价。这一评价操作所运用的标准是概念体系，形成价值判断的过程是以逻辑推演为主要形式的。这种评价判断在实际评价操作中，较之其他两种评价方式运用得更为广泛。以观念为尺度的评价基本属于这一类型。

（3）以直觉形式为判断方式的评价。直觉的产生对评价者来说往往是无意识的，这是直觉评价与逻辑评价的主要区别。直觉具有直接性，它是逻辑思维的压缩、简化和跳跃。直觉的产生依赖于经验的长期积累，这些经验积淀在评价者的意识和潜意识中，经由多种经验和多种知识的融合形成一种思维动力定型，在某种外界刺激的作用下，它自动地超越一般逻辑程序而发生作用，使评价者可以直接把握客体的意义。在评价过程中，直觉思维方式发挥着重要的作用，它弥补了逻辑思维方式的不足。直觉评价还往往成为逻辑评价的基础，对逻辑评价发生重要的导向作用。直觉评价是评价的一种重要手段，但是假若要对评价客体做出科学的判断，还必须尽可能地对信息进行逻辑分析。如果只是一味地相信直觉评价，轻视其他的评价方法，就不能很好地认识对象，评价对象。因此不能把直觉评价手段作为唯一有效的评价手段。

在实际的评价操作中，形象思维、逻辑思维、直觉思维的判断方式在同一评价过程中是兼容并蓄的，它们在运用过程中是相辅相成的，三种思维形式之间具有内在的不可分性。

除思维运行方式的不同之外，评价过程中还存在着价值判断的量化与非量化形式的区别。在价值判断中，根据主体目标体系的要求，有的价值判断必须通过数学计算才能达到，而有的则不必通过数学计算就可达到。我们将只有通过数学计算才能达到的价值判断称为量化的价值判断，而将不通过数学计算可达到的价值判断称为非量化的价值判断。

（1）量化价值判断标准的指标是量化的，其指标的约束条件也是量化的，其评价判断过程是通过数学计算而达到的。量化评价判断过程的形式化程度较高。在以量化为形式的价值判断过程中，评价主体往往是按照一定的形式化程序对评价客体的意义进行判定的。量化评价判断按一定的形式化程序进行，不会发生判断程序某一步骤的省略。量化价值判断的结论一般不是量化的，即定量评价出的是定性结论。

（2）非量化的价值判断，在实际的评价活动中较之量化价值判断要普遍得多。大量的价值判断都是非量化价值判断。在非量化价值判断中，有的价值标准虽未量化，却是较为明确的，也可以较为清晰地解析为具体的指标。但在非量化价值判断中，大量的评价标准较为模糊，难以清晰地解析为明确的指标。

在评价活动中，量化价值判断与非量化价值判断是相互补充的。在量化价值判断中，也包含着非量化的因素。例如评价指标的轻重、缓急、序列等，往往是非量化的。在非量化形式为主的价值判断中，有时也部分地运用量化的形式。根据评价目的的要求，正确运用价值判断的这两种形式，对客观地进行评价是十分有益的。

四、资本安全与保值增值

企业经营业绩评价的一个基本前提（假设）是保值增值，实现企业资本增值最大化。因此，资本保全观念的选择就构成了业绩评价中的保值增值的重要理论基础。

（一）资本保值增值的界定

按照国际会计准则委员会的意见，企业资本可以从两种角度来界定，即财务资本和实物资本。该委员会对财务资本的界定是，"资本如同投入的货币或投入的购置力，是企业净资产或产权的同义语"，实物资本则"如同营运能力，被看作是以每日产量等为基础的企业的生产能力"。根据国际会计准则委员会的上述意见，企业资本的财务会计概念是指企业资产负债表中资产总额减去负债总额后的这部分净资产，即所有者权益（或业主权益、股东权益），意味着企业所有者对企业资产拥有的所有权。其来源主要由两个渠道组成，即企业所

自然垄断行业企业集团综合绩效评价模式

有者对企业的投入（货币投入和相应的等价物）和企业在生产经营活动中的增值额，也就是赚得的利润。企业资本的实物概念则是以每日产量为基础的生产能力，这当然有计量上的困难，但它具有综合性强和可供操作的优点，仍不失为一种可行的方法。

财务资本和实物资本是指同一事物的两个方面，两者的本质是相同的，不同的仅是表现形式。由于财务资本不存在计量上的困难，而且从企业对外公开提供的财务报告中可以直接取得，因而在财务会计中一般使用的是财务资本形式。实物资本是当报表使用者需要了解企业的实际营运能力时才使用，但由于在计量上存在着较大的困难，需要通过复杂的表外计算才能确定，因而在实践中很少运用。

关于企业资本的保值增值，我们认为也有必要深入分析。这里有如下几个问题：一是何谓保值增值，二是保值增值是指财务资本还是实物资本，三是如何确立保值增值标准和考核办法。

根据我们的理解，通常人们所说的资产保值增值是，一个报告期内企业的期末资本额大于期初资本额，如果这种大于额恰好等于期初资本额的复利则可视为保值，如果超过期初资本额的复利则可视为增值，超过额越大，增值额越高。之所以要把复利考虑进去，是因为计算资产保值增值应当按照货币时间价值的观念来确定，在实践中，保值的情况十分少见，增值或者减值则经常出现，因而我们的注意力应当主要放在增值上。由于资本有财务和实物资本之分，那么资本保值增值也可分为财务资本保值增值和实物资本保值增值。

我国经济界目前所关注的企业资本保值增值，从用语上看好像是指实物资本，实际上指的是财务账面资本，因为人们关心的是如何维护产权不受侵蚀，而不是具体实物如何处置。根据以上思路，主张企业资本的保值增值标准可以以基期的净资产为标准，按照计算复利终值的公式确定，然后以考核期末的净资产为尺度进行比较计算增值。

综上所述，企业资本保值增值实际上指的是企业资本增值。企业资本是指国家对企业的各种形式的投资以及投资收益形成的，或者依法取得和认定的所有者权益，包括资本金以及资本公积、盈余公积、未分配利润中按出资比例应属出资人所有的部分。企业资本是指价值形态的净资产（所有者权益）范畴，而不是指企业实物形态的资产范畴。确定企业资本的保值增值要考虑货币时间价值。

如何确保企业资本保值增值，是一个十分重要而处理起来又相当棘手的问题。这需要解决许多理论和实际问题，其中包括大量的财务会计问题。例如：按照现代财务会计理论，如何界定资本及其保值增值；如何进行资本保值和资本增值的会计确认与计量；资产保值增值与成本补偿和收益计量有何关系；在市值不断变动的情况下，如何准确地提供有关资本保值和资本增值的信息；企业资产的保值增值与建立现代企业制度有何关系；财会工作在确保企业资产保值增值中如何发挥作用；等等。

（二）资本保值增值的作用

企业资本保值增值是维持社会简单再生产从而进行扩大再生产的必要条件，也是企业持续经营的前提。实行资本保全，有利于维持企业的经营规模和生产能力，也有利于企业实物资产的重置与更新，从而提高国有资本的经营效益，增加国有资本积累。

企业资本保值增值有利于保障所有者权益，落实企业的法人财产权和自主经营权，并明确企业经营者的经营责任。在现代企业制度下，资产所有权和经营权分离之后，所有者和经营者之间的关系是一种委托与代理关系，这种委托代理的标的，形式上看是企业，实质上是资本。因此，企业资本保值增值是所有者之利益、经营者之责任所在，是评价企业经营者业绩的标准。甚至可以说，实现企业资本增值最大化是企业财务管理的目标。

资本保值增值能为投资者及企业内部和外部各有关方面进行经济决策提供相关、可靠和有用的财务信息。企业资本的保全和增值直接反映企业的资本规模（净资产）、经营规模和生产能量以及企业的经营损益和创利能力，这是各有关方面经济决策者的重要依据。同时，资本保值增值有利于企业正确计算损益、合理分配利润，避免虚盈实亏、过头分配、资产流失、侵蚀资本等不合理的"短期行为"的产生。

资本保值增值有利于规范利润分配体制。实行利税分流以后的一个重要问题，就是正确处理国家财政税收与资本保值增值（积累与消费）的关系。坚持资本的保值增值，一是可以避免造成过去那种消费性支出大量挤占生产建设性投资的情况，做到生产和消费的恰当增长；二是实现税负公平和平等竞争；三是避免不完全成本补偿办法，实现企业资本只负有限责任和经营者对资本保值增值负完全责任。

（三）资本保全

保全的释义是"保护使之安全"。资本保全有其法律渊源和经济渊源。从法律上看，整个社会经济的有序运转，需要法律来维护财产所有权神圣不可侵犯，资本保全的法律意义在于保护财产所有者权益不受侵犯；从经济上看，资本的天性和本质是其运动中的增值性，要增值必先保全，没有资本保全就无所谓资本增值，资本保全是资本增值的内在要求。因此，资本保全的经济含义在于维持资本的增值能力。

公司作为所有者的企业，包容了所有者权益；作为一种资本组织形式，汇集了所有者、债权人等社会化资本；作为多方利益的结合体，渗透了各方的利益。为此，第一，法律上赋予公司法人地位，使其拥有全部法人财产权并据此享有民事权利，承担民事责任，也就必然要从法律上保护企业法人财产权利不受侵犯，即从法律上保全法人资产，例如规定所有者的投资不得抽回只能转让、企业增资减资要有法律程序等。公司资本保全的法律目的之一在于保护企业各方利益。第二，会计上的持续经营假设首先要求的是资本保全，因为只有保全企业资本，才能维持企业法人这种资本组织形式的长期存在和发展，而企业这种资本组织形式正是所有者投入资本实现增值的"繁衍地"。所有者拥有公司（其价值以净资产表示），公司拥有资产资本，保全公司净资产就等于保全所有者的资本及其增值能力。

按照资本保全的经济含义，资本保全应该是在一个报告期内，期末的资本（净资产）大于等于期初的资本（净资产），只有这样才算是保全了资本及其增值能力。这种表述看似简单，但是要准确地计算资本保全却不容易，至少有三个问题要解决：第一，由于存在期初和期末的时间差，资本保全要考虑货币的时间价值和物价变动等因素的影响；第二，由于资本有财务资本和实物资本两种概念，资本保全要从保全资本的名义货币、保全资本的实际购买力、保全资本的实际生产能力三个角度来考察；第三，对非经营而增减的资本（净资产）如何界定。

在考虑货币时间价值因素的情况下．只有在期末资本额大于或等于期初资本额的复利时，才可视为资本保全；在考虑物价变动因素影响的情况下，只有在期末资本额大于等于按物价指数调整后的期初资本额时，才视为资本保全。然而，由于存在财务资本保全和实物资本保全两种概念，因而对物价变动影响的处理方法不尽相同。对此，可以从名义币值与不变币值这两个方面进行分析。

（四）名义币值和不变币值财务资本保全

1. 财务资本保全和实物资本保全

资本有财务资本和实物资本两种概念，所以资本保全也有财务资本保全和实物资本保全之分。财务资本保全是传统的资本保全概念，它以财务资本概念为基础。财务资本保全是指在扣除本期的所有者分配和所有者出资之后，期末净资产的财务（或货币）金额大于或等于期初净资产的财务（或货币金额）。由于财务资本保全不要求采用特定的计量基础和计量单位，即计量单位可以用名义货币单位，也可以用固定购买力单位，计量基础可以是历史成本，也可以是现行成本，所以，财务资本保全又可分为名义币值财务资本保全和不变币值财务资本保全。

2. 名义币值财务资本保全

名义币值财务资本保全是投入资本的货币额的保全。按照这一概念，资本

（净资产）是所有者累计投入企业的资本货币总量；利润是以名义货币表示的本期净资产（资本）的增量，其计量基础是历史成本，计量单位是名义货币；本期由于物价变动而影响净资产价格部分，视为持有利润或持有损失，在通过交易处理资产之后，作为当期损益列入损益表。因此，名义币值财务资本保全所保全的资本是所有者累计投入企业的名义货币资本额。

运用名义币值财务资本保全概念，用历史成本计量属性和名义货币计量单位进行资产计价和利润确定，以实际交易发生的经济业务为对象，以原始凭证为依据进行会计处理，简便易行。在一般物价变动情况下，所提供的会计信息具有客观性、真实性、可核性、可靠性、相关性和可比性。此种概念产生于资本主义发展的早期，当时物价比较平稳，币值较为稳定，因此世界各国会计实务普遍接受这种概念，许多国家一直采用历史成本和名义货币计价至今。但是，当通货膨胀或通货紧缩发生时，如西方"一战"后的通货膨胀和20世纪30年代的经济危机，2008年由美国次贷危机引发的全球金融危机，使得货币贬值，历史成本原则受到冲击，也动摇了币值不变的会计假设，影响了会计信息的质量，用名义货币表现的财务资本保全概念事实上对保全资本所起的作用也就大打折扣。由于物价剧烈波动，编表日的重置成本与历史成本大相径庭，会计信息的客观性受到挑战；币值的变动，使得不同时期以名义货币表示的资产和利润的可比性受到影响；虚盈实亏或虚亏实盈，使会计信息的相关性大大削弱。

按历史成本分期计量确认的资产负债，在物价上涨时，资产的账面价值低于现行价值，从而造成低估资产少计费用而虚增利润，按照虚增的利润分配的股利和缴纳的所得税不同程度地侵蚀了资本，也就是说，虚增的利润正是牺牲的资本，而虚的利润又被实的强制税收和协议分红拿走一部分，从而造成资本保全不足；反之，当物价下跌时，计量资产的历史成本高于现行价值，导致高估资产多计费用而虚减利润，按照虚减的利润计算的所得税和分配的股利相应减少，减少的部分实际上增加了企业的资本。这时，企业资本所体现的实际购买力高于投入资本的购买力，而资本代表的生产能力也大于起初的生产能力，是资本的过度保全。但在历史成本计价前提下，由于过度资本保全而形成的"秘密准备"又不能得到恰当反映，而使资本所有者难以对管理者进行考核和控制，在某种程度上也会影响到所有者的资本保全。

耐人寻味的是，尽管长期以来世界范围内的通货膨胀现象一直存在，有时甚至是恶性通货膨胀（一般来说通货膨胀率超过两位数就视为恶性通货膨胀），会计界仍然固守名义币值财务资本保全观念，坚持以历史成本和名义货币为基础编制财务报告，最多补充一些反映有关物价变动的信息。除了一致性、可核性和可操作性之外，有无其他解释值得研究。

政府的税收利益是一个方面，但采用名义币值的财务资本保全的深层次原因还在于企业制度方面。众所周知，现代企业是出资人所有权和企业法人财产权相分离的企业，出资所有者和企业管理者的关系是一种委托代理关系。对于企业所有者来说，重要的不在于资本保全结果的度量，而是对资本保全过程的控制，这种过程控制需要采用一种恰当的手段来明确管理者的受托责任，并较为客观地反映这种责任履行的过程，避免随意性的粉饰。潜在的投资者则要了解和评价企业过去的经营业绩并据此做出投资决策。历史成本和名义货币计价是达到上述目的理想手段，因而能被所有者广泛接受。

此外，历史成本也是资本所有者投资分红承担风险负有限责任的唯一依据，这是其法律缘由。从企业管理者的角度看，做出决策需要依据过去的经济事项和会计数据，报告业绩则热衷于高估资产虚报利润。在存在通货膨胀的条件下，名义货币财务资本保全概念所解释的财务状况和经营成果在某种程度上满足了管理者的这一需要，所以他们乐于采用这一观念。

3. 不变币值财务资本保全

不变币值财务资本保全是投入资本额的一般购买力的保全。按照这一观念，资本（净资产）是所有者累计投入企业的按照一般购买力计算的货币资本总量。它要求投入的资本在货币价值上即购买力上保持不变，即期末净资产的购买力和期初净资产的购买力相等。利润是以不变币值计算的本期净资产的增量，即不变币值货币资本或实际购买力的增量，其计量基础仍然是历史成本，但计量单位却由名义货币改为具有相同购买力的稳值货币。由于货币购买力与一般物价水平相联系，可以通过一般物价指数测定，本期由于物价变动而影响净资产价格的部分中，大于一般物价水平的部分作为利润，计入损益表；小于一般物价水平的部分作为资本保全调整，列入资产负债表。不变币值财务资本保全概念要求采用一般物价水平会计，利用一般物价指数将按名义货币和历史成本确定的资本（净资产）调整为具有相同购买力的净资产后，来确定资本的保全。

采用不变币值财务资本保全概念的目的在于反映或消除一般物价水平变动对资本（净资产）保全的影响。其优点在于通货膨胀时期以实际购买力来保全资本（净资产），同时使会计信息具有可比性和相关性，相同的调整依据，易于监督便于审计。货币性项目净额的购买力利得或损失可以反映企业管理者对通货膨胀的反应程度和管理水平。消除了通货膨胀期名义货币所造成的虚假利润，使企业纳税趋于合理，这部分资本得以保全。

但是，我们知道，一般物价变动水平和个别物价变动水平是有差距的，有时甚至是相反的。况且，一般物价指数的代表性和可信度是有限的，未必就能代表一般物价水平。企业所持有的资产负债与指数所包括的内容不同，其价格主要受个别物价变动影响，个别物价变动对企业非货币性资产的影响程度与根据一般物价水平测定的影响程度可能相差甚远，而在采用不变币值财务资本保全概念的情况下，又不反映个别物价变动对企业非货币性资产的影响。因此，仍然无法区分和揭示资产持有损益和经营损益。对资本所有者来说，调整一般货币购买力，并不一定保全期初资产的生产能力，也就不能准确评价管理者的经营业绩。

（五）实物资本保全

实物资本保全以实物资本概念为基础，是对投入资本的生产能力的保全。按照这一概念，在扣除本期的所有者分配和所有者出资以后，企业的期末实物生产能力（或营运能力，或企业达到期末实物生产能力所需的资源或资金）大于或等于期初实物生产能力即为资本保全。如前所述，资本不仅是用名义货币表现的资产与负债的差额——净资产，而且代表了一定规模、一定生产能力的经济资源。因此，资本保全要保全的不仅是用名义货币表示的与期初投入资本相等的货币数量，而且是与期初相同经营规模的生产能力，即按原有规模持续经营所必需的经济资源。

对于相同规模的生产能力，理论界至少有三种解释：一是指拥有与期初相同的实物资产；二是指生产与期初同等实物量货物或劳务的能力；三是指生产与期初同等价值量货物或劳务的能力。在实物资本保全概念下，资本必须用体现生产能力或营运能力的实物量或价值量来表示与期初同等数量同等结构的资产保全和与期初同等生产能力的保全，其目的在于消除物价变动对资本保全的影响。所以，实物资本保全的根本点在于以重置成本、现行成本等现行价值取代历史成本作为资产的计量基础，来计量实物资本的生产能力，资产的计价随着个别物价的变化而改变，而不在乎计量单位是名义货币还是不变币值货币。

根据实物资本保全概念，利润只是当期实物资本的增量，对于物价变动的影响，不是作为资产持有损益而计入损益表，而是作为资本保全调整全部列入资产负债表。收益表只反映有关资产转换或销售而实现的现行收入与其现行成本的配比。

实物资本保全的意义是：一是避免了虚增利润、过头分配，也就避免了税收和股利分配对资本保全的侵蚀；二是特殊损益不列入损益表与本期经营损益分别列示，有利于恰当评价考核管理者的经营业绩；三是以现行价值反映企业资产负债状况和利润水平，恰当地体现了资本的状况，同时，在物价剧烈变动的情况下，使会计信息更具相关性、可靠性和有用性；四是对生产经营中的折旧等资产耗费按现行价值计算，有利于实物资产的更新和实物资本的保全。

其不足之处在于：第一，由于各期的重置成本或现行成本反映了资产在不同时期的现行价值，其可比性仍然有限，而且以现行价值来计算企业资产和收益，在并不交易企业资产时其意义也是有限的。第二，实物资本保全的目的在于保持原有生产能力的基础上重置企业的资产，这时，如果采取重置日前某一时点（如编表日、消耗日、销售日等）的重置成本，在物价上涨的情况下，难以在保持原有生产能力的前提下进行资产重置；如果采用重置日的重置成本，则又要运用主观的估计和判断，客观性将受到影响。第三，重置成本的选用只是反映重置计价，并非实际交易重置价，这就需要对市场价格进行主观选择和对资产的重新估价。现实当中，企业资产种类繁多，市场价格千变万化，很难找到完全相同的资产，也很难及时掌握所有市场价格，也就很难确定现有资产的市场价格，并且选用哪一种价格作为模拟价格也是个问题，价值评估的主观性使得评估值与真实价值存在差距。管理者选择的这种随意性未必都有利于所有者的资本保全。第四，资产价格的变动可能会导致财产税、所得税以及投保额的变动，在企业不转让时则是一笔资本流失。

通过上面的详细分析，可以认为，从资本所有者资本控制角度看，宜采用财务资本保全的名义币值资本保全方式。

（六）企业资本保值增值与补偿

国际会计准则委员会于1989年7月发布的《关于编制和提供财务报表的框架》，明确提出了"财务资本保全"概念，并指出"根据这一概念，在扣除本期的所有者分配和所有者出资以后，期末净资产的财务（或货币）金额必须大于期初净资产的财务（或货币）金额，才算赚得利润"。可以看出，资本保全与盈利有着密切的联系，利润是在资本保全的基础上确定的，资产的流入必须大于保全资本所需要的金额，才可以视为利润，也才可以作为资本报酬。不言而喻，利润是从收益中扣除费用后确定的，因而利润和成本补偿都与资本保全存在密切关系。

在企业的财务报表体系中，资产负债表是反映资本存量的，资本的保值增值信息可从该表取得；损益表是反映资本流量的，成本补偿和企业盈利则是该表提供的主要信息。根据前述资本与利润和成本补偿的关系，从资本存量角度计算（即所谓资产负债表法），企业的利润只有当其净资产超过所需保全的资本部分时才能被确认。假设本期无所有者所增投资，也未分配给所有者利润，即企业资本未发生非营业性变化,则本期利润的计算公式应当是:本期利润＝期末净资产—期初净资产。从资本流量角度计算(即所谓损益表法),本期的利润只有当其所得收入大于所需成本补偿的部分才能被确认。此种方法的计算过程是:本期利润＝本期收入—本期费用及损失。以上两种方法,计算出的利润是相等的。

在实践中,强调成本补偿与企业盈利,还是强调资本保全与资本增值,主要受所有权与经营权分离程度及企业财务管理目标两种因素制约。当企业所有权与经营权不分或分离程度很低时(如早期的西方经济和我国的计划经济时期),企业财务管理的目标大都是利润最大化,分析和评价企业行为和业绩的指标往往是成本补偿与企业盈利。原因是:利润的大小代表了剩余产品的多少;利润越大的企业越容易获得资本而有利于资源配置;企业的利润越多,社会财富就越大。

但是,当企业所有权与经营权分离达到一定程度时(如现代西方经济和我国目前的市场经济时期),企业的功能发生了深刻的变化,企业存在着与所有者、经营者、债权人、顾客、劳动者、政府、社会等的多方经济(财务)关系,各方利益不尽一致,利润最大化的财务目标及成本补偿与企业盈利的考核评价指标明显不适应这种变化,同时利润最大化的财务管理目标本身也存在缺陷:一是没有考虑货币的时间价值来区分不同时间的收益;二是没有考虑风险价值来体现获取利润时所承担的风险;三是将不同投资额所创造的利润进行比较,反映不出创造的利润与投入资本之间的关系。因此,这时的财务管理目标是所有者收益最大化,即在考虑货币时间价值和风险价值的情况下使企业的总价值最高,所有者收益最大。在股份经济中,所有者收益最大化体现为股票市价最大化。一般来说,股票市价可全面反映公司的获利能力、时间价值、风险价值、预期收益等各种因素及其变化。这一目标既反映了所有者的利益,也反映了债权人、劳动者和管理者的利益,是来自公司外部的客观评价。

（七）物价变动与资本保值增值的确定

我国《企业会计准则》第十九条规定："各项财产物资应当按取得时的实际成本计价。物价变动时，除国家另有规定外，不得调整其账面价值。"这表明我国目前在会计核算上坚持历史成本计价原则，并不进行物价变动会计核算。从财务会计角度看，资本保全概念适用于以名义货币为单位的财务资本保全，也就是说，原始成本资产计量制度奉行的是财务资本保全概念，并以原始成本评价所保全的资本和所应补偿的成本。

但事实上，物价变动总是存在的，特别是在通货膨胀条件下，物价变动尤为剧烈，这时以原始成本计价并采用财务资本保全概念就存在很大问题。不能完全从实物形态上重置企业资产，也不是实际意义上的资本保全。在会计核算上，解决的办法无外乎两种：或者部分消除物价变动影响，或者反映物价变动影响。消除物价变动影响的措施在于通过实行所得税会计，从税法上允许企业采取一些会计方法。例如在一般物价变动条件下，对资产进行定期的重估和产权交易时的资产评估；在物价剧烈变动条件下，实行固定资产加速折旧，存货成本计价采用后进先出法、无形资产实行限期摊销法等。这些会计方法会影响财政税收，但有利于资本保全，实际上是一个如何正确处理财政预算和国有资本经营预算（积累与消费）的关系问题。

反映物价变动影响的措施在于通过实行物价变动会计，从会计准则上允许企业采取一些会计方法。例如实行一般物价水平会计，以财务资本保全概念为理论基础，期末按一般物价指数对传统的以历史成本计价的会计报表加以调整，以具有现行购买力的货币单位重编基本财务报表作为补充报表；实行现行成本会计，以实物资本保全概念为理论基础，期末按现行成本重编基本财务报表作为补充报表。

国有资本的保值增值，实质上是保卫国有资本不受侵犯和发展社会主义公有制的问题。国有经济的巩固与发展，随着股份经济的发展已难以从企业数量上来评价，而是要看国有资本的规模有多大。因为国有资本除了通过国有独资公司（国有企业）运营之外，还可通过控股公司、参股公司即与非国有资本联营的方式来经营，在这种情况下，评价国有经济的规模与发展必然也只能通过国有资本的保值增值来实现。

五、绩效评价的运作取向

（一）规避传统的财务评价体系的缺陷

信息时代的高技术环境下，企业面临的市场竞争空前激烈。因此，企业的经营风险也增大到前所未有的程度，在这样一种背景下，企业的决策层、管理当局如果仍局限于传统财务业绩的计量与评价，显然不能适应形势的需要。传统的业绩评价方法对现代制造环境的不适应主要表现在以下几个方面。

1. 标准成本制度的缺陷

标准成本制度和责任会计系统是传统企业控制成本、评价业绩的主要方法。标准成本制度包括标准成本的制定、差异分析和差异处理三部分，它对成本的控制和业绩的评价是通过将实际成本与标准成本进行比较，找出差异，然后分析差异形成的原因和责任，并加以控制。在现代制造环境下这一制度的缺陷较为明显。

第一，企业机械化程度的提高使人工成本的重要性降低并趋于固定化，而标准成本制度的分析方法则强调人工效率差异，这就可能会导致机器的超负荷运转或使企业生产出过多的、无用的存货。

第二，在新的制造环境下，企业不仅重视成本的控制，更关注质量的提高。这时如果过于关注材料价格差异，可能会使一些质量不高的原材料进入生产领域，影响新环境下竞争的最主要因素——产品质量。

第三，在现代制造环境下，生产过程趋于一体化，制造过程的可信赖程度有了很大提高，使得实际成本与标准成本趋于一致，差异很小，传统的差异分析也就意义不大。

2. 责任会计系统的缺陷

传统的责任会计系统过分侧重于对降低成本、提高产量两方面做出要求，并不反映和强调当今世界性竞争的最主要的产品质量、交货效率、售后服务、顾客满意程度、职工工作积极性等方面的因素。短期内可能会给企业带来一定效益，但可能会对长远利益带来负面影响，最终会妨碍企业战略目标的实现。另外，现在的责任会计报告是按月或按周编制的，不能对生产经营中的问题进行适时调控。

3. 财务评价指标的不适应

传统的企业业绩评价方法只包括财务方面的业绩，不包括非财务业绩，因而不能全面地反映出企业的实力。它是建立在人为确定的一套规则的基础之上，而这套规则的主观性很强。传统的财务评价系统的缺陷主要表现在以下几个方面。

（1）过分地重视取得和维持短期财务结果，助长了公司管理者急功近利思想和短期投机行为，使得公司不愿进行可能会降低当前盈利目标的资本投资去追求长期战略目标。以至于企业在短期业绩方面投资过多，在长期的价值创造方面投资过少。对于今天和明天为创造未来财务价值而采取的行动，财务评价方法不能提供充分的指导。

财务业绩计量是一种短期业绩计量，如果用来作为奖励制度的一部分，会鼓励没有长期价值的作业或行为。因为价格水平的变化，所以使用历史成本的会计计量要结合不同的计量单位。会计计量可以被修正以显示当期的事项将怎样影响未来的现金流量，然而，在实务上，这种修正可能是个难题。另外，如果一种计量制度是为了维护目标的一致性，那么行为方面的考虑也一定要加以评价。

（2）财务评价方法所讲述的是过去的故事，这对工业时代的公司来说是足够的，因为以投资提高公司的长期能力及改善与顾客的关系对这些公司能否获得成功来说并不重要。然而，信息时代的公司要投资于顾客、供应商、雇员、工艺、技术和革新，只有这样，它们才能完成创造未来价值的行程，对于指导和评价这一行程来说，财务评价方法捉襟见肘。

（3）在使未来增长得以实现的无形的知识资产方面，财务评价方法显得力不从心。一方面是信息时代要求企业拥有无形资产实力提高长期竞争力，另一方面是历史遗留下来的成本财会模式雷打不动和单一财务指标评价经营业绩按部就班，也只能针对部分而不是全部业绩。

（4）过分注重公司业绩的财务评价方法和评价指标的价值方面，忽视非财务指标的非价值评估。而当竞争环境越来越需要经理们重视和进行经营决策时，像市场占有率、创新、质量和服务、生产力以及员工的培训、企业文化、团队精神这类非财务计量，应该在业绩计量方面起更大的作用。

非财务业绩计量为管理者改善企业评价和经营提供了一个宝贵的机会。这种计量能够使管理当局更加注重企业的经营方面，而且从长远来看，它可以比短期的、历史的财务计量更好地反映企业所创造的财务报酬。

美国钢铁和卡内基养老基金会副会长彼得·林肯说："非财务性绩效评价方法，比如评价客户的满意程度或者新产品结束开发阶段的速度，对投资者和分析家会是有很大帮助的。各公司应当报告这种信息，以全面介绍自己的经营状况。"非财务评价方法必须发挥重要作用，"管理部门应当透露它在管理企业过程中所使用的财务和非财务评价方法，这些方法应当对重要的活动和事件所产生的影响进行估量。"

为了满足使用者不断变化的需要，经营报告必须提供有关计划、机会、风险和不确定情况的更多信息，更多地注重创造长期价值的要素，包括显示重要经营过程绩效的非财务评价方法，把对外报告的信息同对高级管理层提供的内部报告信息更好地相互衔接。

（二）重视非财务性业绩评价的作用

1. 非财务评价指标的确定

要用非财务指标来评价企业经营业绩，首先就需要将这些非财务因素量化，即用定量化的指标来表示非财务因素。其中一条很重要的原则就是：所选择的计量指标要能够准确地反映出该因素的内在特性。如果有的非财务因素是多层面的，用单个计量指标无法全面地反映出其特性，那么就需要用多个计量指标来对其进行综合反映。从国内外目前的理论和实践来看，比较典型的非财务指标主要出自以下几个方面。

（1）市场占有率。市场占有率指标反映公司市场营销方面的业绩。市场在现代商品经济中占有举足轻重的地位，在竞争激烈的环境中尤其如此。调查表明，在众多非财务指标中，市场份额雄居榜首。通过对市场占有份额情况的调查来研究企业的经营战略，评价时，视企业战略有所区别，对于战略性的公司，市场份额往往比财务指标更重要，而对于纯粹的盈利性公司，则稍有逊色。

（2）产品品质。品质指的是产品的质量。品质表现在两个方面：一个是处于产品制造阶段合乎企业制造标准所表现出的品质；另一个是顾客购买后合乎其使用要求而表现出的品质。可见，品质是一个多层面的因素，它可以用废品率和顾客退货率这两个计量指标加以综合反映。一般来说，对质量的评价应包括以下几项内容：第一，对购进原材料的评价。分别按材料类别和厂家计算残次品率，对材料或供货厂家进行质量方面的评价。第二，生产过程中的质量控制。生产过程中的质量控制是通过在各生产阶段建立控制点，并建立起统计质量控制制度和质量审计制度等措施来实现的。生产过程中的质量评价指标有残次品率、返工率、合格品率等。第三，对产成品的质量评价。顾客的满意程度是对产品质量的最终评价，对产成品的质量评价一般是看要求索赔的顾客数量及顾客投诉情况等几方面。

（3）交货效率和可信赖程度。可信赖程度因素，是指企业对客户的订货是否按期及时发货。如果企业不能按时发货，一方面可能使企业失去这一笔业务，另一方面则很可能使企业的声誉受到影响。企业应保证及时发货，使客户对其保持高度的信赖。该因素可以用及时发货次数百分比这一计量指标来反映。对交货情况的评价可以从循环的时间这一角度来考查，循环时间指的是从订单签订到将货物交给客户所需要的时间，这一时间越短越好。对循环时间控制的重点是生产循环时间的控制，生产循环时间由生产时间、待料时间、检测时间和搬运时间四部分组成，期间只有生产时间的活动增加价值，其他时间的活动都是不增加产品价值的活动。控制生产循环时间，就是将不增加价值的活动时间降至最低。对生产循环时间进行控制的指标是生产循环效率指标，其计算公式是：生产循环效率＝生产时间／（生产时间＋待料时间＋检测时间＋搬运时间）。这一指标的最佳状况是等于1，即除了生产时间之外，其他时间都没有发生。除了生产循环时间之外，企业对交货效率总体情况进行评价的指标是及时交货率指标，这一指标的最终目标是实现100％的及时交货，即对每笔订单都能按时生产出来并及时交给订货方。

（4）敏感性与应变能力。敏感性被国外很多企业视为竞争优势的一个重要方面，如果敏感性不高，在激烈的竞争环境中，企业就可能失去许多客户而导致失败。该因素可以用"从接受订货到发货的时间"来计量。该段时间越短，则表明企业的敏感性越高。对企业生产应变能力的评价主要是从生产调整准备时间这一角度来进行的。所谓生产调整准备时间，指的是企业由一批产品生产改成另一批产品生产时，需要调整机器设备来组织生产所花费的时间。一般情况下这一时间越短，证明企业生产的应变能力越强。

（5）员工积极性。传统业绩评价方法受到批评，其中的一个重要原因就是，没有对员工的生产技术水平、劳动积极性、企业文化、团队精神、事业生涯及培训情况等方面做出评价。如果公司员工在生产中积极性不高，在公司中没有荣誉感，则整个企业的业绩在一定程度上会受到影响。如果在这些方面做出评价，可以使企业及时采取措施，避免一些不良现象出现。公司除了针对职工情绪及时进行调查、了解情况之外，还应通过提升和奖励等机制来提高员工的生产积极性。对员工情况进行评价的重要指标是员工流动率即月中离职人数与平均雇用人数的比率，这一比率高，表明企业员工的思想不稳定，对企业没有信心，所以企业应根据这一指标的变化，仔细分析原因，使企业员工保持旺盛的生产积极性。

（6）创新能力和技术功能定位。企业的创新能力指的是企业在生产和改进现有产品时，开发和创造适应市场需要的新产品的能力。企业在开发新产品方面付出的代价及所取得的成果，是评价企业创新能力的主要资料。利用这些资料，可以对企业过去、现在及未来的创新能力进行评价，并根据评价结果，采取适当地增加投入或加强市场调查等方面的措施，来提高企业的创新能力。

（7）顾客满意程度。企业生产的产品，能够不断地满足消费者日益变化的消费需求，不仅在质量上，而且在花色品种数量等各方面也要有一定的保证。

2. 非财务评价标准的设定和考核

非财务评价系统实施的关键在于非财务业绩标准的制定。传统标准成本系统所设定的各项标准有一定的凝固性，而高技术企业则强调不断改进。在非财务评价系统中，应使标准的制定与不断改进的要求相一致。目前，国外较普遍采用的有以下两种做法。

（1）将学习曲线加以定量化。所谓学习曲线，是指在特定条件下，随着企业劳动生产率的提高，当产量加倍时，累计产量的平均加工时间存在一个固定的下降率（一般为15%～40%），从而使得单位产品加工时间呈现一条下降的曲线。这条曲线可以用来进行长期产量预测。将学习曲线定量化后，以其作为标准。由于该标准是动态的，所以可以促使企业不断地做出改进。

（2）将企业上一报告期的实际业绩作为标准。企业既然树立了不断改进的理念，那么就要求企业本期的业绩优于上一期的业绩。因此，以上一期的实际业绩为标准，就有了一个天然的动态目标，而不需另外组织人力物力进行研究确定。只要本期业绩优于上期业绩，就表明企业达到不断改进的要求。

传统财务评价系统的一个很大缺陷在于账面数字形成的财务差异不能准确地追究责任，因为这些财务上的差异往往是由很多因素造成的，分属于不同的部门，责任不易划分。相比较而言，非财务控制系统的责任较易于设置。在实施该系统时，可以根据非财务计量指标受具体部门的影响程度大小来设置责任。例如，制造周期时间主要是受制造部门的影响，因此制造部门要对制造周期时间负主要责任，如果制造周期时间有较大变化，就可在制造部门内部查明原因，追究责任。同样的道理，生产计划部门要对按时发货百分比率指标和存货水平指标负责,质量控制部门要对废品率和顾客退货率指标负责,等等。

3. 非财务计量与评价体系的评述

非财务系统除克服了财务系统的缺陷之外,还具有以下一些重要优势。

(1)过程适时跟踪评价。这些新方法的运用,是以将信息输入计算机并立即处理为基础的。在这一方式下,管理人员能够及时、连续地对所要控制的项目进行跟踪监视,使这些问题能够及时解决。而在传统方法下,业绩报告通常是定期编制,其时效性受到一定程度的限制。

(2)企业整体角度评价。为了强调企业的整体利益,一些非财务性的业绩评价方法都是立足于企业的角度来进行评价,而不是各个生产部门。虽然对各部门的评价也具有一定意义,但对整个企业来说,各部门只是企业的一部分,部门利益应服从于企业的整体利益,所以对整个企业的评价尤为重要。

(3)注重未来预期评价。非财务系统更新评价观念和方法,更加注重未来趋势,注重对一些指标的变动趋势的分析,而不像传统的业绩评价方法那样只注重对当前情况的评价。

(4)直接而非间接评价。非财务的指标往往能直接地计量一个企业在创造股东财富活动中的业绩,比如制造和提供优质货物和劳务,以及为消费者提供服务这类活动中的业绩,非财务计量能够更好地完成业绩计量的诊断(经营审计)职能。

(5)便于预测未来现金流量。因为非财务计量是直接计量生产活动,所以可以更好地预测未来现金流量的方向。

(6)易于分清责任,使控制更为有效。该系统的责任易于设置,因而能够有效地发挥控制功能。例如,根据顾客退货率和废品率,很容易就能判断出产品的品质状况。如果品质出现下降,能够迅速采取各种补救措施来解决质量问题。如果从接受订单到发出货物的时间太长,即表明企业对顾客的反应太慢,敏感性不高,通过该系统可以较为容易地追查到生产计划部门和产品制造部门,从而较快地发现并解决问题

(7)与企业发展战略密切相关。企业的战略主要是制定长远的规划,这与

企业长期持续的健康发展密切相关，而非财务计量所要反映的正是那些关系到企业长远发展的关键因素。因而，非财务计量与企业的战略规划密切相关，该计量指标上的进步可以直接导致企业战略上的成功。

不过，非财务计量与评价系统也存在以下一些弱势。

（1）非财务计量指标上的改进难以用货币来衡量。这也许是非财务系统的最致命的弱点。非财务计量指标上的改进和利润之间的关系较为模糊，因此很难辨认出非财务指标上的改进到底引起了利润多大的变化，尤其在短期内，利润指标几乎不受影响。这样，企业管理人员在非财务因素方面的努力就很难立刻显示出成果来。如果经理的报酬是以企业利润的高低来计算的话，就不容易刺激经理人员关注于非财务指标的改进。这也是非财务计量与控制系统不易贯彻实施的重要原因。

（2）该体系缺乏一个完整的理论框架。非财务计量指标之间有可能是相互矛盾的，有些指标需要其他指标做出牺牲方能得以改善。而非财务系统的特点是责任分属于不同的部门，易于设置，这就意味着容易引起部门之间的冲突。在现阶段，还未出现一个完整的理论框架来协调各个指标之间的关系，因此在实施该系统时，企业领导层很难经过权衡做出正确决策。

4. 财务与非财务评价体系有机结合是绩效评价的发展趋势

非财务计量与评价体系尽管有很多优势，但也存在一定的缺陷。过分注重非财务业绩，企业很可能会因为财务上缺乏弹性而导致财务失败；但只关注财务业绩，则易于造成短期行为，影响企业长远发展。事实上，财务业绩与非财务业绩都是企业总体业绩不可或缺的组成部分。财务业绩是通过会计信息系统表现的表象、结果和有形资产的积累，非财务业绩则是通过经营管理系统获得的内因、过程和无形资产的积累，对企业整体长远的盛衰成败关系极大，是本质的东西。信息时代的高科技环境，使得工业时代望尘莫及的非财务评价系统的建立成为可行，因此，理想的选择应是财务与非财务评价体系的有机结合。

（三）关注绩效评价的变革趋势

近年来，许多企业已经在重新考虑该如何评估本公司的业绩，它们认识到新的公司战略和竞争环境需要新的业绩评估体系，目前正致力于为自己的公司制定和发展这些新的业绩评估体系。其核心是在确定公司战略评价经营业绩时，同等对待或更为重视质量、市场份额和其他非财务性评估标准，而不是当财务标准与非财务标准产生矛盾时，总是以财务指标为准。

一些公司决定把客户满意度、质量、市场份额和人力资源、企业文化、团队精神、学习型组织纳入公司的正式评估体系。这一变化的动因在于它们认识到公司战略是以为客户服务为核心的，而公司现在的以财务数据为主的评估系统不符合公司的战略要求。在一些企业新的目标列表中，每股收益由第一位降至最后一位，而客户满意度、现金流量、制造效率和创新则排在了前面。

1. 业绩评价体系的扩充发展趋势——以客户为核心

20世纪80年代，许多公司都把质量视为其竞争战中的一种战略武器，投入大量资源以发展诸如降低废品率、反应时间、发货承诺等标准来评价其产品、服务和经营状况。除了来自全球竞争的压力外，评估标准变革的另一个主要动力来自全面质量管理运动的发展。

20世纪90年代，一些公司开始努力制定客户满意度的评估标准，公司管理层发展新的评估标准的兴趣来源于以客户服务为中心的公司战略。随着竞争的日益激烈，以质量为中心的战略必然会转变为以客户服务为中心的战略，客户满意度评价理所当然应成为质量评估标准发展的下一步。公司开始通过从客户那里直接收集数据以更直接地评估客户保有率、市场份额、客户眼里的商品和服务价值等来评价自己的经营业绩。

"标杆瞄准"的发展给了公司经理一套可以用于任何评估标准的方法，既可以用于财务评估标准又可以用于非财务评估标准，但以非财务标准为主。它有一种转变管理层思维模式和视角的作用。这种从外部入手的方法，可以使人们了解一些以前认为不可能的重大改进。

2. 充分利用信息技术与社会资源

在业绩评估标准的发展和演进中，信息技术起了决定性的作用。由于硬件价格大幅度下降和软件及数据库技术的突破性进展，公司可以从更多的来源获得信息并向更多的人提供更多的信息，更快更经济地生产、传播、分析和储存信息。

（1）开发一套全新的企业信息系统，以建立新的业绩评价体系。公司新的信息系统的设计以管理层为实现公司战略所需要的信息为起点。不同战略的部门需要不同的信息以进行经营决策和业绩评估，但每个公司至少需要有一些关键的共同标准。在越来越严酷的竞争环境下，发展一套连贯的、在全公司范围内普遍适用的标准格外重要。一套共同的标准可以加强管理层分解重组产品线和市场组合以形成新的业务单元的能力。

构建新的信息系统，重点在于公司如何生产自己的业绩数据。经营业绩的财务评估方法最为精深和根深蒂固，相比之下，在评价市场份额、产品和服务质量、创新、人力资源和客户满意度方面所做的努力就逊色多了，为跟踪这些变量所生产的数据的频率要低得多，而且，要把这些非财务评估标准放到与财务数据同等重要的地位，需要大量人力和物力。公司的标准应该保持相对稳定，但评价新的业绩评估标准所使用的方法需要随着公司经验和能力的增加而不断发展，这样做可能会降低数据的历史可比性，但对公司来说，真正重要的是与自己目前的竞争对手比而不是与自己的过去比。

信息系统构建的最后一部分是建立信息流的管理规则：由谁负责确定评估方法？由谁负责实际收集数据？由准负责接收并分析数据？由谁负责修改规则？由于信息是重要的实力资源，所以公司如何对待这些问题关系重大。有些公司仍然由首席执行官决定谁能得到什么信息，这种做法在当今世界已不大行得通。更常见的情况是由拥有信息的人决定向谁提供这些信息。让更多的职员掌握信息的好处显而易见，尽管会由此带来一系列诸如信息安全性和保密性等需要解决的重要问题，然而，只有这样，公司的信息流通方式才能随着环境的变化而变化。

（2）引入新型信息技术，以支撑信息系统和业绩评价系统，并调整相应的激励机制，以与新的信息系统和业绩评价系统相衔接。在这方面应先决定公司需要何种业绩评估标准，后考虑使用何种信息技术系统，使新的体系与公司的鼓励机制相一致，即按照经决策层、经理层决定的真正重要的评估标准，把职员的报酬与业绩挂钩。要实行一套新的方法有时是很困难的，假如自己决定最适合本部门的业绩评估标准，决策者、经营者也还是认为在考虑晋升和薪金时，真正重要的是财务指标。

把奖励与业绩联系起来的公式总是效果欠佳，从而使奖励与业绩挂钩的工作变得更为困难。如果公式很简单，仅以几个变量为核心，便难免会遗漏一些重要的评估因素。反之，如果公式很复杂，包含了所有需要注意的变量，人们又会觉得它太让人摸不着头脑，会使一些人开始玩弄数字游戏。此外，各变量相对重要性的变化肯定会比激励机制变化得更频繁、更快。

现实的选择是把奖励与业绩密切挂钩，但让经营者们根据全部有关情况（既包括质量，也包括数量）自行决定对下属的奖励，然后由经营者坦诚地向下属解释他们奖励的数额是如何确定的。对于大多数经营者来说，这将牵扯到学会如何进行有效的业绩评估。

（3）利用外部资源，发挥中介机构的作用。行业协会、信息公司、信息技术公司、咨询公司和会计师事务所等外部机构，也必须成为这场业绩评估方法改革的不可缺少的一部分。它们的动因是可以获得重要的商业机会。行业协会和信息公司在确立关键的评估标准、研究采用这些评估标准的方法以及为其成员提供可供比较的的统计数字方面可以大有作为。竞争对手更愿意把信息提供给一个中立机构，而不愿意提供给竞争的另一方。客户们也更愿意把信息提供给一个信息公司，而不愿一家家地提供给自己的供应商。

咨询公司在推动这场改革方面也大有可为。例如，专门从事战略策划的公司往往有一套成熟有效的方法来评价市场份额和其他客户经过培训后可以掌握的业绩评估标准。而那些专攻战略执行的公司在设计诸如生产和人力资源管理等具体职能方面有着丰富的经验。信息技术公司的情况也是如此，除了帮助客户公司开发其所需要的技术系统之外，一些公司将发现有机会进入一系列凭借硬件作为技术平台的服务市场。

会计师事务所的作用至关重要。一方面，它们可以阻止这一改革的进程，认为自己在现存体制中的既得利益太大，不能冒险；另一方面，所有的大型会计师事务所都有丰富的咨询经验，而这场改革给它们提供了一个巨大的商业机遇，各公司在发展新的业绩评估标准时，为了使之行之有效和能为外部所使用，仍需做出努力。会计师事务所还有机会发展全行业或跨行业通用的评估标准，虽然这方面的作用是有限度的，然而会计评估数据之所以如此重要的原因之一就在于它拥有被认为是一种统一的标准，可以在公司各部门和各公司之间进行比较，从而成为决定资源分配的有效基础。

许多管理人员和分析家们认为，在投资人对非财务数据与财务数据予以同样重视之前，公司内部永远不可能对这些数据予以足够的重视。一旦金融市场开始重视其他标准，公司内的进展就会大大加快。投资者的疑问是经营者是否会愿意公布证券交易委员会要求公布的信息以外的任何情况，因为经营者担心会将情况过多地泄露给竞争者。这一难题最终可以由一个像证券交易委员会这样的监管机构通过建议或要求上市公司在报表中提供非财务信息加以解决。竞争的压力将是变革更直接的动力。一旦一家重要公司能表明它在质量或创新或任何其他非财务标准上的出色表现使它获得了长期竞争优势，就将永远改变它的所有竞争者的业绩评估标准。

（4）设计规范的操作规程，以保证业绩评价制度改革的顺利进行。为了战胜公司内部和外部的保守力量，必须由公司的首席执行官作为领导，以大量人力物力作为保证。同时，考虑到该任务的综合性，从事战略策划、工程、生产、市场营销、人力资源和会计等各个不同部门的人都必须出谋划策，并将外部因素的作用与公司本身的努力结合起来。由一个高层主管具体负责，以有效地保证高级管理层对改革投入足够的时间；根据各个公司的具体情况，选择一个具体部门或机构承担该项目的主体工作并负责全公司的协调；考虑公司的历史、文化和管理风格，确定一个最为有效的方式和原则来超常规操作；灵活设

第四章 自然垄断行业企业集团绩效评价的价值观

计最有效的结构和方法，例如把信息系统部和人力资源部合并起来，以造成一定程度的文化渗透和观念的冲击。

本章小结

本章站在国家投资主体的角度，从企业绩效评价的价值观出发，研究了国内外（主要是西方发达国家）所表述的企业绩效评价价值理念，及其相应的绩效评价的目的与价值评估的判断程序；研究了企业绩效评价的资本保全、保值增值、出资人权益、绩效评价体系的价值取向、评价运行演进过程及其发展趋势等内容。诸多学者从不同的政治环境、不同的市场化程度以及不同视角，对企业绩效涉及的财务成果业绩与非财务成果业绩、定量评价与定性评价、货币价值形态评价与实物形态评价进行了阐述，可供我们构建自然垄断企业集团综合评价模式参考借鉴。

笔者认为，我国目前的企业绩效评价仅仅是产出成果的一维评价，还没有达到发达国家财务成果定量与非财务成果定性相结合的两维评价，更谈不上体现作业层次基础部位生产要素状况的三维评价，显然不能客观、科学地反映行业性企业集团综合绩效。发达国家由于社会制度的局限及其相应的政治经济环境，绩效评价的方式虽有一定的缺陷，但基本适应其环境下的竞争性、非垄断性企业两维绩效评价。从我国行业性企业集团组织结构与运行模式可以看出，生产经营的重心在作业层次基础部位，人、财、物、技术、信息的生产要素集中于这一基础载体，而且生产要素呈实物形态。根据我国国情与基本的政治经济制度，结合行业性企业集团运行现状，作业层次基础部位的生产要素状况必须作为主要评价内容之一，对其进行定量评价。

第五章　自然垄断行业企业集团综合绩效评价方法

自然垄断行业企业集团综合绩效评价方法属于运行操作范畴，是形成综合绩效评价模式的基本手段，并且是在价值观念指导下选择应用的。依据绩效评价的价值观念，本章确立了自然垄断行业企业集团评价方法的总体要求、基本准则、系统工程、指标选择、规范尺度、整合积分的具体运行操作方法。

一、综合绩效评价方法的总体要求

（一）综合评价的方法

综合评价（Comprehensive Evaluation，CE）是指对以多属性体系结构描述的对象系统做出全局性、整体性的评价，即对评价对象的全体，根据所给的条件，采用一定的方法给每个评价对象赋予一个评价值（又称评价指数），再据此择优或排序。由于影响评价有效性的相关因素很多，而且 CE 的对象系统也常常是一些复杂系统，因此，CE 是一件极为复杂的事情。

构成 CE 的基本要素有评价对象、评价指标体系、评价主体及其偏好结构、评价原则、评价模型、评价环境，各基本要素有机组合构成一个综合评价系统。对某一特定的综合评价问题，一旦对应的综合评价系统确定之后，则该CE问题就完全成为按某种评价原则进行的"测定"或"度量"问题。

CE的基本过程可分为五个连贯的步骤进行。

第一，明确对象。这一步的实质是建立一个能合理反映被评价系统（对象系统）的描述模型，称为概念模型。评价对象的特点直接决定着评价的内容、方式以及方法。

第二，建立评价指标体系。对象的评价指标体系通常具有递阶结构，尤其是复杂对象常具有系统规模大、子系统和系统要素多、系统内部各种关系复杂等特点，因而使得这类系统的评价指标体系呈现多项指标、多层次结构。按照人类认识和解决复杂问题的从粗到细、从全局到局部的分层递阶方法，可以明确评价的目标体系，选用合适的指标体系，明确指标间的隶属关系。

第三，确定参与CE的人员，选定评价原则及相应的评价模型。

第四，进行CE。其中主要包括：不同评价指标属性值的量化；评价主体对不同目标（指标）的子集系数进行赋值；逐层综合。

第五，输出评价结果并解释其意义。

（二）基本评价形式

总体上，可将目前国内外常用的CE分为经济分析法、专家评价法、运筹学和其他数学方法。

1. 经济分析法

这是一种以事先议定好的某个综合经济指标来评价不同对象的CE方法，常用的有直接给出综合经济指标的计算公式或模型的方法、费用－效益分析法等。该方法含义明确，便于不同对象的对比。不足之处是计算公式或模型不易建立，而且对于涉及较多因素的评价对象来说，往往很难给出一个统一于一种量纲（如价格）的公式。

2. 专家评价法

这是一种以专家的主观判断为基础，通常以"分数""指数""序数""评语"等作为评价标准，对评价对象做出总的评价的方法。常用的有评分法、分等法、加权评分法及优序法等。该方法简单方便，易于使用，但主观性较强。

3. 运筹学和其他数学方法

目前运用较多的有以下几类。

（1）多目标决策。多目标决策方法大体上有以下几种：一是化多为少法，即通过多种汇总的方法将多目标化成一个综合目标来评价，最常用的有加权和法、加权平方和法、乘除法和目标规划法等；二是分层序列法，即将所有目标按重要性依次排列，重要的先考虑；三是直接求所有非劣解的方法；四是重排次序法，例如 Electre 法；五是对话法等。该方法较为严谨，要求评价对象的描述清楚，评价者能明确表达自己的偏好，这对于某些涉及模糊因素、评价者难于确切表达自己偏好和判断的评价问题的求解带来了一定困难。

（2）数据包络分析。数据包络分析方法和模型是 1978 年由美国的查内斯、库珀等人首先提出的，用来评价多输入和多输出的"部门"（称为决策单元）的相对有效性。数据包络分析方法可以被看作是一种非参数的经济估计方法，实质是根据一组关于输入－输出的观察值来确定有效生产前沿面，可以证明，数据包络分析的有效性与相应的多目标规划问题的 Pareto 有效解（或非支配解）是等价的。该方法模型清楚，但对于有效单元所能给出的信息较少，对于非有效单元却能够给出一些有用的管理信息，以指导各单元改进工作方法和提高管理水平。

（3）层次分析。层次分析法的基本原理是根据具有递阶结构的目标、子目标（准则）、约束条件及部门等来评价方案，来用两两比较的方法确定判断矩阵，然后把判断矩阵的最大特殊根相应的特征向量的分量作为相应的系数，最后综合出各方案各自的权重（优先程度），是一种定性和定量相结合的方法。该方法由于让评价者对照一个相对重要性函数表给出因素集中两两比较的重要性等级，因而可靠性高、误差小；不足之处是遇到因素众多、规模较大的问题时，容易出现问题，如判断矩阵难以满足一致性要求，进一步对其分组往往难以进行等。

（4）数理统计。数理统计方法主要是应用其中的主成分分析、因子分析、聚类分析、差别分析等方法对一些对象进行分类和评价等。该方法是一种不属于专家判断的客观方法，可以排除评价中人为因素的干扰和影响，比较适宜于评价指标间彼此相关程度较大的对象系统的 CE。但该方法给出的评价结果仅对方案决策或排序比较有效，并不反映现实中评价目标的真实重要程度，其应用时要求评价对象的各因素须有具体的数据值。

综合评价须正确处理几个关系和问题：理论方法研究同实际应用之间的衔接问题；客观评价同主观评价有机结合的问题；评价专家的知识和经验的获取和评价样本的积累问题；评价体系技术的规范性和系统可扩充性问题。

综合评价需要较好地考虑和集成各种定性与定量信息，解决 CE 过程中的随机性和评价专家主观上的不确定性及认识上的模糊性问题。既要充分考虑评价专家的经验和直觉思维的模式，又要降低 CE 过程中人为的不确定性因素，既具备 CE 方法的规范性又能体现出较高的问题求解效率，力争把多指标评价方案固有信息的客观作用与决策者经验判断的主观能力量化并结合，将 CE 方法同有关先进技术方法综合起来构成集成式智能化评价支持系统。

二、综合绩效评价的基本准则

以数理统计方法和数学模型计算描述经济状态状况，已经成为现代经济学的重要工具。但由于经济活动的复杂性，并不是所有的经济事务都完全能以数理统计的方法加以概括和解决。对企业绩效的评价，在 20 世纪 80 年代以前基本是采取定量分析，也就是以计量指标为主的评价方法体系，但是随着世界经济日益一体化和全球竞争的日趋激烈，定性分析越来越受到各方面的重视。

(一)企业绩效评价中的定量评价

采用定量方法进行评价的最大优势是指标的直观性和结果的可比性。目前，以财务指标为主的定量分析评价都是以企业定期编制的会计报表为依据的，无论是作为经营收益的利润还是出资者的资本投入，都可以借助一定的方法加以计量，通过对量化的数字和数字中包含的趋势以及相互关系的分析，对企业的盈利能力、偿债能力状况等做出判断。比如在分析企业偿债能力时所采用的资产负债率、流动比率、速动比率等，以及在分析企业盈利能力时采用的投资报酬率、成本费用利润率等，都是评价企业绩效状况最常用的指标。采用这些指标进行定量的分析评价，可以充分运用横向和纵向比较的方法，分析企业绩效状况及其变化趋势等。

但是，采用传统的定量方法进行评价也有其固有的缺陷。首先，企业的会计报表毕竟是历史性的静态文件，以企业会计报表为基础的各种定量财务指标反映的是结果，带有静止、单一和被动反映的特点，因而采用财务指标进行定量评价本身只是一种短期业绩的计量。如果对一个企业的评价仅仅是建立在这种定量评价基础上，就会助长企业经营者的急功近利思想和短期投机行为，而不愿意降低当前盈利目标去追求长期战略目标。其次，现代企业为了维持长期稳定的发展，需要投资于顾客、供应商、雇员、工艺、技术和革新等多个方面，只有这样，才能使企业创造未来价值的目标得以实现。而上述诸多因素中有很多是难以量化的，对于指导和评价这一行为来讲，传统的仅以财务指标为主的定量评价方法就显得捉襟见肘。另外，信息时代要求企业拥有无形的知识资产来提高长期竞争力，在这方面财务定量评价也显得力不从心。以上定量评价所固有的问题，在工业社会向信息社会转变的过程中，已经变得越来越突出。由于市场竞争程度的迅速提高，产品和服务更新换代的周期不断缩短，定量评价所提供的信息已远远不能满足企业管理的需要。

（二）企业绩效评价中的非财务指标定性评价

在企业面临的市场竞争空前激烈和企业经营风险日益增大的背景下，公司的发展战略和未来预期评价越来越受到各方面的重视，20世纪80年代以后，许多企业都围绕着如何满足客户需求作为战略出发点，将市场份额、产品和服务质量、技术创新、人力资源和客户满意度等方面的内容纳入企业绩效评价体系中。与财务业绩表现不同，这些非财务业绩是通过企业长期管理实践和无形资产的积累获得的，与企业整体长远的兴衰成败关系极大，是关系到企业未来发展的关键因素。那种单靠把新技术引进实物资产之中和出色地管理资产负债比例的方法，是无法保持企业持久竞争优势的。信息时代的环境决定了要想在竞争中获胜，就必须具备新的能力，与对实物和有形资产的投资和管理相比，对其看不见、摸不着的无形资产的运用和开发能力要重要得多。定性评价方法是从动态、开放、综合和整体的角度出发，对企业进行评价的，也许更能适应当前企业绩效评价的需要。

当然，采用非财务指标进行定性评价也有其缺点。首先，从出资者角度看，追求利润是其长期不变的永恒目标，但是，与财务指标相比，许多定性指标的改进与利润之间的关系是较为模糊的，很多情况下难以判断非财务指标的改进与利润变化的直接关系。其次，与财务计量指标相比，定性指标在设计时往往缺乏一个完整的理论框架。由于非财务指标涉及各个不同的部门，指标之间很难完全避免相互矛盾或互相冲突，因此在系统实施时的权衡就显得较为困难。

（三）定量评价与定性评价相结合

实际上，无论是财务指标的定量评价还是非财务指标的定性评价，都有其固有的优势和缺陷。只关注财务指标状况，易造成企业的短期行为，影响企业的长远发展；而过分注重非财务指标，企业又很有可能因为在财务上缺乏弹性而导致经营失败。在信息时代的高技术环境下，企业面临的市场竞争空前激烈，企业的经营风险也增大到前所未有的程度。在这样一种背景下，单独依靠传统的财务指标定量评价或是非财务指标的定性评价，都无法适应现代经济的管理需要，二者的有机结合是一种必然的选择。

目前，定量评价与定性分析相结合依然是国际上企业绩效评价方法的主流，但从发展趋势看，专业人员的定性评价正越来越受到各方面的重视，不过，应该看到，这种专业人员的定性评价是建立在定量评价基础之上的。国外由于开展企业评价咨询的历史较长，积累了一大批具有较高评价分析和判断能力的专业评价人员，而我国开展企业绩效评价的历史较短，无论是在具体方法还是评价人员的知识结构方面都还无法满足需要，因此，从我国国有企业的现状来看，采用定量评价和定性分析相结合的方法，以定量评价为主，通过定量指标的计算得出基本评价结果，再利用定性指标对基本评价结果进一步进行校正，以弥补定量分析的不足和缺陷，使最终的企业绩效评价结果更加接近其真实水平，较为符合我国目前的国情。

三、绩效评价的系统工程

（一）运用系统论和系统工程方法

如果撇开一切具体的形态和性质，系统是指由两个以上相互联系、相互作用又相互区别的要素组成的具有特定功能的集合体，这个集合体又是一个更大集合体的组成部分。结合系统的特性，我们对企业绩效评价系统的特点做如下分析。

1. 系统的目的性

任何系统都具有一定的功能和目的，系统的各个部分都是为了完成某一任务或达到某个目的而组合在一起的。企业绩效评价系统的目的性十分明确，就是为了完成对企业整体绩效的评价，达到对国有企业及其经营者实施有效约束与激励的目的。

2. 系统的集合性

系统至少由两个以上的要素或子系统组成，它是一个有机的整体，并非几个子系统的简单归集。企业绩效评价系统最基本的要素包括评价指标、评价标准和评价方法，也可以称为三个子系统，它们是形成企业绩效评价系统的有机整体，三者缺一不可。

3. 系统的相关性

系统内的各要素或子系统是相互作用和相互联系的，它们之间某一要素发生变化，意味着其他要素也将相应地改变和调整。企业绩效评价系统中，如果对评价指标进行调整，那么评价标准必须相应调整。评价指标间同样也存在这种相关性。

4. 系统的层次性

每一个复杂的系统都是由若干个子系统组成的，子系统又包括若干更小的系统。企业绩效评价系统的基本构成是指标系统、标准系统、方法系统等。为体现企业绩效评价的内容，评价指标系统又包括财务效益指标、资产营运指标、偿债能力指标和发展能力指标。从更高层次来说，企业绩效评价系统又是国有企业监管系统的组成部分，从而体现出层次性。

5. 系统的环境适应性

系统总是在一定的环境中存在和发展的，它与环境之间进行着物质、能量和信息的交流，理想的系统必须能够适应外部环境的变化，这也是系统保持稳定性的外在动态表现。企业绩效评价系统必须保持与环境的适应性，根据环境的变化调整有关要素或结构，保持与环境变化的最佳适应状态，以满足评价实践的需要。

（二）评价系统指标设置

企业绩效评价的内容一般包括财务效益、资产营运、偿债能力和发展能力四个方面，而影响这四个方面的因素又非常复杂，相互交错。要全面反映企业的综合绩效，评价指标体系的设计就需要建立在系统分析基础之上，要在对系统的目标、功能、环境以及各管理要素进行统筹分析的前提下，建立相应的评价指标体系。

1. 科学性

科学性原则是一切科学研究工作的共同原则。这一原则体现在把握企业绩效评价内涵的正确性、指标体系设计的完备性、数学处理方法的逻辑严密性以及参量因素分析的准确性等几个方面。

2. 全面性

企业的经营管理是配置资源、提供适合市场需要的产品和服务的运动过程。经营活动和绩效受多种因素的影响，所以，要真实反映企业的绩效水准，就必须建立一个能够全面反映各有关要素和各有关环节的、综合揭示企业绩效的评价指标体系。

3. 系统性

系统分析的基本思想是整体最优化，在全面性的原则下，必须考虑局部评价与整体评价的结合。因此，在指标体系设置和个体指标选取上，要以构建科学、完整的评价系统为出发点，遵循重要性原则，根据各指标对实现评价目标的重要程度，同时考虑各类指标在评价指标体系中的合理构成，以及指标间的勾稽关系和逻辑关联度，通过指标的合理取舍和指标权重的设置，达到评价指标既能突出重点，又能保持相对的均衡统一。

4. 动态与静态相结合

企业绩效评价具有明显的动态特征，只从静态角度考虑是不全面的，评价指标体系在指标的内涵、指标的数量、体系的构成等方面应保持相对的稳定，不应频繁变动。但为了保证评价方法的适用性，评价指标体系也需要随着经济环境和绩效价值取向的变化而不断改进，不断发展。

5. 定性与定量相结合

企业绩效评价是一个多维度的复合系统，不是所有反映企业绩效的因素都能够量化。所以，评价指标的选择既要包括定量评价要素，又要包括定性评价要素，遵循定量指标与定性指标相结合的原则。

6. 可比性和可操作性

所谓可比性就是说评价指标应具有普遍的统计意义，使评价结果能实现企业间的横向比较和时间上的纵向比较。同时，在满足评价目的需要的前提下，从我国实际情况出发，指标概念要清晰，表达方式要简单易懂，数据来源要易于采集，企业绩效评价方法要便于实际操作。

根据以上考虑，企业绩效评价综合指标体系应该是采取多因素分析和多层次评价指标互补的方法，来确保评价结果的客观、公正、合理。既要考虑各项财务指标中收益率等指标反映的企业最终经营成果，也要通过资产损失、资金挂账等指标发现潜在问题；既要从收益水平、债务信用程度等多个方面全方位分析当前企业的经营状况，也要对财务指标难以反映出来的未来发展潜力进行全面考察；既要根据不同指标所反映信息的内容和重要程度考虑这些指标的合理组合，又要根据指标间的相互关系构筑评价指标间的修正和互补关系。

四、评价指标的选择过程

评价指标具体分为定量指标和定性指标两大类。对企业特别是国有企业的综合性评价，比较通行而且行之有效的做法是采用定量指标和定性指标相结合的方法。

（一）定量指标

定量指标较为具体、直观，评价时可以计算实际数值，而且可以制定明确的评价标准，通过量化的表述，使评价结果给人以直接、清晰的印象。

定量指标又有绝对指标（或称总量指标）与相对指标（比率指标）之分。以度量企业盈利状况的指标为例，可以采用利润总额和利润率两种指标，用利润总额来衡量企业的收益性，其主要缺点是未考虑投入或成本费用，使企业之间以及企业本身前后会计期间不具可比性，评价结果有失公允。过去计划经济时代我国常常采用绝对指标对企业进行考核，如完成产量、实现产值，实现利税等。但绝对指标不能反映企业的资源占用量，掩盖了企业的生产效率，不能从真正意义上反映企业的投入产出效益。而相对指标即比率指标，则克服了绝对指标的这些缺陷，如采用利润额与资本的比值，即资本利润率来评价企业的收益性，则可以说明企业的经济效益水平和盈利能力。因此，我们主张更多地采用相对指标来评价企业绩效。比如反映企业经营效益状况的资本或资产报酬率、成本费用利润率指标，反映企业资产运营管理水平的资产周转率指标，反映企业偿债风险的资产负债率、现金流动负债比率指标，在财务管理实践中已被广泛应用。

但是，即使是相对指标，实际评价中对指标的计算和取舍也是非常复杂的，同样是计算资本利润率，利润和资本就有多种含义，比如利润有营业利润、利润总额、税后利润等，资本有总资本、自有资本、资本金等。在评判企业收益性时，用不同口径的资本和利润汁算出来的资本利润率，其数值和经济含义是不同的。至于应选择哪一种利润和资本更合理，在实务中并不存在统一的模式，选择哪种指标进行计算，主要取决于评价的目的。一个典型的例子就是资本利润率指标，从出资者角度看，总是希望它越高越好。但对于一个利润率已经达到较高水平的企业，其经营者就可能对进一步扩大投资规模采取慎重态度，担心扩大规模会降低当前的资本利润率水平，只有新项目预计的资本利润率大于必要报酬率时，他才考虑扩大规模。而出资者总是希望效益好的企业扩大规模，增加投资，这就产生了资本所有者与企业经营者的矛盾。因此，有人就建议采用剩余利润的概念或通过采用其他辅助指标，来避免不合理评价指标对企业经营者行为的误导。

在评价实践中，我们还发现有些总量指标也在被广泛应用，像销售收入、资产总额、利润总额等指标，常常在各种企业排序中被使用。在实行目标（计划）管理体制中，总量指标被大量使用，而绩效评价时多采用计划与执行情况进行对比的方法。法国对国有企业的"计划合同制管理"、印度对国有企业的"谅解备忘录"都采用了大量的总量指标考核评价方法。这种总量指标在一定程度上弥补了相对指标信息量的不足，如反映企业的总体实力和对国民经济的影响与贡献等，因此，在对某些企业进行绩效评价时，适当采用总量指标作为补充也是必要的。

另外，反映企业绩效的定量指标又分为财务指标和非财务指标。对财务指标和非财务指标的选择存在两种倾向，一些人专注于使财务指标更准确，另一些人则说"忘掉财务指标吧！改进了循环周期、次品率等绩效指标，财务结果自然就有了"。但不一定非要在财务指标与非财务指标之间做出选择，二者可以完美地结合起来，使非财务指标作为财务指标的补充衡量指标。财务指标与非财务指标相结合，也是国际上企业绩效评价指标设计的一种潮流。

（二）定性指标

在对企业绩效进行评价时，除了采用可以计量的定量指标以外，定性指标也被大量应用。现在已经有越来越多的公司认识到，人力资源的重要性甚至超过了有形资产，创新能力和顾客满意度决定了企业能否保持竞争优势。因此，包括产品质量与服务指标、人力资源指标、创新能力指标、过程控制指标等的定性指标，正在逐步得到重视。尽管定性指标往往很难量化，但它所包含的信息量的宽度和广度，要远大于定量指标，不但可以弥补定量指标不能反映各种环境因素的不足，还可以纠正过于强调传统定量指标对企业长远利益所带来的负面影响，使企业绩效评价结果更具综合性和导向性。自20世纪80年代以后，各种定性指标已经被广泛作为绩效评价系统的重要组成部分，对评价结果的影响程度也越来越大。近年来许多研究人员致力于尝试非定性指标的量化，这对于帮助评价人员进行客观评判具有积极意义，但毕竟定性指标在权数设置、标准确定和评价方法上具有一定主观性，因此它还只能作为定量指标的一种补充。

（三）指标权数的确定

指标权数又称指标权重，是指一个指标集合体中各个指标所占的比重。指标权重是对评价内容重要程度的认定标志。指标权重具有重要的导向作用，在指标体系一定的情况下,权重的变化直接影响评价结果。

在多项指标构成的评价指标体系中,由于事物本身发展的不平衡性,有的指标重要程度高,有的指标重要程度低,为了表示不同指标对评价结果的影响程度,需要将所有评价指标进行加权处理,权数越大则表明指标的影响或作用越大。指标权数反映评价指标对评价结果的贡献程度,它的确定取决于指标所反映的评价内容的重要性和指标本身信息的可信赖程度,因此科学地确定指标权数在多指标评价体系中非常重要。

对企业绩效评价指标权数的确定,一般有主观和客观两种方法。主观方法主要是德尔菲法(专家意见法),客观方法则有相关性权重法、系统效应权重法和变异权重法等。

1. 德尔菲法

德尔菲法是 20 世纪 60 年代美国兰德公司和道格拉斯公司合作研究出的一种通过有控制的反馈有效收集专家意见的办法,并将其命名为德尔菲法。它克服了专家会议法的弊端,通过匿名和反复征求意见的形式,让专家背靠背地充分发表看法,然后对这些看法进行归类统计。该方法开始时主要用于预测,但后来被一些学者用于确定考核评价指标的权数,即根据指标对评价结果的影响程度,由相关专家结合自身经验和分析判断来确定指标权数。通常是采取专家调查问卷的形式,对回收的问卷进行统计分类后,将每个指标进行中位数和上下四分位数的运算,将运算结果再次征求专家意见,最后确定出各指标的权重。

2. 相关性权重法

相关性权重法是利用指标之间的相关性确定指标权重的一种方法。该方法是通过大量样本数据进行指标间的相关系数测算,根据相关系数来确定指标的权重。比如 A 指标与 B 指标的相关系数大,即 A 指标的变动会引起 B 指标的剧烈变动,则赋予 A 指标较大的权重,相应赋予 B 指标较小的权重。因为 A 指标在较大程度上反映了 B 指标的信息。

3. 系统效应权重法

系统效应权重法是根据某一个指标的变动带来整个系统综合评价结果的变动效应的一种权数确定方法。它体现某种指标的变动引起整个系统变动的变异程度，如果某项指标变动引起整个评价对象总体状况变动较大，则该指标应赋予较大的权重；反之，则该指标应赋予较小的权重。该方法在实际应用时主要采用多元统计上的因子分析法进行确定。

4. 变异权重法

变异权重法是根据某项指标实际测值的变异大小来确定各指标权重的一种方法。该方法的主要思想是：在运用多指标进行综合评价时，如果某项指标提供的信息在各被评价对象上变异程度越大，表明该指标越能明确区分出被评价的各个对象，也就是说，该指标的分辨信息越丰富，则该指标应赋予较大的权重。反之，该指标被赋予的权重应越小。如果某项指标提供的信息在各被评价对象上变异程度几乎为零，则表明该指标的分辨信息几乎为零，理当赋予零权重。变异权重的计算方法比较简便，只要有小样本的指标数据就可以计算，甚至可以进行手工计算，应用性较强。

以上几种权数确定方法中，相关性权重法、系统效益权重法和变异权重法借助统计学或计量经济学的方法，根据评价指标的样本实际观测值能提供的信息量大小来计算确定各指标的权数，因而具有较强的客观性，但计算相对复杂，在一般的评价体系设计中较少使用。而使用较广泛的是德尔菲法，它操作简便，反映了社会的普遍看法，容易为人接受。

五、指标体系的规范尺度

所谓标准，就是衡量事物的标尺和准绳。评价标准就是对评价对象进行客观公正、科学评判的具体尺度，据以将评价对象的好坏、强弱等特征转化为可以具体计算的量度。如果没有评价标准，也就没有了评价的参照，那么评价也就无从谈起。因此，评价标准是企业绩效评价体系的重要组成部分。

评价标准一般是针对具体的评价指标来设定的，由于评价指标值参差不齐，量纲不统一，因此需要借助评价标准对其进行比较判断，作为衡量评价指标所处水平的尺度。实际评价中评价指标体系往往是由定量指标与定性指标共同组成的，两者赋值方法不同，故评价标准的形式也不一样。

（一）定量规范标准

从企业绩效评价的实践活动归纳分析，较常见的定量指标评价标准大致有以下四种类型。

1. 计划标准

计划标准又称预算标准，是指以事先制定的目标、计划、预算、定额等预定数据作为评价企业绩效的标准。通过实际完成值与预定数据的对比，发现差异，判断业绩。这种计划标准的制定要求较高，如果制定得科学合理，则具有较好的激励效果。但计划标准往往受主观因素的影响，计划不是过高，就是过低。如果标准过高，就会出现鞭打快牛或者完不成的情况，挫伤积极性；如果标准低了，则又没有激励作用。

2. 经验标准

经验标准是根据长期的企业发展规律和管理实践，由企业经营管理领域有丰富经验的专家学者，经过严密分析研究后得出的有关指标标准或惯例。比如，企业的流动比率一般国际公认为200%，已获利息倍数国际公认为3，等等。经验数据标准具有公允性和权威性，在企业绩效评价中具有一定的适用价值，但这些经验标准可能与某个国家具体的国情不相符，而且不是所需要的指标都有经验标准。

3. 历史标准

历史标准是指以本企业或同类企业绩效评价指标的历史数据作为样本，根据一定的统计计算方法，计算各类指标的历史水平，作为被评价企业的评价标准。在与历史数据进行对比时，要注意剔除物价变动、计算口径和核算方法等带来的不可比因素。历史标准值客观性强，也具备一定的权威性。但它毕竟只代表过去，不能反映企业的现实经营环境。

4. 行业标准

行业标准是指以一定区域内一定群体的企业数据为样本，运用数理统计方法，分行业计算和制定的企业绩效评价标准。这种标准应该是动态变化的，即要根据企业群体的发展形势对标准进行调整，否则就变成一种历史标准。这种动态的行业标准有利于企业开展行业内和地区间的比较，发现企业存在的差距，推动企业赶超先进水平。行业标准可以是国内同行业平均数据，也可以是国内同行业优秀企业的数据，甚至是国际同行业优秀企业的数据。该种标准主要的限制因素是行业数据要如何取得。

在评价实践中具体选用哪种评价标准，要根据管理体制、评价的目的和评价的具体内容以及具体的评价指标而定。例如在韩国的公营企业绩效评价制度中，他们分别结合不同的评价目标用到了计划标准、经验标准和行业标准。但总体而言，对评价对象少、计划与管理工作任务比较明确、针对性强的被评价企业进行评价时，选定计划标准更加有利于管理控制。对无行业特殊性、评价指标少的一般评价对象，利用有关经验数据标准则更容易完成评价任务。在完整规范的评价体系下，如主要考察企业的发展情况，可以用历史标准对企业进行评价。而对于评价范围广、评价指标多、需要进行评价结果横向比较者，采用行业标准往往会收到较好的效果。每种评价标准各有优缺点，关键是根据评价条件和评价目的来选择。

（二）定性规范标准

定性指标的标准一般是根据评价指标的概念与内涵，结合企业价值取向和宏观经济环境要求，从抽象的角度确定企业定性评价指标的不同层次的要求。定性评价标准不像定量评价标准那样具有较强的客观性，评价时易受评价人员的知识、经验、判断能力和对评价标准把握程度的影响。对定性指标的评价，较多的是依靠评价人员的个人判断或采用问卷调查的方式进行，将各个考察内容划分成不同的档次、等级，采用隶属度赋值法，不同的等级赋予相应的等级参数，这样的评判过程也就是赋值过程，无需建立类似定量指标的评价标准。定性指标标准的制定关键是解决档次划分的问题，这种档次或等级的划分虽然可以做出统一规定，但在具体判断时要取决于企业的经营性质、评价者个人的主观判断和价值取向。

六、综合绩效整合积分

我国企业绩效评价体系应包括定量指标和定性指标、财务指标和非财务指标。那么，这些指标结合在一起，由于每个指标的内容及量纲各不相同，不能直接得出综合的评价结论，必须将这些指标进行无量纲化处理和转换，消除原始变量（评价指标原值）量纲的影响。从实践来看，对每个指标进行打分是最为广泛采用的评价方法。它通过将指标的原值转化为评价分数的办法，实现了无量纲化处理，从而形成综合各种因素的评价结果。

绩效评价的计分方法无外乎两种，一种是由评价人员凭借自己的学识和经验，根据评价对象在某一方面的表现，采用主观分析判断的方法确定评价指标达到的等级，再根据相应的等级参数和指标权数计算得分，也就是通常说的综合分析判断法。二是由评价人员借助一定的计算模型和计算公式，运用一定的评价标准，对指标实际数值进行计算处理，得出相关指标的评价分数。一般来讲，第一种方法适合于定性指标的评价计分，第二种方法则适用于定量指标的评价计分。实际上，由于评价指标体系中包括了定量指标和定性指标，因此两种方法在评价实践中要同时采用。

（一）定量指标积分方法

国内外有关定量指标评价计分的方法很多，但归纳起来，通常有功效系数法、综合指数法、数据标准化法、主成分法和线性规划法等。

1. 功效系数法

传统的功效系数法采用的计算公式，如果采用百分制则是：某项指标分数

=60+（指标实际值－指标不允许值）/（指标满意值－指标不允许值）×40；如果采用五分制则是：某项指标分数=3+（指标实际值－指标不允许值）/（指标满意值－指标不允许值）×2。这里的指标不允许值和满意值就是评价标准，需要根据指标的内容和性质来确定。该种方法可以解决不同指标量纲带来的不可比性，使指标数值转化为可比的分值。该方法主要是基于多目标规划原理提出来的，并假定功效分值和各指标数值呈线性关系，也就是说功效函数无非是两点式直线公式的一个特例。这种方法由于最终评价分数具有明确的结论性含义，作为评价标准的指标满意值和指标不允许值的确定就必须十分慎重。

2. 综合指数法

企业经济效益综合指数=∑（某单项指标实际值×指标权数/该指标标准值）/总权数。该种方法一般是先计算各项单项指标的指数，然后根据各项指标的权数进行加权汇总综合。综合指数方法计算简明易行，同时也可以解决量纲不可比问题，将最终结果转换为综合的评价指数。但这种方法采用的指标标准值实际上只是提供一个参照系，由于各指标实际值在数值分布区间上的差异，计算出的单项指标的指数之间缺乏可比性，通过比较单项指数或综合指数的高低固然可以判断绩效状况的好坏，但指数本身特别是综合指数的含义，不如功效系数法以百分制或五分制表示的结果那么明确，也难以进行评价等级的详细划分。

3. 数据标准化法

根据被评价企业的实际观测值，分别对各单项指标（Xi）计算指标均值 μ 和标准差 6，根据代数式（Xi$-\mu$）/6 计算出各指标的标准化数值，然后根据各指标的权数进行综合加总，计算出评价总得分。该方法是直接通过对指标值原始数据进行标准化处理，消除不同指标"异量纲"问题，且计算方法较为简单，可操作性强，对多目标绩效评价的综合计分有较强的适应性。

4. 主成分法

主成分法是根据被评价企业的多项指标实际观测值，通过数学坐标旋转进行"降维"，产生相互独立的主成分指标，并通过主成分指标的方差比率确定新的主成分指标权重,然后通过主成分指标和相应权重建立综合评价函数式,计算出被评价企业的综合评价得分结果。

5.线性规划法

线性规划法又称数据包络分析,是根据线性规划的约束条件和目标函数,由设计的评价企业的投入和产出指标,综合计算出目标函数的最大化或最小化,得出评价企业的综合效益分值,同时根据各单项投入或产出指标的实际值和计算出的目标值,评价出各个单项因素的绩效状况。

在上述综合评价计分方法中,主成分法和线性规划法作为计量评价计分手段,计算精度高,科学性强,对专项的或特定的绩效评价分析和研究对象较为适用。但是评价计分过程较复杂,不便于进行大规模的频繁批量操作,而且有时会出现与实际严重脱节的评价结果。综合指数法和数据标准化法计分过程较简单,能很好地解决"异量纲"问题,但指标层次上难以展开,较难处理多指标分层和综合评价的问题。功效系数法利用功效函数和确定的标准植,对评价对象的各项指标实际值进行计算,一方面解决了"异量纲"问题,实现了评价指标值和评价分值的转换;另一方面可以通过分层进行功效函数计算再综合的办法,实现多层次指标的综合评价。同时,利用功效函数法在确定的计分公式、指标标准及指标权重情况下,可以同时进行大批量的评价,具有较强的实用性。当然,也可以几种方法同时使用,如韩国的评价计分方法,就采用了功效系数法、综合指数法和数据标准化法。

(二)定性指标积分方法

定性指标用于主观对客观事物的判断。由于受各种复杂因素的影响,主观判断的随意性较大,给定性指标的计分带来了一定困难。但这些指标又是反映企业绩效的重要组成部分,而且许多定性指标主要反映企业未来的价值和收益预期。所以,必须解决定性指标的"异量纲"问题,采取科学方法对定性指标进行计分。

为了提高定性评价的准确性,定性指标的计分方法有直接对每项指标进行打分的方法，也有模糊数学中的隶属度赋值方法。前者是根据每项指标的权数和该项指标的实际表现进行打分。后者是根据评价对象因素论域 U（即评价指标），先确定每项指标评语等级论域 V（即标准档次），评语等级个数 M，通常应大于 4 小于 10，一般为奇数，如 5、7、9，同时赋予每个等级不同的向量参数 n，然后通过调查问卷或专家选择评语等级的办法，确定等级参数。将每个评语等级参数与每个指标的权数相乘，得出某个专家或问卷对某个指标所打的分数。最后根据问卷总数或专家个数计算出平均赋值，即得到定性指标的评价分数。隶属度赋值法计分比较准确一些，因为它抽象掉了个体差异，实现了无量纲处理，是一种科学的方法。

在企业绩效定量评价与定性评价结束后，还需要采取一定的方法将定量评价结论因子与定性评价结论因子合成起来，形成综合评价结论。这种合成方法一般是规定定量评价与定性评价不同的权数进行合成，可以采用每个企业都一样的权重，也可以对不同的企业赋予不同权重。定量指标与定性指标的赋值原则，一是定量指标和定性指标的重要程度，二是定量指标和定性指标信息的可靠性程度。在具体分配比例时，要将这两条原则与具体的国情和评价方法相结合，不存在通用的标准。

本章小结

本章在自然垄断行业企业集团绩效评价方法研究的基础上，对我国自然垄断行业企业集团组织的结构与运行模式进行思考，并有针对性地对我国自然垄断行业企业集团综合绩效评价模式的指标体系相关问题进行了较为深入的探讨。同时，借鉴性地介绍研究国外通行的企业综合绩效评价方法的含义与基本形式，剖析并研究了我国企业综合绩效评价的背景环境。结合我国国情及经济政治环境，提出并确立了我国自然垄断行业企业集团综合绩效评价模式的基本原则与基本方法，分析了构建综合绩效评价模式的制约因素。结合实际，借鉴

自然垄断行业企业集团综合绩效评价模式

国内外经验教训，对于自然垄断行业企业集团综合绩效评价模式的体系结构、各个体系的指标构成等界定了范畴，并对指标的选择过程、标准尺度及综合评价结果的整合积分方法进行了程序性的规范，为下一步自然垄断行业企业集团综合绩效评价模式的三维立体指标体系的具体设置奠定了基础。

第六章 自然垄断行业企业集团评价模式指标体系

根据自然垄断行业的属性与规制经济理论基础、自然垄断行业企业集团组织结构与运行模式、自然垄断行业企业集团综合绩效评价方法的研究，以及课题研究的目标、内容与思路以及对各维度指标体系设置的原则方法的界定，本章进一步确立了体现自然垄断行业企业集团特征的立体结构三维评价模式（见图6-1），分别设置经营成果与市场效应状况纬度指标体系、生产作业基础层次资源要素状况维度指标体系、组织行为与企业发展状况维度指标体系，以客观科学地规范其内容与评价要求。

一、经营成果与市场效应状况维度指标——评价维度之一

企业经营成果与市场效应是自然垄断行业企业集团综合绩效评价模式的基本维度之一。经营成果即财务性定量指标。对属于财务成果定量指标的经营成果与市场效应的评价，是按照企业集团法人的要求，将生产现场与商品市场接轨连通，来进行经济核算，进而评价企业的财务成果。在社会主义市场经济条件下，企业集团的生产经营绩效主要表现在生产过程中，企业着重要评价从

■ 自然垄断行业企业集团综合绩效评价模式

投入、转换到产出的物质生产过程，以及实现产品价值和使用价值总过程的效益。

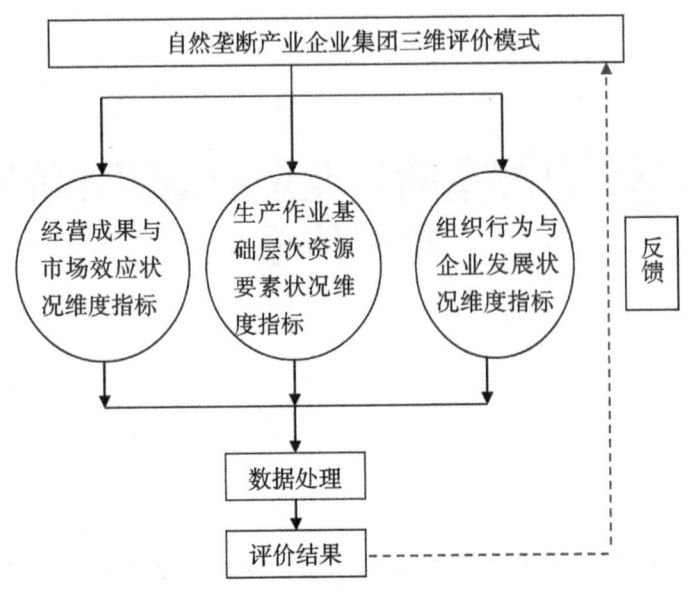

图6-1 体现自然垄断行业企业集团特征的立体结构三维评价模式

自然垄断行业企业集团生产经营成果的实现要经过三个过程。

一是劳动过程。这个过程是劳动者与生产资料相结合，对劳动对象进行加工制造的产品加工过程，最终形成产品的使用价值。

二是价值形成过程。这个过程体现商品的二重性，新创造的价值与转移价值共同形成产品的交换价值，而使产品具有社会属性，变成商品投入市场。

三是价值实现过程。这个过程实质上反映了企业基层单位的经营绩效，产品资本通过市场变为货币资本，使用价值转换为交换价值，在生产过程中所投入的活劳动（人力）和物化劳动（物力）的价值转换为货币。

（一）经营成果的实现

所谓经营成果即财务成果，是指企业在生产过程中，劳动耗费和劳动占用与所取得的劳动成果相比较的结果。在这里，劳动耗费指的是劳动过程中活劳动和物化劳动的耗费，而劳动占用指的是生产过程中资产与资本的占用，劳动成果指的是从事生产经营活动得到的结果，如产量、利润等。

经营成果的形式可以计量，一般公式为：经营成果 = 劳动成果 / 劳动耗费（包括劳动占用）。

这个公式又通称为除法公式，它是相对的比较指标。还可以采用另一公式：经营效果 = 劳动成果—劳动消耗（包括劳动占用）。这个公式又通称为减法公式，它的评价结果表现为绝对值指标。经营效果可以用实物来表示，如生产单位的产品数量及原材料消耗数量、单位设备的产品率等，也可以用价值形式来表示，如利润多少、成本高低、资金周转快慢等。

（二）经营成果的形式

经济效益是经营成果的深化即市场效应的体现，是企业的生产现场与商品市场接通后来实现的。它指的是人们在物质生产活动中，消耗一定的活劳动和物化劳动后，能实际取得的符合市场及社会需要的产品使用价值和价值量的大小。经济效益这一概念比经营成果的含义更为全面，它体现了以下几方面内容。

1. 使用价值与价值的统一

在市场经济条件下的商品生产既形成使用价值又形成价值，是使用价值和价值的统一。企业的基层单位只有重视商品生产的使用价值的经济性，在实物形态（产量多、质量好、消耗低）和价值形态（成本低、利润高、资金占用少）上同时扩大生产成果，减少生产消耗，才能取得生产经营的经济效益。

2. 生产和流通的统一

企业基层单位生产过程中创造的产品使用价值和价值，只有进入市场，为消费者所承认和接受，通过流通过程才能实现。如果不经过流通，生产的商品没有销售出去，生产中已经创造的财富和形成的积累也不能变为实际的现实经济效益。

3. 企业效益与社会效益的统一

企业作为商品生产者，生产必须适销对路，物美价宜，能适合社会现实购买力水平和投资水平的需要。只有在满足社会需要的前提下，企业的生产经营成果才会被社会所承认，而成为真正的经济效益。对于企业的利润来讲，只能是反映企业的一项综合性指标，并全面表现经济效益，只有达到上述三个统一才能是完全意义上的经济效益。

（三）市场效应

市场效应表现为企业效益与社会效益的统一。社会主义企业商品生产和商品经营的社会效益与社会主义市场效应在目标上是一致的。总的来讲，它泛指企业效益在市场机制的作用下，对国民经济与社会发展进步做出的贡献。讲求市场效应可以从以下几方面来体现。

（1）能满足人们日益增长的现实物质文化生活的需要，达到了社会主义市场经济条件下的生产目的。

（2）增加了社会财富，增加了国家和企业的积累，提高了人民的物质及文化生活水平。

（3）有利于宏观经济的平衡，产业结构、产品结构合理，保证国民经济续稳定地发展。

（4）对消费者高度负责，切实维护和保证了消费者的利益。

（5）有益于人们的身心健康，有利于社会主义的精神文明建设。

（四）企业群体利益

经济利益体现物质利益原则即以按劳分配为主体的分配方式，具体表现为企业基础作业组织在经济责任制的责、权、利的结合。对物质成果的按劳分配，把集体和个人的劳动成果建立在集体和个人对经济效益的关心上面，是调动集体和个人积极性与创造性的内在经济动力。经济利益的分配要联系经济责任，同经济效益挂钩，是一种用经济办法管理经济的经济手段，它有利于企业转换经营机制与利益分配机制，有利于打破劳动贡献上的"大锅饭"和克服分配中的平均主义。

职工个人的经济利益作为企业基础作业组织的生产经营绩效，表现为个人的经济收入和个人相应的待遇，它的大部分要转变为社会消费，而社会消费增长又必须同社会的生产经济发展相适应。这是企业效益的重要环节。

（五）评价要求

生产经营绩效一般要求能够用数量关系来表示，要计算、考核、比较、评价、预测生产经营绩效，必须有一套合理的、符合基层生产经营实际的指标体系。我国实行的是社会主义市场经济，经营绩效必须与市场效应统一起来，这就要充分注意商品的二重性，评价企业的经营绩效就要有价值和使用价值的二重指标。产值、成本、利润等属于价值指标范围；产量、质量、品种等属于使用价值的范围。经营绩效的二重指标是辩证统一的，不考核价值指标，就谈不上讲求经济效益；不考核使用价值指标也不行，这样的生产劳动是无效劳动，不能形成价值，其经济效益是负效益即亏率。

因此，对生产经营绩效的评价必须全面理解和要求，才能使商品的劳动消耗得到社会承认，实现它的价值和使用价值。一是要克服生产过程中只注重评价产值、产量两项指标，而不顾其他指标，使得一些企业的基层单位盲目追求产值、产量，既不讲成本核算，又不讲质量、品种，更不讲市场效应，结果生产出大批质次价高、冷背呆滞、"仓库睡觉"的产品，给国家带来巨大的损失。二是要克服只注重评价利润指标，而不顾其他指标，产生"萝卜快了不洗泥"的弊端，甚至出现假冒伪劣，不仅损害国家利益，更是损害了广大消费者的利益。

二、生产作业基础层次资源要素状况指标——评价维度之二

自然垄断行业企业集团生产要素状况的载体是作业基础层次。企业生产要素状况的绩效评价指的是企业管理过程的绩效评价，是企业评价的基本维度之一，它评价的对象是企业作业层次基础部位的人、财、物信息要素的状态。通过分析生产管理过程的地位、任务、绩效表现与基层日常生产活动的计划、组织、协调、控制的效果，进而设置管理过程维度的评价指标。

（一）生产作业管理的地位

自然垄断行业企业集团的基础部位的功能是生产管理，生产过程体现生产要素的集合。企业管理就是一个完整的大系统，它由许多子系统组成。基层单位生产管理作为一个子系统，在整个管理系统中所处的地位，要通过它与其他几个主要子系统之间的关系来分析。由图6-2可知生产管理过程与其他子系统的关系。

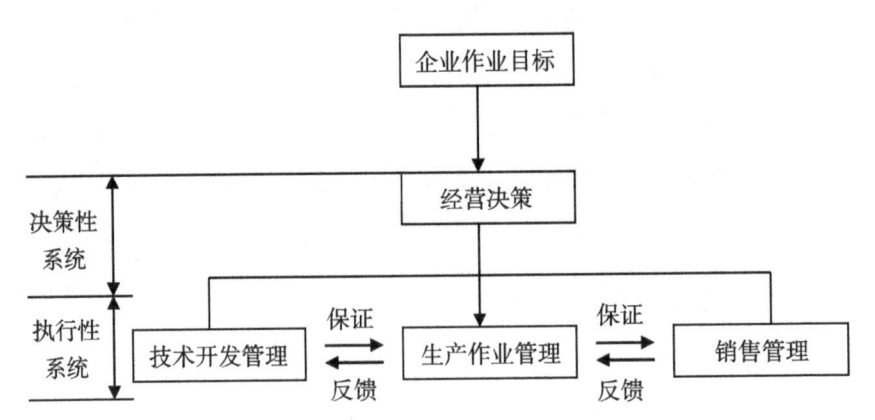

图6-2　生产作业管理与其他子系统关系图

1. 生产作业管理与经营决策的关系

生产管理是企业管理的一部分，它要根据企业经营决策所确定的一定时期内的经营意图，即经营方针、目标、战略、计划的要求以及下达的具体生产任务组织生产活动，并保证实现。从企业管理系统的分层来看，经营决策处于企业的上层，生产管理处于企业的中层或基层，即管理控制层，所以它们之间是决策和执行的关系，生产管理对经营决策起保证作用，处于执行及附属地位。

2. 生产作业管理和技术开发管理的关系

技术开发管理是生产管理组织生产活动、实现计划任务必须具有的前提条件。生产管理依靠技术开发管理提供先进的产品设计图纸、先进的工艺方法、先进的技术手段、先进的原材料等。

技术开发管理是生产管理的技术保证，否则生产管理就没有活力，生产活动就会处于停滞状态，当然生产管理也要为技术开发管理进行科学实验提供信息和条件，它们在企业管理系统中同处于执行地位，保持着密切的协作关系。

3. 生产作业管理与销售管理的关系

生产作业管理是销售管理的前提条件，它是为销售部门提供用户满意的适销对路的产品及劳务。搞好生产管理对开展销售管理工作、提高产品的市场占有率，有着十分重要的意义。所以，生产管理是销售管理的后盾，对销售管理起保证作用。当然，要使生产管理适应销售管理的工作要求，销售管理部门必须得向生产管理部门提供可靠的市场信息。它们在企业管理中同处于执行地位，保持着十分紧密的协作关系。

由此可以看出，在企业管理系统中，经营决策处于核心地位，而生产作业管理则处于执行地位。

（二）生产作业管理的作用

虽然生产作业管理从属于经营决策，但它是围绕着实现企业的经营目标而开展活动的，而且行业性企业集团的人、财、物信息集中于基础部位的载体，因此它在企业管理系统中的作用仍然十分重要。

（1）生产作业管理在企业管理系统中属于基本部分，这是由于企业生产经营活动是企业的基本活动。企业经营的主要特征是商品生产。因此，生产什么样的产品，生产多少产品来满足用户和市场的需要，就成为企业经营的一项重要目标，生产管理就是把这种处于理想状态的经营目标，通过产品的制造而转化为现实，即从目标产品转化为现实产品。可见，生产管理是为企业经营创造物质财富的，当然也就有着十分重要的位置。

（2）在市场经济条件下，企业由单纯生产型转变为生产经营型，这样对生产管理的要求也就更高了。企业在生产型管理时期，执行指令性计划，因为产品由国家包销，市场上处于供不应求的状况，只要产品生产出来，一般都能卖出去，因此生产管理的重点在产量上，通过提高生产率增加产量来满足需要。这时企业的生产一般比较稳定，生产管理相对来说也就比较简单，当企业进入市场转换为生产经营型管理后，由于产品在市场上供过于求，竞争比较激烈，这种需求状况又是在变化的，所以生产管理就比较复杂了，要适应这种状况的要求，就必须大力加强生产管理。

（3）生产作业管理特别是作业层次基础部位的控制型管理，是企业经营管理的基础。加强生产管理，不仅可以提高企业经营的适应能力，增强企业经营的竞争能力，而且可以使企业经营决策层免去后顾之忧，在基础层次牢固的情况下，集中精力搞好经营决策。按理说，在市场经济条件下，企业的领导干部主要应该抓经营决策，但这需要有个前提条件，就是生产管理比较健全、有力，如果基本的生产管理秩序还没有建立起来，在生产中经常出问题，或者"后院着火""脚下地震"，势必迫使领导干部把主要精力用于处理日常生产活动中出现的各种矛盾，陷入事务之中而难以脱身。所以，从这个意义上讲，生产管理又属于基础性管理，强化生产管理系统仍然是十分必要的。

（三）生产作业绩效要求

1. 讲求效益

讲求效益的基本要求就是用最少的劳动消耗和资金占用，优化基础部位生产资源要素配置，生产出尽可能多的适销对路的产品。因为只有降低生产成果中的劳动消耗，才能增加积累，发展生产，所以提高经济效益是生产管理过程的出发点和落脚点。

在生产作业管理过程中，贯彻经济效益的原则，具体表现在生产管理过程的目标上，做到数量多、质量好、交货及时、降低成本等。为此，在生产管理中，要防止片面追求产量、速度，只顾多快不顾好省的倾向。企业的质量管理门和成本管理部门对产品的质量和成本固然应该分别进行管理，并负有责任，但不能说生产管理部门和车间的现场管理对产品质量和成本可以不管。事实上，生产管理过程的企业基层现场控制制约着产品的质量和成本，产品的质量和成本在很大程度上是在产品的制造过程中形成的，所以，生产管理部门也必须将提高产品质量，降低产品成本提到重要的议事日程。

2. 安全可靠

企业生产管理过程的连续性的生产作业，是由社会化大生产所要求的，人-机系统的每个环节的各个要素必须安全可靠，任何设备及人身事故都会危害整个生产管理过程，给国家、企业及职工造成重大损失，而使生产过程中断。因此管理过程安全可靠是基本的绩效表现，安全是为了生产，生产必须安全。这就要求，生产管理过程必须认真贯彻安全生产方针、政策、法规和上级的有关指示，确保人民生命和国家财产不受任何损失，维护生产过程的正常秩序，安全管理及控制与生产管理同步进行，在计划、布置、检查、分析、总结评比生产任务时，同时计划、布置、检查、分析、总结、评比安全工作。将安全管理与事故控制渗透到管理过程的每个环节、每个层次。

3. 产销平衡

根据以销定产的原则来安排生产作业任务，控制生产作业过程。实质上就是以社会经济增长和变化的需要来决定产量。主要表现在两个方面：一是国家给企业下达的指令性计划或指导性计划，主要是指导性计划；二是企业通过市场调查自行确定的任务，这在生产任务中占有绝大部分。在市场经济条件下，商品生产的特点是，生产者生产的商品不是为了自己，而是为了市场需求，它只有生产适销对路的产品，才能从用户手中取得货币，用销售收入补偿生产支出，实现再生产。特别是在市场竞争激烈的条件下，坚持这条原则尤其重要，否则企业就有被淘汰的危险。

4. 管理科学

科学管理是现代企业制度基本特征的要求，是指在生产过程中，在企业基础层次的运行部位运用符合现代大工业生产要求的一套管理制度和方法，科学配置生产要素，使之达到优化运行的最佳效益。现代大工业生产与工场手工业生产不同。工场手工业生产规模小，环节少，分工粗，主要靠人的体力和经验，所以这种生产管理是经验管理。而现代大工业生产规模大，环节多，分工细，关系复杂，运用机器体系进行生产，这种生产方式主要是靠生产中系统地应用科学技术，因此，必须实行科学管理。

对于科学管理的要求，首先必须建立统一的生产作业指挥系统，进行组织、计划和控制，保证生产过程正常地进行。其次要做好基础工作，即建立和贯彻各项规章制度，如工艺规程、操作规程、设备维护和修理规程、安全技术规程岗位专责制等，要建立和执行各种标准，加强信息管理，做好各项原始记录的整理加工和分析工作，这是搞好科学管理的前提条件。最后要加强职工培训，不断地增加他们的科学技术知识和科学管理知识，同时要教育职工树立适应大生产和科学管理要求的工作作风，克服手工业的生产习惯和管理习惯。随着生产力的进一步发展，生产管理将逐步采用更多的现代管理理论方法和手段，在科学化的基础上，向现代化管理的方向发展。

5. 连续均衡

连续均衡地组织生产作业是社会化工业生产运行对管理过程的基本要求，它是指生产成品或完成某项工作，在相等的时间内，在数量上基本相等或稳定递增地连续作业。

组织均衡生产是科学管理的要求。均衡生产有利于保证设备和人力的均衡负荷，提高设备利用率和工时利用率，有利于建立正常的生产秩序和管理秩序，保证产品质量和安全生产，有利于节约物资消耗，减少在制品占用，加速流动资金周转，降低产品成本。组织均衡生产能够取得比较好的经济效益。连续均衡地组织生产是生产管理的一条原则，但在执行过程中也不要绝对化。因为企业在市场需要的情况下，为了满足用户急需或者实现某些经营战略，也会出现突破均衡的情况，不过要权衡利弊，慎重决策。总之，作业层次基础部位生产管理过程的绩效表现在经济性、安全性、适应性、科学性和均衡性上，特别是生产要素优化与资源科学配置，能够体现出经济性是最基本的，其他四项是为经济性服务的。

（四）生产作业管理系统

生产作业管理是企业管理的子系统，有它自身的运动规律，如图6-3所示。由图中可以看出，生产作业管理系统的运动规律就是输入生产要素，经过生产过程，输出产品或劳务，并且在生产过程进行中不停地进行信息反馈。

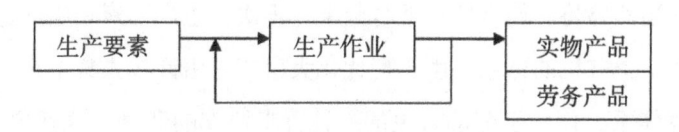

图6-3 生产作业运行系统图

1.产品或劳务

产品是指新制造的具有一定使用价值的成品或半成品。劳务是指来料加工、承接工程以及对已有机器设备的修理，恢复它们的功能。产品是由一定的产品要素构成的，包括品种、数量、质量、交货期等。企业生产出什么样的产品或劳务，主要取决于用户市场的需要，所以生产满足社会需要的产品或劳务，就成为生产管理的目标。这个目标就是品种对路，结构合理，质量优良，成本低廉，数量满足需要，以及交货及时。这是生产管理最基本的任务。

2.生产要素

这是人、财、物、技术、信息的实物形态，是完成生产任务的物质基础。在现代化大生产的条件下，作业基础层次的生产要素一般包括以下内容。

（1）人。指具有一定体力和智力的劳动力。

（2）财。指资金，包括流动资金和固定资金。

（3）物。指土地、建筑物（如厂房等），机器设备（包括检测手段等），工艺装备（包括工具、卡具、模具、工位器具等），原材料、零部件，能源（包括燃料、动力）等。

（4）技术。指体现职业技能的工艺规程与操作方法

（5）信息。指计划、工艺图纸情报等。

生产要素既是从事生产活动必须具有的物质基础，又是实现经营目标的保证，因此生产要素必须与生产过程相适应。首先，生产要素在质量、数量、时间等方面必须符合生产过程的需要。其次，生产要素在生产过程中必须有效地结合起来，这也是生产管理过程的基本任务。因为生产活动就是人按照预定的计划和工艺方法，使用机器设备和工具，作用于劳动对象的活动，所以要进行生产活动，当然要将它们有效地结合起来。再次，生产要素在生产过程中的结合还要形成一个有机的体系。由于现代化大生产是由许多人集中在一起，使用机器和机器体系，作用于劳动对象的一种分工协作的劳动，这就要求劳动力、劳动工具、劳动对象之间的结合按照产品生产工艺的要求，组成为一个彼此联系、密切协作、有序的、高效率的完整体系。

3. 生产作业运行过程

对于作业层次部位来说，这是产品的产出过程。例如机械制造厂在生产过程中，投入各种生产要素，从原材料的形态变化上考察，开始是原料，转化为毛坯，再转化为半成品，最后转化为成品。其过程既是产品的形成过程，也是人力、物力、财力的消耗过程。为了保证实现生产管理的目标，就需要在产品的生产过程中采用最经济的生产方式，即人力、物力、财力消耗尽可能小的生产方式；同时，还要对生产产品的品种、数量、质量、交货期、成本等事先进行周密的、具体的计划，并使它落到实处。

4. 反馈

即把生产作业过程输出的信息返回到输入的一端，目的是使生产作业管理

人员掌握生产作业过程的运行情况，使出现的问题能够及时得到解决，以保证生产作业过程的正常运行和生产作业计划任务的完成。反馈在生产作业管理系统中起着对生产作业过程的控制及时提供信息的作用。

生产作业管理系统的四个部分是相互影响、相互制约的。从系统运行规律来看，生产作业管理的任务就是运用组织、计划、控制的职能，把投入生产作业过程的各种要素有效地结合起来，形成有机的体系，按照最经济的方式，生产出满足社会需要的产品或劳务。

（五）生产作业的组织

生产作业管理的内容是由生产作业任务所决定的，生产作业管理要实现自己的任务，就要在管理过程做许多工作，如图6-4所示，它包括了整个生产作业管理过程各层次各环节的工作内容。为了有效地进行生产管理，需要建立一个良好的生产作业管理组织机构，这个机构就是管理及控制过程的主体，它在企业的组织机构中占有重要位置。

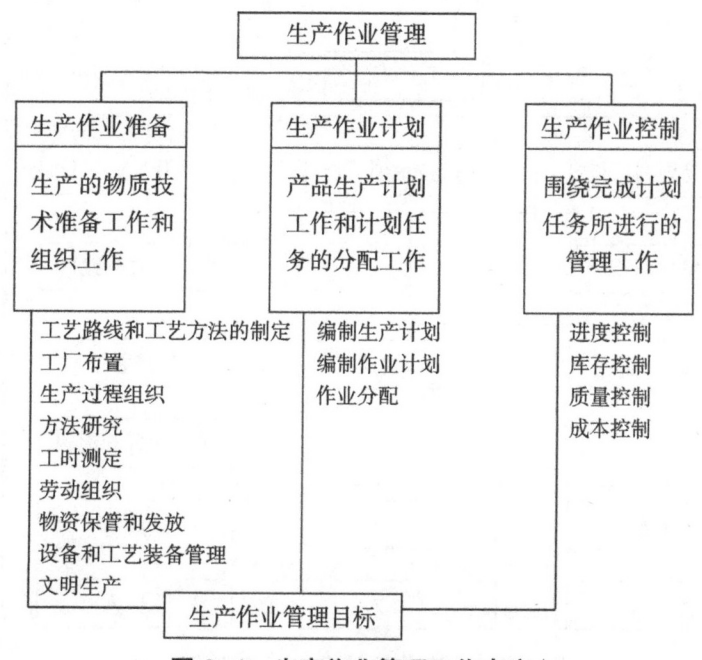

图6-4　生产作业管理工作内容

(1) 生产作业管理的组织机构。对它的要求，一是能够实行正确的、迅速的、有力的生产指挥；二是机械和人员要精简，工作效率要高，有明确的责任制；三是建立一个有效的上下左右情报畅通的信息系统。由于企业的规模、生产作业类型、技术特点不同，生产作业管理组织机构的设置形式也可能不一样，但是管理过程要求它们一般由行政指挥机构和管理职能机构构成。

(2) 生产作业管理的运行指挥机构。由于有效管理幅度的限制，企业基层管理组织一般是指如图6-5所示的管理控制与控制操作两个层次，车间主任与生产管理职能组为管理主体。车间主任为车间行政工作的负责人，在厂长和生产技术副厂长的领导下，全面指挥车间的生产技术及经济工作，在大型车间可设置副主任同职能管理人员一道配合主任工作。在三班制造及运行的车间里，设置值班长作为车间主任在中班及夜班统一指挥全车间生产技术活动的代理人。班组长是生产班组的行政负责人，其主要职责和权力是根据车间下达的计划，组织和指挥班组的生产工作，在技术上指导工人操作，检查和贯彻工人岗位责任制，组织工人管理员的工作。

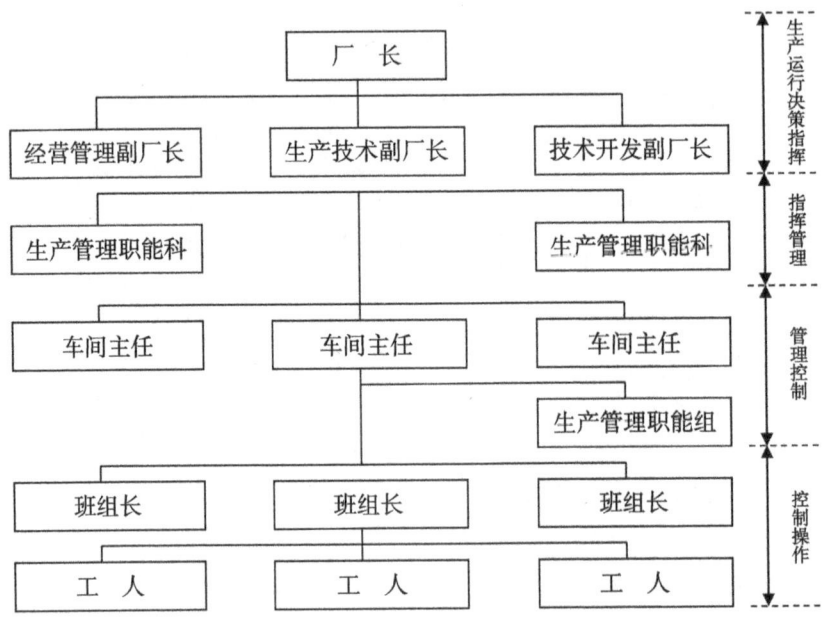

图6-5 生产作业管理的运行指挥机构

（3）生产作业管理的职能机构。生产作业管理的职能机构是各级生产行政人员参谋和办事机构，在业务上起指导、监督下级行政组织的作用。其职能划分如图6-6所示，它表明了生产管理中职能机构的职能科室的监督协调与车间管理人员的管理控制层次。

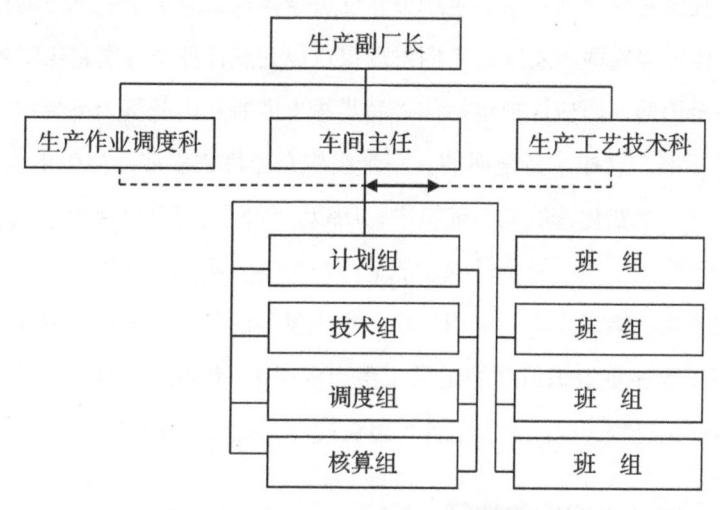

图6-6　生产作业管理的职能机构

三、组织行为与企业发展状况指标——评价维度之三

自然垄断行业企业集团的组织行为即企业作业层次的领导班子、职工队伍在企业生产经营系统运行过程中的运作行为。对企业组织行为的评价，就是从提高企业的整体效率出发，促进组织成员的奋进精神，运用现代组织理论设置评价指标，并使其规范化和操作化，客观地评价企业领导、队伍建设的行为绩效。

组织行为是指企业内部环境即作业氛围。具有和谐的、体现凝聚力的组织环境会形成体现企业精神的员工价值，进而在企业中形成合力，达到提高组织效率、促进企业发展的目的。组织行为与企业发展在观念形态上互为因果。这一类指标虽然设置的都是定性的指标，但对其评价的作用有时会超过对定量财务成果指标的评价。

（一）组织效率

早期组织理论学者认为，组织效率的标准不外乎有以下四个方面：获得最大利润，提供有效服务，增加生产量，促进全体职工为了一个统一的目标而努力奋斗。但随着实践的发展，人们发现仅仅以完成任务作为衡量组织效率的标准是很不全面的，而应该把包括能否满足个人需要在内的整个系统作为衡量组织效率的标准，这样才是全面的。一个组织是由许许多多活生生的人组成的，并且生存于一个变化着的动态环境中，所以，我们应把组织视为一个解决问题实现目标、满足个人与社会需求、能适应环境的协调体。组织效率的评价体现在对组织产生、组织生存、组织适应、组织发展的各个方面的效率评价上，也就是说不仅要注重组织运动的结果（生产成果），更要注重包括满足个人需求的组织运动全过程，以此来制定各个组织的可行的效率标准。

（二）高效率组织的特征

一个高效率的组织，应同时具备以下几个特征。

1. 适应能力

指一个组织根据客观环境的变化而正确决断的能力，以及弹性地适应环境的要求并有效地处理问题的能力。

2. 决策分权化

组织内的许多决策，尤其是一些重大决策，可以放到最低层进行，而且组织中的各个层次都有各自的决策权限，从而使多数成员产生信任感和主人翁责任感，并感受到有较大的安排自身工作的自由。

3. 组织与成员之间良好的沟通联系

成员与成员之间、下级与上级之间保持良好的交往关系，建立良好的心理契约，可以促进成员对组织的整体了解，并具有强烈的工作动机，对组织目标的实现充满自信。

（三）影响组织效率的因素

影响组织效率的因素很多，若用心理学研究变项的方法加以分析，则有以下几个基本变项。

1. 可以控制的独立变项

这种变项也叫自变项，主要包括组织结构变因（如组织内团体的大小、特征、人员状态等）、工作变因（工作的性质与难度）、环境变因（组织的物质环境等）。独立变项可以引发行为，影响后果。例如组织内团体的人员状态，可以影响领导行为而最后又会影响整个组织的效率。

2. 居间变项

居间变项受独立变项的影响，又会影响最后的结果。它包括个体与组织的种种心理过程，如团队的工作精神，企业文化、领导作用等。

3. 从属变项

从属变项直接受居间变项的影响，又间接受独立变项的影响。它体现为组织成员需求的满足、学习型组织、员工的事业生涯设计等。

影响组织效率的因素，除了上述三个基本变项外，还必须要注意到一个个偶然发生的、渗透力很强的、能激起人们强烈的情绪反应并直接影响工作效率的精神变项的作用，例如组织成员对工作意义的认识，社会舆论和流言蜚语对一个组织所产生的离心、腐蚀作用等。

（四）提高组织工作效率

促进一个组织提高工作效率的关键因素，可以归结为以下几个方面。

1. 组织工作的设计

组织工作的设计是组织合成和人力运动的核心。工作设计不可简单地认为只是制定工作目标，工作规划。工作设计是一项极其细致的组织工作，它需要从组织的每一项工作出发，适当地调配个体工作与综合工序的联系，从而使全体成员在组织中充分发挥作用，坚决杜绝人才浪费现象。所以，组织工作的设计包括制定目标和实现目标的全部程序。

2. 统合原则的体现

统合原则要求组织内的每个成员在进行工作的时候，要不断改进自己的工作方法，力争去掉多余的动作和程序，使自己的活动符合逻辑原则和运筹法则。

3. 工作荣誉感和责任感的体现

组织如何激励自己的成员，使其工作达到最高成效，这是组织工作至关重要的问题。组织成员需要的满足的最高标准，应该体现为排除了外界压力的自我激励。任何人只有在自我激励的条件下，才能真正强化自己的责任心和荣誉感。人们要想干成一件事，或是努力学习，或是胜任工作，或是进行创造性劳动，都需要有一种不满现状的心理状态。只有这种心理状态，才是产生巨大工作动力和高度荣誉感的永不枯竭的内驱力。

必须指出，真正的工作责任感和推动企业发展造福人类而工作的荣誉感，是不能通过金钱等物质交易得到的。物质刺激是激励工作的一个因素，但决不是唯一的决定性因素。只有当职工从内心愿意为事业而工作时，金钱报酬才能作为必要条件，产生一定的激励作用。作为一个组织，虽然不必要求其成员对全盘工作负责，但是必须要求他对于自己所从事的工作负完全责任，以此增加他们的工作责任心和荣誉感，并达到提高效率的目的。

提高责任心和荣誉感的办法，概括起来有：慎重分派工作，即知人善任；明确工作要求；为成员提供自我控制所需的信息；使成员有机会参与领导和决策。这四项同等重要，缺一不可。只有高标准的要求严明的工作，才能有效地激励其成员，并提高他们的成就感。低标准的工作要求，只会影响成员的工作情绪。特别是当把最低标准作为考核线，一超过这一标准，就予以奖励时，就会使成员产生一种错觉，从而丧失了可贵的进取精神。

所以，一个组织的领导者，在组织领导过程中，切记不可仅从成员的生理可能性出发，而要始终如一地以最高目标代替最低标准，并经常提出或组织成员选择"有意义的目标"，在自己的工作和活动中，为成员提供尽可能多的发挥技能和创造性的机会。如果一个组织的领导者只忙于日常的行政事务，醉心于表报制度，机械地要求和督促成员的工作，那么结果只能是挫伤下属的工作积极性和创造性。

要为成员提供自我控制所需要的情报，领导者必须首先考虑到其成员需要什么情报，需要多少，什么时候提供才恰到好处，等等。还要及时地分配必要的信息，以帮助成员了解组织、了解社会、了解自身的工作，从而使他们从本身工作成果的信息反馈中做出自我评价，进而做到自我控制。

任务分派、业绩标准、自我控制和信息反馈都是激励员工责任感的条件，条件本身并不具有激励作用，只有当各组织成员都能站在组织领导的高度，具有高度责任感和荣誉心的时候，这些条件才能变成激励他们努力奋斗的行动。作为组织成员必须明确，工作的荣誉感、成就感是不能赐予的，它们绝不可能在工作和实践活动之外自己生长出来。弄虚作假，欺世盗名，只能是事与愿违。虚假的荣誉感不但不能起到激励人们前进的作用，反而会使人走向堕落。只有受之无愧的荣誉和成就，才会使人进步，使事业获得成功。真正的荣誉感和成就感是建立在对自己工作的高度责任感和对组织的贡献上的。

四、自然垄断行业企业集团综合绩效评价模式解析示意图

（一）三维立体模式解析

如图 6-7 所示，这一立体结构与国内目前通用的企业绩效评价方式相比较，增加了生产作业基础层次资源要素状况维度指标和组织行为与企业发展状况维度指标，由一维线性评价提升为三维立体评价，既增加了作业基础部位的生产要素状况的定量评价，同时也增加了管理主体与客体参与的组织行为与企业发展状况的评价，从形式到内容都得到极大的丰富。与国际通行的定量的财务成果与定性的组织行为态度测量相比较，也增加了作业层次基础部位的生产要素状况的评价。这是在评价机制与评价领域的形式与内容上的突破，具有重要的理论意义和实用价值。

■ 自然垄断行业企业集团综合绩效评价模式

（二）三维评价指标设置

由图 6-7 可以看出，所设置的三个维度即三个子系统的 58 项评价要素体现了经营成果及财务收益与作业现场生产要素量化评价的集合，即评价了资本收益又评价了现场要素的实物形态，体现了投入与产出的统一。上述两维的定量评价与企业群体的组织行为定性评价弥补了单一定性评价的缺陷，进而使自然垄断行业企业集团的综合绩效评价机制更趋完善。

综合绩效评价三维模式

维度一：经营成果与市场效应状况指标（ΣQ=22）
- 盈利能力（Q=5）
- 偿债能力（Q=4）
- 资产运营能力（Q=3）
- 企业发展能力（Q=3）
- 企业增加值（Q=1）
- 企业创新能力（Q=3）
- 企业主营业务能力（Q=3）

维度二：生产作业基础层次资源要素状况指标（ΣQ=26）
- 人力资源状况（Q=4）
- 成本控制状况（Q=4）
- 设备使用状况（Q=3）
- 生产运行状态（Q=2）
- 质量控制状态（Q=7）
- 安全作业状态（Q=3）
- 现场环保状态（Q=3）

维度三：组织行为与企业发展状况指标（ΣQ=10）
- 领导群体综合素质（Q=1）
- 人力资源开发利用状况（Q=1）
- 基础管理水平（Q=1）
- 集团治理结构（Q=1）
- 市场占有能力（Q=1）
- 创新能力（Q=1）
- 技术装备更新水平（Q=1）
- 行业或区域影响力（Q=1）
- 科学发展与经营战略（Q=1）
- 长远发展能力预测（Q=1）

↓

计量模型与指标数据收集处理

↓

输出评价结果

↓

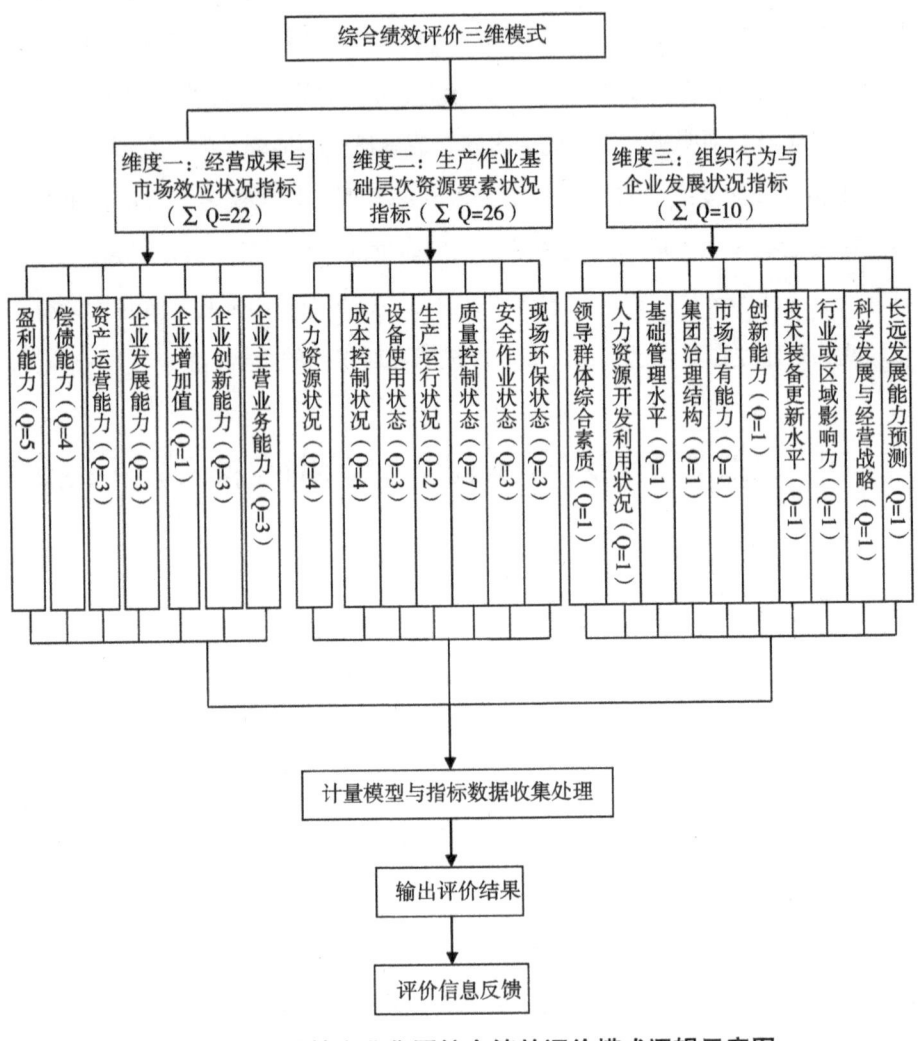

评价信息反馈

图 6-7 行业性企业集团综合绩效评价模式逻辑示意图

(三)作业基础要素评价

三维立体评价模式所包含的作业层次基础部位的生产要素状况评价指标,充分体现了自然垄断行业企业集团的管理重心下移,进而综合评价的视觉下移。通过对作业基础层次生产要素的集合部位及其状况进行评价,可以进一步克服管理过程中"头重脚轻、上浮运行"的忽视基层建设、淡化基础管理的现象,使作业基础部位的生产要素结构优化,降低生产成本,提高运行效率,进而提高企业的经济效益和社会效益,达到完善评价机制、强化激励机制的目的。

五、经营成果与市场效应状况指标内容与设置

我们把经营成果与市场效应状况指标用 Z_1(定量指标评价体系)来表示。从财务成果角度讲,这一指标源于国内外逐渐接受并大范围使用的基本的定量指标体系。它是经营成果量化评价的主要形式。本书在进行指标设置时,考虑到货币价值资本与市场销售资本循环的内在联系,增加了体现资产运营与市场营销、生产运行与主营业务市场能力的"市场效应指标"内容。这类指标包括盈利能力、偿债能力、资产运营能力、企业发展能力、企业增加值、企业创新能力、企业主营业务能力等7个子系统。在指标的设置上使静态的定量与动态的定量交叉渗透,财务报表量化成果与市场经营量化成果达到有机统一,比国内外目前使用的财务定量指标较为完善丰富。这一维度指标体系所包括的净资产收益率、主营业务盈利率、总资产报酬率、资本保值增值率、成本费用利润率体现了集团的盈利能力;资产负债率、现金流动负债比率、流动比率、速动比率体现了集团的偿债能力;总资产周转率、流动资产周转率、应收账款周转率体现了集团的资产运营能力;主营业务利润增长率、资本积累率、利润平均增长率体现了集团的发展能力;企业增加值体现了对社会的贡献与增强员工福利的能力;技术投入比例、新产品研究开发费用率、科研成果转化率体现了集团的创新能力;主营业务鲜明率、市场占有率、机器设备完好率体现了集团的

主营业务能力。从根本上讲，这一维度指标评价的是出资人资产与负债状况、资本安全、产品创新与研发状况等。

1. 盈利能力——Z_{11}

Z_{111} 净资产收益率：净利润/平均净资产，正指标；

Z_{112} 主营业务利润率：主营业务利润/主营业务收入，正指标；

Z_{113} 总资产报酬率：（利润总额+利息支出）/平均资产总额，正指标；

Z_{114} 资本保值增值率：扣除客观因素后的年末所有者权益/年初所有者权益，正指标；

Z_{115} 成本费用利润率：营业利润/成本费用总额，正指标。

2. 偿债能力——Z_{12}

Z_{121} 资产负债率：负债总额/资产总额，适度指标；

Z_{122} 现金流动负债比率：年经营现金净流量/年末流动负债，正指标；

Z_{123} 流动比率：流动资产/流动负债，适度指标；

Z_{124} 速动比率：速动资产/流动负债，适度指标。

3. 资产运营能力——Z_{13}

Z_{131} 总资产周转率：营业收入净额/平均资产总额，正指标；

Z_{132} 流动资产周转率：营业收入净额/平均流动资产总额，正指标；

Z_{133} 应收账款周转率：营业收入净额/平均应收账款余额，逆指标。

4. 企业发展能力——Z_{14}

Z_{141} 主营业务利润增长率：年末主营业务收入增长额/年初主营业务收入，正指标；

Z_{142} 资本积累率：本年所有者权益增长额/年初所有者权益，正指标；

Z_{143} 利润平均增长率：本年净利润增长额/上年净利润，正指标。

5. 企业增加值——Z_{15}

Z_{15} 企业增加值：生产税净额+营业利润+固定资产折旧+工资+工资附加费（福利费、工会经费、教育附加费等）+其他增加值（社会保险、住房公积金、住房补贴等），正指标。

6. 企业创新能力——Z_{16}

Z_{161} 技术投入比例：当年技术转让费支出与研发投入／当年主营业务收入净额，正指标；

Z_{162} 新产品研究开发费用率：用于新产品的研究开发费用／本期销售收入总额，正指标；

Z_{163} 科研成果转化率：本期应用于生产的科技成果／本期科技成果总数，正指标。

7. 企业主营业务能力——Z_{17}

Z_{171} 主营业务鲜明率：（主营业务利润－其他业务利润）／利润总额，正指标；

Z_{172} 市场占有率：本期企业产品销售额／本期该种产品市场销售总额，正指标；

Z_{173} 机器设备完好率：本期完好的机器数量／本期全部机器数量，正指标。

六、生产作业基础层次资源要素状况指标内容与设置

我们把生产作业基础层次资源要素状况指标用 Z_2（定量指标评价体系）来表示。这一维度评价指标体系属于作业基础层次实物量化指标，包括 7 个子系统 26 个评价指标要素。其中职工全员出勤率、生产工时利用率、劳动生产率、员工转职率体现了作业基础部位员工的工作与心理及工作积极性状况；制造费用控制率、能源消耗控制率、原材料消耗控制率、管理费用控制率体现了作业基础部位生产过程的成本与消耗状况；设备完好率、设备利用率、设备修保完成率体现了作业基础部位的生产运行设备与基础设施状况；生产进度达标率、工期履约率体现了作业基础部位产品订单的生产作业进度状况；单位工程一次合格率、单位工程优良率、产品一次合格率、产品优良品率、产品流转合格率、劳务一次合格率、提供劳务优质率体现了作业基础部位的生产运行周期与单位产品质量控制状况；死亡及重伤率、安全事故发生率、事故经济损失率

自然垄断行业企业集团综合绩效评价模式

体现了基础作业部位的生产过程安全与生产作业事故控制状况；作业排污达标率、生产噪声控制率、作业场所清洁率体现了生产过程污染排放对员工的影响与社会的危害程度状况。这类指标的设置方式与评价内容，到目前为止在国内外尚无文献记载。主要有两个方面的原因：国外大型企业集团多为扁平化的组织结构和运行模式，其运作行为和关注的焦点，一是财务性成果与资本运作，处于战略层次，二是产品研发与掌握核心技术，处于高新技术开发层面相对独立的中上层次，也不属于作业范畴，其加工制造业务通常是转包给合作的中小工厂或者转移到海外，因此无需考虑作业部位基础层次的运行状况，只按订单协议关注时限与质量即可，也就无所谓这一方面的绩效评价。国内的大型企业集团特别是自然垄断行业企业集团的发展历史较短，在企业集团的发展演进中，一直在进行动态重组。不到10年，有520家企业集团进行了改制整合、置产重组，在这一过程中，国务院国资委与自然垄断行业企业集团中高层的关注焦点与用力部位，均在资本运作、收购重组、整合规模上，无暇顾及企业作业层次基础部位。其评价方法多是移植于国外企业集团，相当一部分企业集团的绩效评价体系是由国外咨询公司模拟设计的，基本没有涉及企业作业层次基础部位生产要素状况的评价，几乎都是对财务账面资产货币价值状况的评价。由于我国大企业集团特别是自然垄断行业企业集团是国家出资为主体、垂直型、多层次、直线职能式、纵向一体化的"宝塔型"组织结构与运行模式，而且实物形态的有形资产几乎全部集中于作业层次基础部位，因此，通过设置本维度指标体系，能够实现高中层次与基础层次的注意力相对聚焦，使财务账面价值形态成果评价与作业基础部位的有形资产成果的实物评价有机统一。

1. 人力资源状态——Z_{21}

Z_{211} 职工全员出勤率：实际出勤工日/制度出勤工日，正指标；

Z_{212} 生产工时利用率：生产工时/制度工时，正指标；

Z_{213} 劳动生产率：作业产值/作业人数，正指标；

Z_{214} 员工转职率：离职人数/作业人数，逆指标。

2. 成本控制状态——Z_{22}

Z_{221} 制造费用控制率：实际制造费用／计划制造费用，逆指标；

Z_{222} 能源消耗控制率：实际能源消耗／计划能源消耗，逆指标；

Z_{223} 原材料消耗控制率：原材料实际消耗／原材料计划消耗，逆指标；

Z_{224} 管理费用控制率：实际发生费用／计划费用，逆指标。

3. 设备使用状态——Z_{23}

Z_{231} 设备完好率：完好台数／设备总台数，正指标；

Z_{232} 设备利用率：在用台数／设备总台数，正指标；

Z_{233} 设备修保完成率：完成量／计划修保数，正指标。

4. 生产运行状态——Z_{24}

Z_{241} 生产进度达标率：实际进度／计划进度，正指标；

Z_{242} 工期履约率：合格量／设备总台数，正指标。

5. 质量控制状态——Z_{25}

Z_{251} 单位工程一次合格率：合格量／工程项目完成量，正指标；

Z_{252} 单位工程优良率：优良工程量／工程项目完成量，正指标；

Z_{253} 产品一次合格率：合格量／检查量，正指标；

Z_{254} 产品优良品率：优品量／检查量，正指标；

Z_{255} 产品流转合格率：合格量／流转总量，正指标；

Z_{256} 劳务一次合格率：合格量／劳务总量，正指标；

Z_{257} 提供劳务优质率：优质量／劳务总量，正指标。

6. 安全作业状态——Z_{26}

Z_{261} 死亡及重伤率：死亡及重伤人数／职工平均人数，逆指标；

Z_{262} 安全事故发生率：事故次数／职工平均人数，逆指标；

Z_{263} 事故经济损失率：损失金额／职工平均人数，逆指标。

7. 现场环保状态——Z_{27}

Z_{271} 作业排污达标率：排污现状／排污标准，正指标；

Z_{272} 生产噪声控制率：噪声实际分贝／噪声标准分贝，逆指标；

Z_{273} 作业场所清洁率：清洁现状/清洁标准，正指标。

七、组织行为与企业发展状况指标内容与设置

我们把组织行为与企业发展状况指标用 Z_3（定性指标评价体系）来表示。这一维度指标体系包括10个子系统及其相关要素的评价标准，在国外被称为"组织行为绩效与态度测量"。这一评价方法在20世纪80年代初期由中国科学院心理所502室从日本集团力学研究所引进，引进的主要内容是由三隅二不二教授创立的PM量表。502室通过全国范围内的100多家政府机关、企事业单位展开实证研究，并在一定程度上结合国情对其进行了局部修订。1986年以后，经过修订的PM量表逐步推广应用。1990年，中国科学院心理所与中国石油管道局合作开发"石油管道行业党支部建设综合评价系统"（笔者为课题组主要成员之一），研究成果获全国政研会优秀成果一等奖。本书中，这一维度指标体系的设计继承了上述成果的研究思路与指标设置原则，充实增加了市场经济环境、自然垄断行业企业集团的特征，在测量样本的选取上，利用局域网采集数据、计算机数据处理的方法上，以及归类综合方面有所创新。

1. 领导群体综合素质

领导群体综合素质是指企业领导班子及集团治理结构决策与管理层次的行为主体的智力素质、品德素质和能力素质等，具体包括出资人与代理人的行为关系、知识结构、道德品质、敬业精神、开拓创新能力、团结协作能力、组织能力和科学决策水平、学习型领导团队建设、集团文化的构建等因素。

2. 人力资源开发利用状况

人力资源开发利用状况是指集团决策层、管理层、协调层、监管层、控制层、执行层、作业层等对人力资源管理的重视程度，人力资源管理部门的设置和规章制度建设情况，企业人力资源配置的合理性，有关人员的道德文化水平、专业培训、岗位练兵、生涯设计、潜能开发、技术技能、组织纪律性、核心价值观念、企业精神与企业形象的认同、行为准则与规范、参与企业管理的

积极性及爱岗敬业精神等的综合情况。

3. 基础管理水平

基础管理水平是指集团按照国际规范做法和国家政策法规的规定，在生产经营过程中形成和运用的维系企业正常运转及生存和发展的企业组织结构、内部经营管理模式、各项基础管理制度、激励与约束机制、信息系统统计核算与管理、质量控制与安全管理、工艺运行与设备管理、基础数据处理与局域网络建设、规范计量与标准化管理、现场管理与5S活动等方面的现状及贯彻执行情况。

4. 集团治理结构

集团治理结构是指企业按照《公司法》等国家有关法律法规以及公司章程，在股东大会、董事会、经理层和监事会之间以及母公司与子公司之间形成的领导体制、合约机制、激励与约束关系，集团外部董事的聘请与作用的发挥，员工代表议事制度，以及组织权利架构、决策机制、执行与监督权责、考核与激励等方面的情况。

5. 市场占有能力

市场占有能力是指集团主导产品由于技术含量、功能性质、质量水平、品牌优势等因素决定的占有市场的能力，可以借助集团销售收入净额与行业销售收入净额的比值来加以判断。

6. 创新能力

创新能力是指集团在市场中为保持竞争优势，不断根据外部环境进行的自我调整和革新的能力，包括集团研发中心建设、新产品开发的注入资金比例，领军性的创新人才队伍建设，管理创新、产品创新、技术创新、服务创新、观念创新等方面的意识和能力。

7. 技术装备更新水平

技术装备更新水平是指主要生产设备的先进程度和生产适用性、技术水平、开工及闲置状况、新产品的研发能力、技术投入水平以及采用环保技术措施等情况。

8. 行业或区域影响力

行业或区域影响力是指本行业在区域的龙头作用、辐射能力、财政贡献、提供就业和再就业机会的能力等。

9. 科学发展与经营战略

科学发展与经营发展策略是指集团所采用的包括增加科技投入、建立新的营销网络、更新设备、实施新项目、兼并重组等各种短期、中期、长期经营发展战略。

10. 长远发展能力预测

长远发展能力预测是指从企业的资本积累状况、利润增长情况、资产周转状况、财务安全程度、科技投入和创新能力、环境保护等多个方面，综合预测企业未来年度的发展前景及潜力。

上述指标的定性评价运用国内外通行的五分制，采用定性分析定量计算的方法。例如可以设计一个1000人的调查问卷，其中选取的调研对象，按不同群体员工名册随机分层抽样，包括出资主体（主要是企业外部持股人）100人、中高层领导100人、部门经理100人、外部专家（行业特约咨询研究人员）100人、工程技术人员100人、管理专业人员100人、基层作业主管200人、岗位操作工人200人，由其共同打分，得出综合分数。

八、评价模型与指标数据处理

（一）计量模型与指标数据

三维评价指标根据企业目标选取的评价性质，可以分为正指标、逆指标和适度指标三类。指标值越大越好的指标为正指标，反之为逆指标，而适度指标则是指距离某一最合适的值偏差越小越好的指标。比如，净资产收益率、主营业务利润率属于正指标；应收账款周转率是逆指标；资产负债率为适度指标。通常情况下，在评价时要将逆指标和适度指标转化为正指标后再予以评价。

绩效评价中选取的多个指标可能是异量纲的（量纲可以理解为不同指标的度量属性，如有的指标单位为万元，有的指标单位为天数），而且数值差异较大，直接将它们加权平均是不合适的，也没有实际意义。去掉指标量纲的过程，称为无量纲化（也称为数据的规格化），它是指标综合的前提。如果我们把指标无量纲化处理以后的数值称为指标评价值，那么无量纲化过程就是指标实际值转化为指标评价值的过程，无量纲化方法也就是指如何实现这种转化的方法。从数学角度看，就是要确定指标评价值依赖于指标实际值的一种函数关系。

根据统计学原理，要对多组不同量纲的数据进行比较，可以先将它们分别标准化，转化为标准化数据。而综合评价就是要将多组不同的数据进行综合，因而可以借助标准化方法来消除量纲的影响。

（二）确定指标权重

定量指标用多维度的层次分析法确定权重，定性指标经过专家议定的权重各占10%。

1. 层次分析法的优势

层次分析法（Analytic Hierarchy Process，简称AHP），是一种对较为模糊或较为复杂的决策问题使用定性与定量分析相结合、系统化、层次化的手段做出决策的简易方法。特别是将决策者的经验判断给予量化，将人们的思维过程层次化，逐层比较相关因素，逐层检验比较结果的合理性，由此提供较有说服力的依据。这种方法能够把一个复杂的问题表示为有序的递阶层次结构，通过两两比较、判断和计算，将因素（指标）之间的关系加以条理化，并计算出不同因素的相对重要性（权数）。AHP法应用于企业绩效评价指标体系中的指标权重设置，具有很强的适应性，近几年来在国内外得到了广泛的应用。

第一，集团绩效评价体系是一个复杂的多维度、多层次系统，AHP法的第一步就是将复杂的问题分解为各个组成因素，将这些因素按支配关系分组形成有序的递阶层次结构，这适应了评价指标体系的多维度、多层次性的特点。

第二，确定业绩评价指标的权数，实际上是将各个评价指标的属性和重要性加以比较，并定量化的一个过程。AHP法在重要性判断矩阵的构建中采用了两两比较和相对标度的方法，不仅能够将人的主观判断进行细化测度，而且具有适应环境变化的灵活性。

第三，当评价体系复杂、评价指标增多时，由于受到人的思维判断和能力的限制，可能存在判断不一致的现象，这是任何基于人的知识、经验和能力的方法都不可避免的缺陷。AHP方法设计了判断矩阵的一致性检验，能够保证构建的重要性判断矩阵具有大体上的一致性。

第四，AHP法按照递阶层次结构逐层计算出各评价因素的权重，便于企业寻找绩效变化的原因。当企业发现绩效的评分与上期相比下降了，便可以按相对权重逐层分析下去，直到发现直接影响调整绩效的评价指标方面的不足，从而采取相应的改进措施。

第五，AHP法运用数学的方法将本来无形的人脑确定权数的决策思维过程模型化，能够将决策过程中的定性与定量因素有机地结合起来，并便于采用计算机技术，提高工作效率。

2. 层次分析的步骤

运用层次分析法可以逐层地确定综合绩效评价各个维度指标体系中各评价指标的权数大小，其具体步骤如下。

（1）建立递阶层次结构。应用AHP法分析社会的、经济的以及科学管理领域的问题，首先要把问题条理化、层次化，构造出一个层次分析的结构模型。在这个结构模型下，复杂问题被分解为各个因素，这些因素又按其属性分为若干组，形成不同层次。同一层次的因素作为准则对下一层次的某些因素起支配作用，同时它又受上一层因素的支配。

（2）构造判断矩阵。建立层次分析结构模型之后，对每一层次中各指标相对于上一层的重要性进行两两比较，引入合适的标度将判断定量化，构造出如下形式的比较判断矩阵。

A_k	B_1	B_2	$\cdots$	B_n
B_1	b_{11}	b_{11}	$\cdots$	b_{1n}
B_2	b_{21}	b_{22}	$\cdots$	b_{2n}
$\cdots$	$\cdots$	$\cdots$	$\cdots$	$\cdots$
B_n	b_{n1}	b_{n2}	$\cdots$	b_{nn}

矩阵中的 b_{ij} 表示对上一层次指标 A_k 而言，B_i 对 B_j 的相对重要性。判断矩阵具有下述性质：$b_{ij}>0$；$b_{ji}=1/b_{ij}$；$b_{ii}=1$

判断矩阵的具体数值，一般采用美国运筹学家托马斯·塞蒂提出的 1—9 标度法，如表 6-1 所示。

表 6-1　判断矩阵标度及含义

标　度	含　义
1	表示两个因素相比，具有同等重要性
3	表示两个因素相比，一个因素比另一个因素稍微重要
5	表示两个因素相比，一个因素比另一个因素明显重要
7	表示两个因素相比，一个因素比另一个因素强烈重要
9	表示两个因素相比，一个因素比另一个因素极端重要
2、4、6、8	上述两相邻判断的中值
倒数	因素 i 与 j 的重要性之比为 b_{ij}，则因素 j 与 i 的重要性之比为 $b_{ji}=1/b_{ij}$

运用 AHP 法确定各绩效评价指标权重的关键，就是重要性判断矩阵的构建，因为这将直接影响后面重要性权数的计算结果。这一过程可以结合德尔菲法进行：选择 m 位熟悉企业情况和所评价领域的专家组成专家组，可以包括企业管理者、管理专家、财务专家、中介机构等，将评价指标体系和判断矩阵的构建方法（包括比例标度）等提供给各专家；各专家独立地构建重要

性判断矩阵，并返回给组织者；将专家的意见集中、返回、再集中，最后取得对重要性判断较为一致的意见。在每一轮调查咨询意见返回后，做以下统计处理。

（3）计算判断矩阵元素 b_{ij} 的平均估计值 $E(b_{ij})$：$E(b_{ij}) = \sum b_{ij}/m$（m 为参加咨询调查的专家数）。

（4）计算每一位判断者的估计值与平均值的偏差 $\Delta b_{ij} = b_{ij} - E(b_{ij})$，偏差系数 $V_{ij} = b_{ij}/E(b_{ij})$，并将此轮的调查结果反馈给判断者，同时让 Δb_{ij} 和 V_{ij} 值较大的判断者做出新的判断。

（5）经过几轮的反复，当专家们的意见分歧度达到可以接受的水平时，不再修改，将专家的意见进行合成，得出平均的 AHP 判断矩阵。为了保证平均的 AHP 判断矩阵中的元素仍满足互反性要求，求平均矩阵最好采用几何平均的方法。

（6）计算某一层次的评价指标相对于上层因素的相对权重，可归结为计算判断矩阵的最大特征根和相应特征向量的问题。对于判断矩阵 B，即求满足 $B\overline{W} = \lambda \overline{W}$ 的最大特征根 λ_{max} 及此时对应的特征向量 $\overline{W}$，$\overline{W}$ 经正规化后的特征向量 W 即为相对权重向量。相对权重的计算方法主要有和法、根法、特征根法、对数最小二乘法和最小二乘法。通过这些方法，可算出某层次指标相对于上一层次指标的相对重要性权值，依次沿递阶层次结构由上至下逐层计算，即可算出最底层指标相对目标层的相对重要性权值。比较常用的根法的计算步骤如下。

计算判断矩阵每一行元素的乘积：$M_i = \prod_{j=1}^{n} b_{ij}$（i=1,2,⋯n）；

计算 M_i 的 n 次方根：$\overline{W_i} = \sqrt[n]{M_i}$（i=1,2,⋯n）；

对向量 $\overline{W_i} = (\overline{W_1}, \overline{W_2}, \cdots \overline{W_n})$ 做归一化正规化处理：$W_i = \dfrac{\overline{W_i}}{\sum_{i=1}^{n} \overline{W_i}}$（i=1,2,⋯,n）；

所得到的 $W = (W_1, W_2, \cdots, W_n)$ 即为权重向量。

（7）检验判断矩阵的一致性。由于人的判断力具有模糊性及客观事物本身的复杂性，构造的判断矩阵可能会出现一些重要性判断上的错误。例如 A 因素比 B 因素重要，B 比 C 重要，同时又可能判断 C 比 A 重要，或判断 A 比 B 重要得多，而 A 比 C 仅稍微重要。这是违反常识的。类似的判断矛盾，在指标增多时会显得相当突出。一个混乱的经不住推敲的判断矩阵，有可能会导致计算结果的不科学。行业性企业集团综合绩效评价指标体系是一个具有众多评价指标的复杂系统，需要对所构造的重要性判断矩阵的一致性进行检验，步骤如下。

计算判断矩阵的最大特征根：$\lambda_{max} = \frac{1}{n}\sum_{i=1}^{n}\frac{(BW)_i}{W}$；

计算一致性指标 C.I.（Consistency Index）：$C.I. = \frac{\lambda_{max} - n}{n-1}$。

（8）查找相应的平均随机一致性指标 R.I.（Random Index）。表 6-2 给出了 1—9 阶正反矩阵计算 1000 次得到的平均随机一致性指标。

表 6-2 平均随机一致性指标

矩阵阶数	1	2	3	4	5	6	7	8	9
R.I.	0	0	0.58	0.94	1.12	1.24	1.32	1.41	1.45

计算一致性比例 C.R.（Consistency Ratio）：C.R.= C.I./R.I.。

当 C.R. < 0.1 时，认为判断矩阵的一致性是可以接受的；当 C.R. ≥ 0.1 时，应该对判断矩阵做适当修正，直至通过一致性检验为止。

尽管运用 AHP 法确定各评价指标权重的过程步骤多，计算量大，但由于现代计算机技术的发达，其整个过程都可以通过计算机程序来实现。

3. 层次分析法流程图

层次分析法流程，如图 6-8 所示。

■ 自然垄断行业企业集团综合绩效评价模式

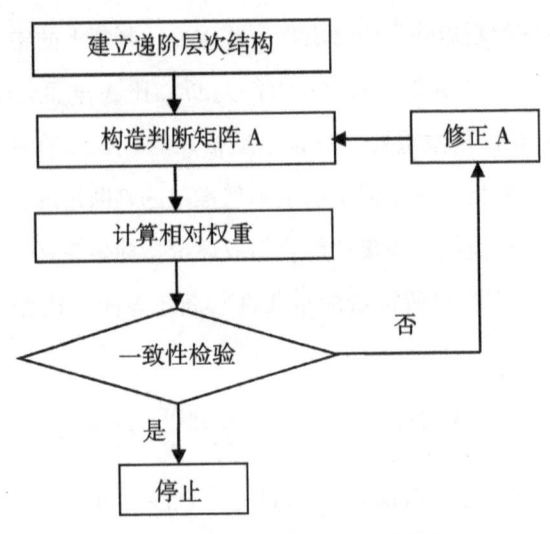

图 6-8 层次分析法流程图

（三）确定综合绩效评价指标体系

本书中的定量分析指标采用层次分析法确定权重，定性指标的权重各占 10%。采用 AHP 法计算出的各评价指标相对于上一层次指标的权重为 W_i，对于每一个子系统都有 $\Sigma W_i=1$。整个评价系统内共有 17 个子系统，各子系统及评价指标在本系统内的相对权重如下。

(1) Z_{11} $\begin{cases} Z_{111}(W_{111}) \\ Z_{112}(W_{112}) \\ Z_{113}(W_{113}) \\ Z_{114}(W_{114}) \\ Z_{115}(W_{115}) \end{cases}$
(2) Z_{12} $\begin{cases} Z_{121}(W_{121}) \\ Z_{122}(W_{122}) \\ Z_{123}(W_{123}) \\ Z_{124}(W_{124}) \end{cases}$

(3) Z_{13} $\begin{cases} Z_{131}(W_{131}) \\ Z_{132}(W_{132}) \\ Z_{133}(W_{133}) \end{cases}$
(4) Z_{14} $\begin{cases} Z_{141}(W_{141}) \\ Z_{142}(W_{142}) \\ Z_{143}(W_{143}) \end{cases}$

第六章 自然垄断行业企业集团评价模式指标体系

（5）$Z_{15}Z_{151}(W_{151})$

（6）$Z_{16}\begin{cases} Z_{161}(W_{161}) \\ Z_{162}(W_{162}) \\ Z_{163}(W_{163}) \end{cases}$

（7）$Z_{17}\begin{cases} Z_{171}(W_{171}) \\ Z_{172}(W_{172}) \\ Z_{173}(W_{173}) \end{cases}$

（8）$Z_{21}\begin{cases} Z_{211}(W_{211}) \\ Z_{212}(W_{212}) \\ Z_{213}(W_{213}) \\ Z_{214}(W_{124}) \end{cases}$

（9）$Z_{22}\begin{cases} Z_{221}(W_{221}) \\ Z_{222}(W_{222}) \\ Z_{223}(W_{223}) \end{cases}$

（10）$Z_{23}\begin{cases} Z_{231}(W_{231}) \\ Z_{232}(W_{232}) \\ Z_{233}(W_{233}) \end{cases}$

（11）$Z_{24}\begin{cases} Z_{241}(W_{241}) \\ Z_{242}(W_{242}) \end{cases}$

（12）$Z_{25}\begin{cases} Z_{224}(W_{224}) \\ Z_{251}(W_{251}) \\ Z_{252}(W_{252}) \\ Z_{253}(W_{253}) \\ Z_{254}(W_{254}) \\ Z_{255}(W_{255}) \\ Z_{256}(W_{256}) \\ Z_{257}(W_{257}) \end{cases}$

（13）$_{226}\begin{cases} Z_{261}(W_{261}) \\ Z_{262}(W_{262}) \\ Z_{263}(W_{263}) \end{cases}$

（14）$Z_{227}\begin{cases} Z_{271}(W_{271}) \\ Z_{272}(W_{272}) \\ Z_{273}(W_{273}) \end{cases}$

（15）$Z_1\begin{cases} Z_{11}(W_{11}) \\ Z_{12}(W_{12}) \\ Z_{13}(W_{13}) \\ Z_{14}(W_{14}) \\ Z_{15}(W_{15}) \\ Z_{16}(W_{16}) \\ Z_{17}(W_{17}) \end{cases}$

（16）$Z_2\begin{cases} Z_{21}(W_{21}) \\ Z_{22}(W_{22}) \\ Z_{23}(W_{23}) \\ Z_{24}(W_{24}) \\ Z_{25}(W_{25}) \\ Z_{26}(W_{26}) \\ Z_{27}(W_{27}) \end{cases}$

$$(17)\ Z_3 \begin{cases} Z_{31}(W_{31}) \\ Z_{32}(W_{32}) \\ Z_{33}(W_{33}) \\ Z_{34}(W_{34}) \\ Z_{35}(W_{35}) \\ Z_{36}(W_{36}) \\ Z_{37}(W_{37}) \\ Z_{38}(W_{38}) \\ Z_{39}(W_{39}) \\ Z_{40}(W_{40}) \end{cases}$$

$$(18)\ Z \begin{cases} Z_1(W_1) \\ Z_2(W_2) \\ Z_3(W_3) \end{cases}$$

（四）整合三维综合绩效评价结果

整个评价系统的量化整合方法及数学模型如下。

（1）确定评价指标。

（2）将实际指标进行标准化和无量纲处理。

（3）用层次分析法确定指标权重。

（4）从指标体系最底层的子系统开始，按照简单加权的方法，由下而上整合，经过两次整合后，得出综合评分。每一次整合的得分值和最后的综合评分值都在 $-1.5 \sim 1.5$ 之间。

计算公式为：综合指标得分 = 某单项指标评价分数 × 该指标所占权重。

第一次整合：

$Y_{11}=w_{111}y_{111}+w_{112}y_{112}+w_{113}y_{113}+w_{114}y_{114}+w_{115}y_{115}$（一级子系统 1）

$Y_{12}=w_{121}y_{121}+w_{122}y_{122}+w_{123}y_{123}+w_{124}y_{124}$（一级子系统 2）

$Y_{13}=w_{131}y_{131}+w_{132}y_{132}+w_{133}y_{133}$（一级子系统 3）

$Y_{14}=w_{141}y_{141}+w_{142}y_{142}+w_{143}y_{143}$（一级子系统 4）

$Y_{15}=w_{151}y_{151}$（一级子系统 5）

$Y_{16}=w_{161}y_{161}+w_{162}y_{162}+w_{163}y_{163}$（一级子系统 6）

第六章 自然垄断行业企业集团评价模式指标体系

$Y_{17}=w_{171}y_{171}+w_{172}y_{172}+w_{173}y_{173}$（一级子系统 7）

$Y_{21}=w_{211}y_{211}+w_{212}y_{212}+w_{213}y_{213}+w_{214}y_{214}$（一级子系统 8）

$Y_{22}=w_{221}y_{221}+w_{222}y_{222}+w_{223}y_{223}+w_{224}y_{224}$（一级子系统 9）

$Y_{23}=w_{231}y_{231}+w_{232}y_{232}+w_{233}y_{233}$（一级子系统 10）

$Y_{24}=w_{241}y_{241}+w_{242}y_{242}$（一级子系统 11）

$Y_{25}=w_{251}y_{251}+w_{252}y_{252}+w_{253}y_{253}+w_{254}y_{254}+w_{255}y_{255}+w_{256}y_{256}+w_{257}y_{257}$（一级子系统 12）

$Y_{27}=w_{271}y_{271}+w_{272}y_{272}$（一级子系统 13）

$Y_{28}=w_{281}y_{281}+w_{282}y_{2822}$（一级子系统 14）

第二次整合：

$Y_1=w_{11}y_{11}+w_{12}y_{12}+w_{13}y_{13}+w_{14}y_{14}+w_{15}y_{15}+w_{16}y_{16}+w_{17}y_{17}$（二级子系统 15）

$Y_2=w_{21}y_{21}+w_{22}y_{22}+w_{23}y_{23}+w_{24}y_{24}+w_{25}y_{25}+w_{26}y_{26}+w_{27}y_{27}$（二级子系统 16）

$Y_3=w_{31}y_{31}+w_{32}y_{32}+w_{33}y_{33}+w_{34}y_{34}+w_{35}y_{35}+w_{36}y_{36}+w_{37}y_{37}$（二级子系统 17）

第三次整合：

$Y=w_1y_1+w_2y_{22}+w_3y_{23}$（集团综合绩效评价结果）

本章小结

本章在深入研究自然垄断行业企业集团综合绩效评价方法的基础上，对综合绩效评价模式指标体系进行了具体的设置，所构建的三维评价模式与指标体系也是本书的基本创新点之一。本指标体系一是将国内外通行的财务成果指标整合为经营成果与市场效应状况指标（评价维度之一），这一指标体系克服了单一财务成果指标的缺陷，将其与对应的市场效应相结合，体现了二者的有机统一。二是将经营管理与绩效评价下移，对目前国内外在企业绩效评价中尚未涉及的部位即生产作业基础层次资源要素状况进行整合设置指标体系（评价维度之二），这对于优化生产作业过程资源要素配置、挖掘企业内部潜力具有重要的导向意义。基层作业与生产过程是经营成果与市场效应的基础，因为任何市场产品都来自生产现场，任何财务性的经营成果都来自生产产品的生产资本所转化的货币资本。财务性经营成果、市场销售、现场生产制造三者之间存在着内在有机因果逻辑关系。这一指标体系的设置，填补了企业评价领域的一项空白，奠定了自然垄断行业企业集团综合绩效评价的基础。三是借鉴国外非财务定性评价指标的经验，有选择地借鉴并充实完善，从国情出发，结合自然垄断行业企业集团的组织机构与运行模式设置了组织行为与企业发展状况指标体系（评价维度之三）。这一指标体系的评价内容具有中国特色，较为客观，选择群体适度，具有自然垄断行业企业集团的特点。

第七章 石油管道产业综合绩效评价模式实证研究

（一）石油管道产业现状分析

中国石油天然气管道局是从事油气管道运输及管线设备制造安装的特大型管道运输自然垄断行业企业集团，主要从事油气管道运输、管道工程设计开发、工程施工、专业化技术服务和多种经营等，与其他自然垄断行业国有企业集团类似，都是垂直型、直线职能式、纵向一体化、组织结构多层次的国有独资公司。管道局在发展过程中也有了多元化的特征。伴随国有企业的改革进程进一步加快，管道局规范现代企业制度、增强效益、吸收资金、改善结构，按照国务院国资委统一部署进行了动态重组，将优良资产与不良资产、效益好的业务与效益差的业务进行分离。

1. 产业结构

产业重组以后，管道局为提高效益，减轻负担，也进行了持续的重组进程，经过综合归类，管道局的现存业务主要有三大部分。

（1）主营业务。

一是油气管道输送与技术服务。包括输油管道、多介质管道、压力站、储气库的输送运行与技术服务，以及管道与储罐的检测、管道带压封堵、维抢修、管道清洗、埋深探测、腐蚀检测、水下检测、储油罐清洗等。

二是管道设计施工。包括管道勘察、设计、科研、咨询、施工、监理、检测、防腐、试运行、管道穿跨越、盾构，大型储罐和储库设计、施工，LNG设计、施工，滩海管道设计、施工，岩土路桥工程施工，管道物资采办和工程物流服务等。

三是通信电力。包括通信全程全网管理、运营、维护、光纤通信、硅芯管、有线电视、程控交换、卫星通信、移动通信、一点多址、微波等各类通信工程设计、安装及配套工程施工，220 kV及以下级别电力工程施工等。

四是城市燃气。包括城市燃气勘探、设计、咨询、科研、施工、监理、运营、产品制造及技术服务等。

（2）辅助产业。

包括油品销售、机械制造、特种运输、建材加工、房地产开发等业务。

（3）矿区事业。

包括物业、医院、饭店、教育培训、再就业服务、离退休管理等业务。

2. 组织结构

其组织结构，如图7-1所示。

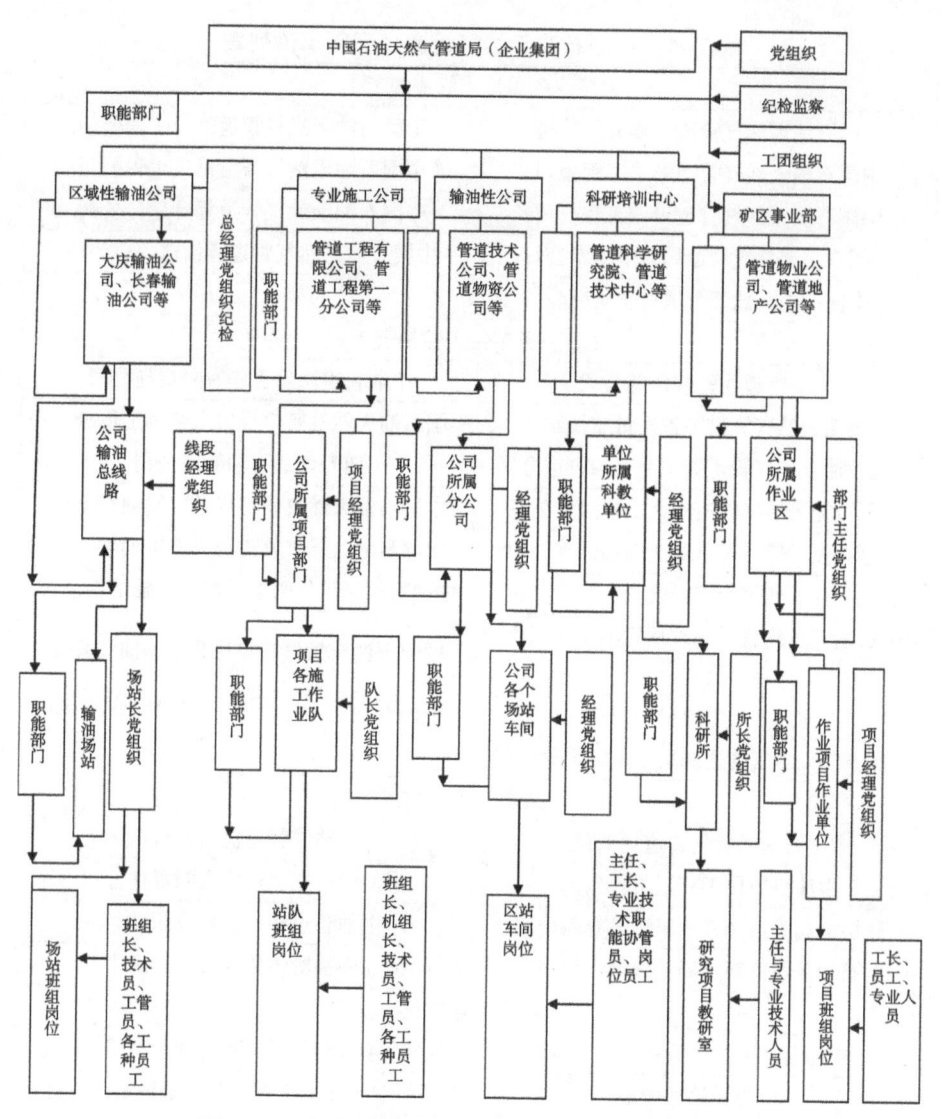

图 7-1　中国石油天然气管道局组织结构示意图

管道产业即局本部设 15 个职能部门，全局下属 41 个二级单位，其中主营业务单位 26 个，兼营业务单位 8 个，社会事业单位 7 个，如表 7-1 所示。

表 7-1　中国石油天然气管道局下属单位列表

主营业务单位（管道施工）	
中国石油天然气管道工程有限公司	中国石油天然气管道第一工程公司
中国石油天然气管道第二工程公司	中国石油天然气管道第三工程公司
中国石油天然气管道第四工程公司	中国石油天然气管道局穿越分公司
中国石油天然气管道局管道技术公司	中国石油天然气管道通信电力总公司
中国石油天然气管道科学研究院	
主营业务单位（输油气）	
中油管道物资装备总公司	中油管道防腐工程有限责任公司
石油天然气管道工程质量监督站	中国石油天然气管道局岩土路桥工程分公司
中国石油天然气管道局东北石油管道公司	西安西北石油管道公司
中国石油天然气管道局大庆输油气公司	中国石油天然气管道局长春输油气公司
中国石油天然气管道局沈阳输油气公司	中国石油天然气管道局大连输油气公司
中国石油天然气管道局锦州输油气公司	中国石油天然气管道局秦皇岛输油气公司
中国石油天然气管道局廊坊石油（气）管道公司	中国石油天然气管道局北京输油气公司
中国石油天然气管道局中原输气公司	中国石油天然气管道局长庆输油气公司
中国石油天然气管道局塔里木管道分公司	
兼营业务单位	
中国石油天然气管道局钢管厂	中油气管道机械制造厂
中油科新化工有限责任公司	中油中泰燃气投资有限责任公司
廊坊中油管道特种汽车运输有限公司	中油管道建设工程有限公司
石油天然气管道局油气销售公司	河北中油管道集体资产管理中心
社会事业单位	
中国石油天然气管道局总医院	中国石油天然气管道局职业教育培训中心
管道局培训中心	中国石油天然气管道局廊坊基地物业总公司
中国石油天然气管道局新闻中心	中国石油天然气管道局中学
中国石油天然气管道局离退休职工管理处	

3. 资源分布结构

（1）资产分布情况。

截至 2008 年 12 月 31 日，管道局总资产由 2004 年重组时的 124.2 亿元增加到 211.4 亿元，其中净资产 130.4 亿元。管道设计施工主业资产 92.6 亿元，比重为43.8%；油气储运技术服务主业资产35.6亿元，比重为16.8%；兼营业务资产25亿元，比重为11.8%；后勤服务单位资产58.2亿元，比重为27.5%。全局经营性资产由重组时的不足50%提高到目前的72.5%，主营业务资产提高到60.6%。具体如表7-2所示。

表7-2　管道局资产状况（亿元）

资产分类	资产分类明细	2008年末数据
总资产		211.4
主业资产	管道设计施工资产	92.6
	油气储运技术服务资产	35.6
辅业资产	兼营业务资产	25
	后勤服务资产	58.2

到2008年12月底，全局共有在册职工19569人，离退休人员13642人。其中，油气输送储运与技术服务6200人；管道设计施工在岗人员9300人；兼营业务1200人；后勤服务3000人。通过大力实施人才战略，建立了由19名专家、77名专业带头人、36名教授高工、1437名高级职称人员、3440名中级职称人员组成的高级专业技术人才队伍，由461名项目经理、8435名取得各类职业资格证书人员组成的项目管理人才队伍，由49名高级技师、304名技师、142名技术能手组成的高级技能操作人才队伍。

（3）总体经营状况。

2008年管道局全行业实现收入170亿元，其中主营业务收入160亿元、其他收入10亿元；成本支出共166亿元，投资收益4亿元，利润总额8亿元（不含所得税）。

（4）各专业板块情况。

2008年全年各业务系统经营情况如下：管道设计施工业务系统实现收入140亿元，占全局总收入的82.35%，实现利润6亿元；油气储运技术服务业务系统实现收入20亿元，占全局的11.76%，实现利润1.5亿元；兼营业务系统实现收入10亿元，占全局的5.88%，实现利润0.1亿元；后勤服务系统实现收入忽略不计，亏损 3.6 亿元。具体如表 7-3 所示。

表 7-3 管道局经营状况（亿元）

项目	资产分类	2004 年末数据
营业收入		170
	管道设计施工业务	140
	油气储运技术服务业务	20
	兼营业务	10
	后勤服务业务	—
利润总额		4
	管道设计施工业务	6
	油气储运技术服务业务	1.5
	兼营业务	0.1
	后勤服务业务	-3.6
	后勤服务资产	58.2

（二）石油管道产业结构调整

为彻底解决直接经营的业务范围宽、主营业务集中度低、管理链条长等制约企业发展的体制性障碍问题，管道局按照总体部署，根据产业定位和发展方向，以突出主营业务、迅速提升企业的核心竞争力为出发点，全局基本完成了主辅分离，结构调整和业务整合工作取得了明显成效。

1. 总体布局

（1）按照总分公司体制，对管道施工企业实施了主辅分离，对管道一、二、三、四公司进行改造，将其变为管道局的分公司。在施工公司内部进行了主业与辅业的分离，组建基地管理中心，由公司管理，实行内部独立核算。主辅分离后，主业和辅业作为两个核算主体，在一套班子、一个党委的领导下独立运行。基地管理中心按分公司管理，按企业化经营、市场化服务的模式运转，待条件成熟时，实行自负盈亏、独立核算。总分体制和主辅分离的实施，理顺了管道局对施工企业的管理体制,精干了主业,提升了管道局的核心竞争能力。

(2)对管道设计业务进行了改制重组。对设计院进行公司制改造,组建了管道工程有限公司,按照现代企业制度要求,建立了新的机制。将东北管道设计研究院与管道工程有限公司进行合并重组,在此基础上,又完成了与大港油田石油工程有限公司的业务重组,进一步壮大了管道勘察设计主营业务的实力。

(3)对油气输送储运与技术服务业务进行了重组整合。将原东北输油管理局下属的6个输油气公司纳入局直属单位,对沈阳输油气分公司与丹东中朝友谊输油气分公司进行了合并重组,实现了对全局11个输油气公司的直接管理,实现了业务管理、市场开发、人员培训、财务核算的"四统一",建立起了覆盖东北、西北、华北的油气储运技术服务体系,提高了管理效率。撤销了西北石油管道建设指挥部和东北输油管理局两个副局级建制,成立了西安西北石油管道公司和东北石油管道公司,减少了管理层次,缩短了管理链条,实现了由四级管理向三级管理的转变。

(4)对通信业务资源实施了跨地区的专业化重组。打破原有的分散管理体制,撤销通信处、电力通信工程公司和东北通信公司行政建制,采取合并方式组建了管道局独资的专业化公司——中国石油天然气管道通信电力总公司,实现了规模经济,提高了整体效益。在中油集团公司的支持下,又完成了管道通信电力工程总公司与中油集团公司通信公司的重组整合,成立了中国石油通信公司,为充分利用中油集团公司现有石油通信资源、拓宽业务领域、建设数字管道创造了条件,公司的管理水平和市场竞争能力得到进一步提升和增强。

(5)对全局的定向钻穿越业务进行了重组,成立了由11台定向钻机组成的国内最大的穿越分公司,取得了规模效益。

(6)对全局的土石方施工业务进行了重组,成立了岩土路桥工程分公司,提升了管道局岩土路桥业务的专业化管理水平和市场竞争能力,在利比亚工程中显示了整体优势。在此基础上,将管道建工集团公司与岩土路桥工程分公司进行合并重组,成立了管道工程建设有限公司,实现了优势互补、资源共享。

（7）将石油管道报社和管道电视台合并，组建了管道局新闻中心，在承担企业内外的宣传任务同时，努力开拓外部市场，降低管理费用。

（8）将塔里木管道公司与维修抢修公司进行合并重组，减少了管理机构，降低了管理费用，实现了强强联合、优势互补、精干高效。

（9）对廊坊基地的物业管理处、动力公司、基地建设公司、二基地项目部、公共事业管理处、文体中心等文化、生活服务单位进行了业务重组、改造整合，成立了廊坊基地物业总公司，实行企业化经营、市场化运作、社会化服务。将职业教育培训中心的物业管理职能划入物业总公司，实现了廊坊基地物业的集中统一管理。

几年来，通过主辅分离、同业整合工作的有效开展，管道局的产业结构得到进一步优化。通过精简组织机构，压缩管理层次，缩短管理链条，组织结构得到了进一步改善，实现了精干高效。

2. 业务板块

（1）产业结构调整前，管道局的现存产业主要有六大板块：管道设计施工、机械制造、输油气单位、技术服务、多种经营和后勤社会服务。涉及管道设计施工、能源、机械制造、电信、商贸、餐饮酒店、民用建筑、运输、房地产、农业等多个行业，分布在国内14个省、市、自治区。另外，从1999年开始，管道局组建了燃气开发项目部，围绕涩宁兰、忠武和西气东输的管道建设，积极开发利用下游燃气，开发燃气产业。

（2）产业结构调整后，管道局的现存业务主要有三大部分：主营业务，包括管道设计施工、油气储运技术服务、通信电力和城市燃气四部分；兼营业务，包括油品销售、机械制造、特种运输、建材加工、房地产开发等业务；后勤服务，包括物业、医院、饭店、教育培训、再就业服务、离退休管理等。

（三）石油管道行业综合绩效评价

1. 评价的基础数据

从综合评价出发，立足于历史全面地评价，评价数据采集跨五个预算年度即 2004—2008 年，这样更便于对评价结果的纵向延伸与历史比较研究。

根据前面建立的模型，选取 2004—2008 年的基本指标数据，如表 7-4 所示。

表 7-4 基本指标数据

维度	子系统	基本指标	2004 年	2005 年	2006 年	2007 年	2008 年
经营成果与市场效应状况	盈利能力	净资产收益率（%）	8.9	10.6	12.7	11.5	13.1
		主营业务利润率（%）	28.2	33.5	45.3	47.8	46.3
		总资产报酬率（%）	5.3	7.1	6.7	8.1	7.9
		资本保值增值率（%）	103.2	107.4	108.1	107.3	107.5
		成本费用利润率（%）	7.3	7.2	8.3	7.8	8.7
	偿债能力	资产负债率（%）	43.2	41.0	43.8	44.3	47.6
		现金流动负债比率（%）	13.4	15.9	17.8	18.1	19.2
		流动比率（%）	142.7	141.3	154.1	157.3	163.2
		速动比率（%）	90.7	110.8	115.6	126.5	121.7
	资产运营能力	总资产周转率（%）	1.3	1.5	1.6	1.7	1.8
		流动资产周转率（%）	2.7	2.5	3.1	2.9	3.4
		应收账款周转率（%）	8.4	7.5	10.8	10.2	11.2
	企业发展能力	主营业务利润增长率（%）	25.8	31.5	34.7	33.6	35.8
		资本积累率（%）	12.1	16.2	15.9	16.1	17.2
		利润平均增长率（%）	15.1	16.7	18.0	17.8	18.6
		企业增加值（万元）	53200	58700	65300	67400	68500
	企业创新能力	技术投入比例（%）	23.5	21.3	25.6	26.3	27.4
		新产品研究开发费用率（%）	12.1	18.5	17.7	18.9	20.1
		科研成果转化率（%）	10.4	11.4	13.6	13.7	12.1
	企业主营业务能力	主营业务鲜明率（%）	72.1	83.5	88.6	89.4	90.1
		市场占有率（%）	72.0	73.0	76.0	85.0	88.0
		机器设备完好率	81.0	82.0	83.0	86.0	85.0

续表

维度	子系统	基本指标	2004年	2005年	2006年	2007年	2008年
生产作业基础层次资源要素状况	人力资源状态	职工全员出勤率（%）	85	90	86	93	90
		生产工时利用率（%）	90	92	91	95	96
		劳动生产率（万元/人）	30.11	32.56	35.66	38.43	35.83
		员工转职率（%）	10	12	14	12	15
	成本控制状态	制造费用控制率（%）	1.41	1.46	1.32	1.31	1.26
		能源消耗控制率（%）	1.54	1.46	1.38	1.27	1.12
		原材料消耗控制率（%）	1.32	1.25	1.21	1.18	1.15
		管理费用控制率（%）	1.11	1.06	1.18	1.05	1.03
	设备使用状态	设备完好率（%）	87	86	90	91	96
		设备利用率（%）	81	83	86	88	91
		设备修保完成率（%）	86	90	92	94	95
	生产运行状态	生产进度达标率（%）	91	92	92	95	98
		工期履约率（%）	93	95	96	98	99
	质量控制状态	单位工程一次合格率（%）	86	88	90	95	96
		单位工程优良率（%）	80	82	85	88	89
		产品一次合格率（%）	86	88	90	92	93
		产品优良品率（%）	76	78	80	82	86
		产品流转合格率（%）	85	88	91	93	95
		劳务一次合格率（%）	86	89	92	94	97
		提供劳务优质率（%）	75	78	83	84	86
	安全作业状态	死亡及重伤率（%）	0.1	0.09	0.07	0.06	0.03
		安全事故发生率（%）	0.09	0.06	0.04	0.03	0.02
		事故经济损失（元/人）	864	884	812	623	511
	现场环保状态	作业排污达标率（%）	88	90	92	95	98
		生产噪声控制率（%）	81	83	84	92	93
		作业场所清洁率（%）	82	85	86	93	94

续表

维度	子系统	基本指标	2004年	2005年	2006年	2007年	2008年
组织行为与企业发展状况		领导群体综合素质	3	3	4	4	5
		人力资源开发利用	3	3	3	4	4
		基础管理水平	2	3	3	4	4
		集团治理结构	2	3	3	3	4
		市场占有能力	3	4	4	5	5
		创新能力	2	2	3	3	3
		技术装备更新水平	2	2	3	3	3
		行业或区域影响力	2	3	3	4	4
		科学发展与经营策略	2	3	3	4	4
		长期发展能力预测	2	3	3	3	4

2. 评价的数据处理

基本指标数据经标准化和无量纲化处理以后的数据，如表7-5所示。

表7-5 处理后的数据

维度	子系统	基本指标	2004年	2005年	2006年	2007年	2008年
经营成果与市场效应状况	盈利能力	净资产收益率（%）	8.9	10.6	12.7	11.5	13.1
		主营业务利润率（%）	28.2	33.5	45.3	47.8	46.3
		总资产报酬率（%）	5.3	7.1	6.7	8.1	7.9
		资本保值增值率（%）	103.2	107.4	108.1	107.3	107.5
		成本费用利润率（%）	7.3	7.2	8.3	7.8	8.7
	偿债能力	资产负债率（%）	43.2	41.0	43.8	44.3	47.6
		现金流动负债比率（%）	13.4	15.9	17.8	18.1	19.2
		流动比率（%）	142.7	141.3	154.1	157.3	163.2
		速动比率（%）	90.7	110.8	115.6	126.5	121.7
	资产运营能力	总资产周转率（%）	1.3	1.5	1.6	1.7	1.8
		流动资产周转率（%）	2.7	2.5	3.1	2.9	3.4
		应收账款周转率（%）	8.4	7.5	10.8	10.2	11.2

续表

维度	子系统	基本指标	2004年	2005年	2006年	2007年	2008年
经营成果与市场效应状况	企业发展能力	主营业务利润增长率（%）	25.8	31.5	34.7	33.6	35.8
		资本积累率（%）	12.1	16.2	15.9	16.1	17.2
		利润平均增长率（%）	15.1	16.7	18.0	17.8	18.6
	企业创新能力	企业增加值（万元）	53200	58700	65300	67400	68500
		技术投入比例（%）	23.5	21.3	25.6	26.3	27.4
		新产品研究开发费用率（%）	12.1	18.5	17.7	18.9	20.1
		科研成果转化率（%）	10.4	11.4	13.6	13.7	12.1
	企业主营业务能力	主营业务鲜明率（%）	72.1	83.5	88.6	89.4	90.1
		市场占有率（%）	72.0	73.0	76.0	85.0	88.0
		机器设备完好率	81.0	82.0	83.0	86.0	85.0
生产作业基础层次资源要素状况	人力资源状态	职工全员出勤率（%）	85	90	86	93	90
		生产工时利用率（%）	90	92	91	95	96
		劳动生产率（万元/人）	30.11	32.56	35.66	38.43	35.83
		员工转职率（%）	10	12	14	12	15
	成本控制状态	制造费用控制率（%）	1.41	1.46	1.32	1.31	1.26
		能源消耗控制率（%）	1.54	1.46	1.38	1.27	1.12
		原材料消耗控制率（%）	1.32	1.25	1.21	1.18	1.15
		管理费用控制率（%）	1.11	1.06	1.18	1.05	1.03
	设备使用状态	设备完好率（%）	87	86	90	91	96
		设备利用率（%）	81	83	86	88	91
		设备修保完成率（%）	86	90	92	94	95
	生产运行状态	生产进度达标率（%）	91	92	92	95	98
		工期履约率（%）	93	95	96	98	99

续表

维度	子系统	基本指标	2004年	2005年	2006年	2007年	2008年
生产作业基础层次资源要素状况	质量控制状态	单位工程一次合格率（%）	86	88	90	95	96
		单位工程优良率（%）	80	82	85	88	89
		产品一次合格率（%）	86	88	90	92	93
		产品优良品率（%）	76	78	80	82	86
		产品流转合格率（%）	85	88	91	93	95
		劳务一次合格率（%）	86	89	92	94	97
		提供劳务优质率（%）	75	78	83	84	86
	安全作业状态	死亡及重伤率（%）	0.1	0.09	0.07	0.06	0.03
		安全事故发生率（%）	0.09	0.06	0.04	0.03	0.02
		事故经济损失（元/人）	864	884	812	623	511
	现场环保状态	作业排污达标率（%）	88	90	92	95	98
		生产噪声控制率（%）	81	83	84	92	93
		作业场所清洁率（%）	82	85	86	93	94
组织行为与企业发展状况		领导群体综合素质	3	3	4	4	5
		人力资源开发利用	3	3	3	4	4
		基础管理水平	2	3	3	4	4
		集团治理结构	2	3	3	3	4
		市场占有能力	3	4	4	5	5
		创新能力	2	2	3	3	3
		技术装备更新水平	2	2	3	3	3
		行业或区域影响力	2	3	3	4	4
		科学发展与经营策略	2	3	3	4	4
		长期发展能力预测	2	3	3	3	4

3. 综合指标的判断

依据所采集的五年区间的评价数据，构造综合评价指标的判断矩阵，如表7-6至表7-21所示。

表 7-6 综合判断矩阵

综合评价指标	Z_1	Z_2	Z_3	相对优先权重
Z_1	1	1	2	0.4
Z_2	1	1	2	0.4
Z_3	1/2	1/2	1	0.2

$\lambda_{max}=0$ C.I.=0 C.R.=0<0.1

表 7-7 经营成果与市场效应状况评价指标的判断矩阵

经营成果与市场效应状况评价指标体系	相对优先权重
Z_{11}	0.243
Z_{12}	0.129
Z_{13}	0.114
Z_{14}	0.188
Z_{15}	0.036
Z_{16}	0.037
Z_{17}	0.253

$\lambda_{max}=7.380$ C.I.=0.063 C.R.=0.048<0.1

表 7-8 生产作业基础层次资源要素状况评价指标的判断矩阵

生产作业基础层次资源要素状况评价指标体系	相对优先权重
Z_{21}	0.243
Z_{22}	0.137
Z_{23}	0.086
Z_{24}	0.214
Z_{25}	0.032
Z_{26}	0.038
Z_{27}	0.245

$\lambda_{max}=7.784$ C.I.=0.131 C.R.=0.098<0.1

表 7-9　盈利能力指标的判断矩阵

盈利能力	Z_{111}	Z_{112}	Z_{113}	Z_{114}	Z_{115}	相对优先权重
Z_{111}	1	1/2	2	4	3	0.261
Z_{112}	2	1	3	4	3	0.31
Z_{113}	1/2	1/3	1	2	3	0.162
Z_{114}	1/4	1/4	1/2	1	1/2	0.172
Z_{115}	1/3	1/3	1/3	2	1	0.096

$\lambda_{max}=5.318$　　C.I.=0.080　　C.R.=0.071<0.1

表 7-10　偿债能力指标的判断矩阵

偿债能力	Z_{121}	Z_{122}	Z_{123}	Z_{124}	相对优先权重
Z_{121}	1	1/2	2	4	0.297
Z_{122}	2	1	4	3	0.464
Z_{123}	1/2	1/4	1	1/2	0.105
Z_{124}	1/4	1/3	2	1	0.134

$\lambda_{max}=4.072$　　C.I.=0.024　　C.R.=0.027<0.1

表 7-11　资产运营能力指标的判断矩阵

资产运营能力	Z_{131}	Z_{132}	Z_{133}	相对优先权重
Z_{131}	1	1/2	3	0.379
Z_{132}	2	1	1/2	0.352
Z_{133}	1/3	2	1	0.25

$\lambda_{max}=3.071$　　C.I.=0.036　　C.R.=0.068<0.1

表 7-12　企业发展能力指标的判断矩阵

企业发展能力	Z_{141}	Z_{142}	Z_{143}	相对优先权重
Z_{141}	1	2	3	0.532
Z_{142}	1/2	1	1/4	0.146
Z_{143}	1/3	4	1	0.322

$\lambda_{max}=3.062$　　C.I.=0.031　　C.R.=0.06<0.1

表 7-13　企业创新能力指标的判断矩阵

企业创新能力	Z_{161}	Z_{162}	Z_{163}	相对优先权重
Z_{161}	1	3	1/2	0.379
Z_{162}	1/3	1	3	0.371
Z_{163}	2	1/3	1	0.25

$\lambda_{max}=3.085$　　　　C.I.=0.0425　　　　C.R.=0.082<0.1

表 7-14　企业主营业务能力指标的判断矩阵

企业主营业务能力	Z_{171}	Z_{172}	Z_{173}	相对优先权重
Z_{171}	1	3	4	0.630
Z_{172}	1/3	1	1/2	0.152
Z_{173}	1/4	2	1	0.218

$\lambda_{max}=3.089$　　　　C.I.=0.0445　　　　C.R.=0.086<0.1

表 7-15　人力资源状态指标的判断矩阵

人力资源状态	Z_{211}	Z_{212}	Z_{213}	Z_{214}	相对优先权重
Z_{211}	1	2	3	2	0.428
Z_{212}	1/2	1	2	1/2	0.211
Z_{213}	1/3	1/2	1	1/4	00.064
Z_{214}	1/2	2	4	1	0.297

$\lambda_{max}=4.209$　　　　C.I.=0.069　　　　C.R.=0.074<0.1

表 7-16　成本控制状态指标的判断矩阵

成本控制状态	Z_{221}	Z_{222}	Z_{223}	Z_{224}	相对优先权重
Z_{221}	1	1/2	2	3	0.291
Z_{222}	2	1	3	2	0.416
Z_{223}	1/2	1/3	1	1/2	0.121
Z_{224}	1/3	1/2	2	1	0.172

$\lambda_{max}=4.15$　　　　C.I.=0.05　　　　C.R.=0.053<0.1

表 7-17 设备使用状态指标的判断矩阵

设备使用状态	Z_{231}	Z_{232}	Z_{233}	相对优先权重
Z_{231}	1	2	2	0.481
Z_{232}	1/2	1	3	0.353
Z_{233}	1/2	1/3	1	0.166

$\lambda_{max}=3.1$　　　　C.I.=0.05　　　　C.R.=0.086<0.1

表 7-18 生产运行状态指标的判断矩阵

生产运行状态	Z_{241}	Z_{242}	相对优先权重
Z_{241}	1	1/2	0.667
Z_{242}	2	1	0.333

$\lambda_{max}=0$　　　　C.I.=0　　　　C.R.=0<0.1

表 7-19 质量控制状态指标的判断矩阵

质量控制状态	相对优先权重
Z_{251}	0.221
Z_{252}	0.109
Z_{253}	0.100
Z_{254}	0.232
Z_{255}	0.038
Z_{256}	0.052
Z_{257}	0.248

$\lambda_{max}=7.69$　　C.I.=0.115　　　　C.R.=0.087<0.1

表 7-20 安全作业状态指标的判断矩阵

安全作业状态	Z_{261}	Z_{262}	Z_{263}	相对优先权重
Z_{261}	1	1/2	2	0.261
Z_{262}	2	1	1	0.408
Z_{263}	1/2	1	1	0.331

$\lambda_{max}=3.054$　　　C.I.=0.027　　　　C.R.=0.046<0.1

表 7-21　现场环保状态指标的判断矩阵

现场环保状态	Z_{211}	Z_{212}	Z_{213}	相对优先权重
Z_{211}	1	2	3	0.539
Z_{212}	1/2	1	1/3	0.164
Z_{213}	1/3	3	1	0.297

$\lambda_{max}=3.097$　　　　C.I.=0.048　　　　C.R.=0.0836<0.1

4. 周期延伸综合评价

实证过程中连续采集 5 年数据，各年度均有综合绩效评价结果。这些年度评价结果为开展周期延伸综合评价提供了依据。

2004—2008 年度各年份指标的综合加权平均值，如表 7-22 所示。

表 7-22　各年份指标的综合加权平均值

维度	指标	2004 年	2005 年	2006 年	2007 年	2008 年
经营成果与市场效应状况	盈利能力	−0.09	0.526	1.132	1.147	1.107
	偿债能力	0.0256	0.497	0.887	0.572	1.15
	资产运营能力	0.317	0.271	1.00045	0.991	1.228
	发展能力	0.327	0.721	1.09	1.003	1.288
	增加值	0.358	0.655	1.012	1.126	1.186
	创新能力	0.136	0.254	0.783	0.892	1.17
	主营业务评价	0.122	1.622	0.878	1.004	1.284
		0.128	1.549	0.996	0.982	1.210
生产作业基础层次资源要素状况	人力资源状态	−0.375	0.107	−0.71	0.809	0.168
	成本控制状态	−0.636	−0.091	−0.379	0.32	1.076
	设备设施状态	−1.045	−0.803	0.046	0.439	1.363
	生产运行状态	−1.048	−0.538	−0.398	0.575	1.409
	质量控制状态	−1.246	−0.668	0.047	0.674	1.194
	安全作业状态	−0.866	−0.711	−0.309	0.329	1.557
	现场环保状态	−0.793	−0.423	−0.119	0.471	1.027
		−0.766	−0.326	−0.345	0.554	0.962

第七章 石油管道产业综合绩效评价模式实证研究

续表

维度	指标	2004年	2005年	2006年	2007年	2008年
组织行为与企业发展状况	领导班子综合素质	−0.956	−0.956	0.239	0.239	1.434
	人力资源开发状况	−0.730	−0.730	−0.730	1.095	1.095
	基础管理水平	−1.434	−0.239	−0.239	0.956	0.956
	公司治理结构	−1.414	0	0	0	1.414
	市场占有能力	−1.434	−0.239	−0.239	0.956	0.956
	创新能力	−1.095	−1.095	0.730	0.730	0.730
	技术装备更新水平	−1.095	−1.095	0.730	0.730	0.730
	行业或区域影响力	−1.434	−0.239	−0.239	0.956	0.956
	科学发展与经营策略	−1.434	−0.239	−0.239	0.956	0.956
	长期发展能力预测	−1.414	0	0	0	1.414
		−1.244	−0.483	0.1103	0.662	1.064
综合评价		−0.504	−0.0074	0.261	0.747	1.482

为了明显起见，把各年综合评价值、经营成果评价、作业基础评价和组织行为评价画成图，如图7-2和7-3所示。

	2004年	2005年	2006年	2007年	2008年
——综合评价值	−0.504	−0.0074	0.261	0.747	1.482

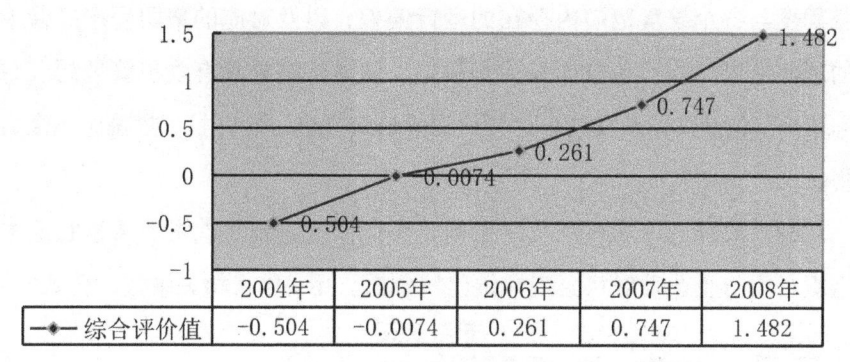

图7-2 综合评价值

■ 自然垄断行业企业集团综合绩效评价模式

	2004年	2005年	2006年	2007年	2008年
经营成果	0.128	0.549	0.996	0.982	1.21
作业基础	-0.766	-0.326	-0.345	0.554	0.962
组织行为	-1.244	-0.483	0.0013	0.662	1.064

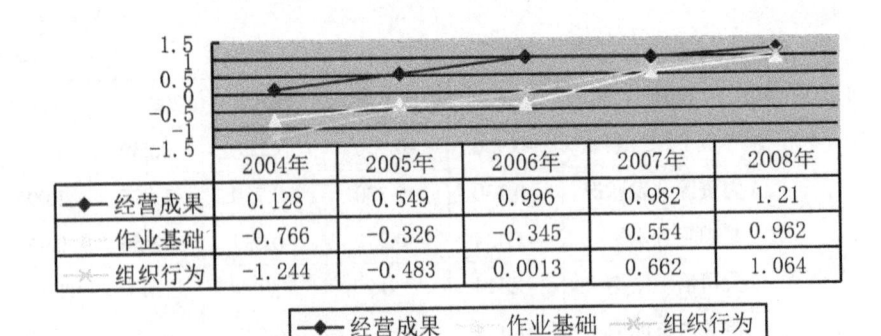

图 7-3 经营成果、作业基础和组织行为评价比较

根据上图可以看出，综合绩效是逐年提高的。经营成果、作业基础和组织行为的绩效除了个别年份，也是在逐年增加的。

5. 三维综合绩效相关分析

鉴于三维综合绩效评价模式各维度指标体系之间存在着内在的、本质的必然联系，相关程度密切，经过计算机数据处理系统处理后的各个维度结果，在三个维度之间可以进行两两相关分析，并且计算出两两维度评价结果的相关系数。通过对相关系数的大小程度的比较分析，可以定量地描述各个维度之间的关联程度与各个维度范畴内存在的运行偏差，以及对应的集团生产经营中存在的现实问题，进而通过调控运行偏差，使评价结果具有发现管理漏洞与存在问题环节的企业诊断功能，达到运用评价结果进一步开发、挖掘组织潜力的作用。

对经营成果与市场效应状况指标、生产作业基础层次资源要素状况指标和组织行为与企业发展状况指标做比较分析。用 r 代表相关系数，公式如下：

$$r = \frac{\overline{xy} - \overline{x}\,\overline{y}}{\sigma_x \cdot \sigma_y}; \quad \sigma_x = \sqrt{\frac{\sum(x-\overline{x})^2}{n}}; \quad \sigma_y = \sqrt{\frac{\sum(y-\overline{y})^2}{n}}。$$

其中，R_{xy} 代表经营成果与生产作业的相关系数；r_{yz} 代表生产作业与组织行为的相关系数；r_{xz} 代表经营成果与组织行为的相关系数。数据如表 7-23 所示。

表 7-23　各年份综合值

	经营成果 x	生产作业 y	组织行为 z
2004 年	0.128	−0.766	−1.244
2005 年	0.549	−0.326	−0.483
2006 年	0.996	−0.345	0.0013
2007 年	0.982	0.554	0.662
2008 年	0.210	0.962	1.064
$\bar{x}$	0.773		
$\bar{y}$		0.016	
$\bar{z}$			0.00006
σ_x	0.387		
σ_y		0.639	
σ_z			0.819
$\overline{xy}$	0.217		
$\overline{yz}$	0.5		
$\overline{xz}$	0.303		

根据相关系数公式和表中数据可求得：$R_{xy}=0.83$；$r_{yz}=0.96$；$r_{xz}=0.95$。

根据统计学原理，两个变量的相关系数在 0.8 以上的属于高度相关，所以，经营成果与市场效应状态评价指标、生产作业基础层次资源要素状况评价指标和组织行为与企业发展状况评价指标是高度相关的。

（四）三维综合评价绩效档次分析

为了对综合绩效评价结果进行纵向对比，可以借鉴国外企业资信评级的做法，将评价结果分段分级表示，进行比较分析，如表 7-24 所示。

表 7-24 评价得分分段

等级	级别	分数区间
优	Aaa	1.5 以上
	Aa	1.3 ~ 1.5
	A	1.0 ~ 1.3
良	Bbb	0.7 ~ 1.0
	Bb	0.5 ~ 0.7
	B	0 ~ 0.5
中	Cc	−0.5 ~ 0
	C	−1.0 ~ −0.5
低	D	−1.5 ~ −1.0
差	E	−1.5 以下

通过比较系列指标最终评价结果所处区间的跨度大小，我们对石油管道产业可以得到以下四类评价结果。

1. 绩效跨越上升

如果综合指标评价结果上升明显，其所处级别由 E 上升到调整后的 B 以上，或由 D 上升到 Bbb 以上、由 C 上升到 Aa 以上、由 Cc 上升到 Aaa 以上，则说明管道产业取得了跨越式的成效，财务状况从本质上得到显著改善，生产销售状况和经营管理水平明显提高。

2. 绩效明显提高

如果综合指标评价结果上升较快，其所处级别由 E 上升到 Cc 以上，或由 D 上升到 B 以上、由 C 上升到 Bbb 以上、由 Cc 上升到 Aa 以上，则说明管道产业取得了一定的成效，财务状况得到较明显的改善，由原来处于行业的落后水平或平均水平达到了行业的平均水平或优良水平，公司生产销售以及经营管理水平整体得到提高。

3. 绩效程度一般

如果综合指标评价结果上升不太明显，其所处级别没有明显的跨度，如由

E 到 D 以及由 D 到 C，则说明管道产业取得了成效，财务状况、生产销售状况和经营管理水平没有明显提高。或综合指标有一定提高，但不是从本质上得到改善，而且财务状况的变动与企业绩效无明显的相关性，可能是产业及国家的经济周期形成的总体波动带来的。

4. 综合绩效滑坡

如果综合指标总得分没有上升或不升反降，则说明管道产业绩效没有改善，财务状况、生产销售状况和经营管理水平处于下滑状况。

按照三维评价计算机处理数据的结果可以看出，中国石油天然气管道局 2004 年综合指标总得分为 -0.504，评价得分所处的级别为 c 级；2005 年综合指标总得分为 -0.0074，评价得分处于 Cc 级，绩效比 2004 年有所提高。2006 年综合指标总得分为 0.261，评价得分处于 B 级，绩效比 2005 年又有所提高。2007 年综合指标总得分为 0.747，评价得分处于 Bbb 级，绩效比 2007 年有所提高。2008 年综合指标总得分为 1.482，评价得分处于 Aa 级，绩效比 2007 年有所提高。综上所述，绩效是逐年提高的，而且上升幅度比较快，整个管道行业处于上升趋势与扩张发展阶段。

（五）评价结果回归反馈

对于上述综合绩效评价结果，在石油管道产业各个层面征询意见，回归进行信息反馈。与决策层、管理层、协调层、控制层、作业层的不同群体进行座谈，普遍认为利用综合评价指标体系对石油管道产业评价的结果客观科学、可信有效，可以作为石油管道产业战略发展决策的基本借鉴和依据，同时也可以在国资委系统的自然垄断行业企业集团综合绩效评价中推广应用。

本章小结

本章对自然垄断行业企业集团综合绩效评价模式的三维评价指标体系应用

自然垄断行业企业集团综合绩效评价模式

效果进行实证研究,研究对象为典型的自然垄断行业企业集团——中国石油天然气管道局。实证过程中,对石油管道的产业结构、组织结构、资源分布结构、经营发展战略、业务板块与生产运行格局进行了较为深入的研究,在此基础上,采用纵向历史数据采集方法,运用综合绩效评价模式指标体系,对石油管道产业 2004—2008 年 5 个预算年度的基本数据与相关的数据进行处理,取得石油管道产业连续五年的综合绩效评价结果。实证过程中对跨度 5 年的综合绩效评价结果进行纵向延伸比较分析,运用计算机数据处理方法,对三维指标体系的评价结果进行两两相关分析,计算出各个维度之间的相关系数。在取得综合绩效评价结果的同时,还可以利用相关的分析结果为石油管道产业发展与生产经营的诊断提供依据。同时结合行业特点,依据评价结果划分了绩效档次。对于石油管道产业综合绩效"跨越上升、显著提高、变化一般、明显滑坡"几个档次进行了量化界定。实证结果分析说明,石油管道产业的生产经营处于绩效跨越上升趋势与扩张发展阶段。然后按照实证运行程序,在石油管道产业组织不同层级的管理者与员工群体座谈,进行综合绩效评价结果的信息反馈,其评价结果得到普遍认可,被认为"客观科学、运行有效",可以作为石油管道产业发展战略决策的主要依据之一,并确认这一评价模式的指标体系可以在国资委系统所属一定范围的自然垄断行业企业集团推广应用。

第八章 结论与展望

本书研究的目标立足于垂直型自然垄断行业企业集团综合绩效评价现状与存在的问题，运用自然垄断行业及其规制经济理论与现代管理技术方法，针对研究对象的"纵向一体化、垂直层次、衔接紧密"组织结构特点与运行模式，结合生产任务重心处于作业层次与基础部位的特点，面对自然垄断行业企业集团人、财、物、技术、信息的生产要素集中在生产现场载体的现实，构建了综合绩效评价模式的评价指标体系。这一立体结构的三维评价体系，具有基础性、综合性、实践性、导向型、激励性、对策性、开发性等效能。评价结果达到了"组织气氛与管理行为、生产过程与生产成果、企业内部系统与社会市场系统、组织评价与群体评价"的有机统一，实现了"规范尺度、综合评价、科学分类、定位排序、群体激励、挖掘潜能、提高效益"的要求。这一研究成果即基本结论完全符合发展国有经济，增强国有资本控制力的要求。

（一）课题研究结论

1. 达到预期要求

（1）关于自然垄断行业属性与规制经济的研究。从研究自然垄断行业企业集团综合绩效评价背景出发，对自然垄断与网络产业、自然垄断的特征、自然垄断的社会成本、自然垄断的公共性、自然垄断的规制理论基础进行了理论研究综述；对国内外自然垄断行业企业集团的载体即具有网络产业经济性质的铁路、民航、邮政、军工、电信、管道运输、石油天然气等自然垄断领域的规制属性与公共事业特征，及其发展沿革进行了理论研究。

通过理论研究全面认识到，我国现行经济体制下的自然垄断行业企业集团是在经济体制改革的进程中形成的。自 21 世纪 90 年代初，我国的经济体制由有计划的商品经济向社会主义市场经济体制过渡，行业管理部门及国家各级产业管理部门与其相对应的经济管理体制发生了根本性的变革。政企职能分开，导致绝大部分国家的产业行政管理部门淡出政府序列。它们中间的大部分演变成为"功能性、专业性、自律性"的行业协会，行业协会的成员单位即企业，它们完全进入市场，在"国家调控市场，市场引导企业"的经济环境下运行。除了与自然垄断行业相对应的部分产业管理部门（如铁道部、民航局、邮政局、能源局等）外，其余的自然垄断行业相继改制重组为垂直型、纵向一体化的企业集团。经过近 10 年的发展以及相继的购并整合再重组，其经济实力和对国民经济的控制力逐步增强，已经成为国家社会发展的经济支柱和主导力量，引领我国多种经济成分共同发展。目前，我国的社会主义市场经济体制已经基本形成。2008 年以来金融风暴的冲击，之所以对我国的影响要远远小于西方国家，主要原因是国家牢牢地控制着自然垄断行业。因此，在这一政治经济背景下，无论国内外形势如何变化，国家对自然垄断行业经济的调控力度都只能加强而决不能放松。同时，对于自然垄断行业企业集团综合绩效的评价激励更应给予高度重视，列入重要的议事日程，进一步形成切实可行的评价机制、激励机制、约束机制、监管机制，进而确保垄断性网络产业及国有经济的控制力和主导作用。

（2）关于自然垄断行业企业集团组织结构与运行模式的研究。基于我国自然垄断行业企业集团的发展，对企业集团的相关含义、特征、功能进行深入研究，对国内外跨国垄断企业集团的组织结构与运行模式进行剖析，并对其经验教训进行评述。在此基础上追溯了我国大型企业集团的发展历史与运行模式的演变，并进行理论探讨。结合改革开放 40 多年来我国经济体制从计划经济到市场经济的变革过程，探讨了伴随经济体制改革的企业管理体制演进过程，对企业管理体制变革运行中的现代企业制度与规范运作，企业制度变革与产权制度变革，依据《公司法》的企业集团改制、重组并购等与自然垄断行业企业集团发展相关的重大理论与实践问题进行了研究。从我国自然垄断行业企业集团发展壮大的过程出发，根据《公司法》和国务院国资委国有资产监管的有关规定，借鉴发达国家经验，回顾我国大型企业集团形成过程的组织结构、运行模式的沿革历史，针对我国大型企业集团管理体制、运行机制、评价机制、组织结构模式存在的主要问题，即"组织框架结构头重脚轻""工作重心与绩效评价上浮"，按照国务院国资委"强化基层管理、强化基础工作、管理重心下移"要求，从做大做强垄断行业企业集团与完善评价激励机制出发，构思了"突出作业层次与基础部位、管理运作控制重心下移、直线职能科层结构"并体现自然垄断行业企业集团特征的垂直型纵向一体化的组织结构与逻辑运行模式。这一模式的提出是本书的创新点之一。与此组织结构、运行模式相对应，将体现工作重心下移的"作业层次与基础部位"作为自然垄断行业企业集团综合绩效评价的基本内容之一。

（3）关于自然垄断行业企业集团综合绩效评价的价值观与方法论的研究。在对企业绩效评价的资本保全、保值增值、出资人权益、绩效评价体系的价值取向、评价运行演进过程及其发展趋势等内容研究的基础上，对自然垄断行业企业集团综合绩效评价的方法进行综述研究。从研究过程可以看出，目前，国家财政部、国家统计局、国务院国资委的评价体系基本上是移植发达国家财务性成果的定量评价，几乎没有运用非财务性定性评价，更没有涉及作业层次基础部位的生产要素评价。我国目前的企业绩效评价仅仅是产出成果的一维评价，还没有达到发达国家财务成果定量与非财务成果定性相结合的两维评价，更谈不上体现作业层次基础部位生产要素的三维评价，显然不能客观、科学地反映自然垄断行业企业集团综合绩效。发达国家由于社会制度的局限，及其相应的政治经济环境有一定的缺陷，因此基本适应其环境下的竞争性、非垄断性企业两维绩效评价模式。从我国自然垄断行业企业集团组织结构与运行模式可

自然垄断行业企业集团综合绩效评价模式

以看出，生产经营的重心在作业层次基础部位，人、财、物、技术、信息等生产要素集中于这一基础载体。根据我国国情和基本的政治经济制度，结合自然垄断行业企业集团组织结构与运行现状，作业层次基础部位的生产要素状况必须作为主要评价内容之一，而这一部位的要素状况均可定量评价。将作业层次基础部位生产要素状况指标纳入构建行业性企业集团综合评价模式也是本书的创新点之一。上述研究进一步明确了自然垄断行业企业综合绩效评价模式的评价指标体系构成，初步形成了涵盖"经营成果与市场效应状况指标、生产作业基础层次资源要素状况指标、组织行为与企业发展状况指标"的自然垄断行业企业集团综合绩效三维评价模式及其综合指标体系的研究思路。

2. 取得阶段成果

本研究的阶段性成果，体现在自然垄断行业领域的相关理论、方法与实证方面有一定突破，取得创新成果，主要表现在以下方面。

（1）理论创新。提出并界定了自然垄断行业企业集团组织结构类型即区域自然垄断型与功能垄断型；提出并界定了自然垄断行业企业集团资产实物形态载体即作业层次基础部位的概念；提出并定义了自然垄断行业企业集团的作业层次基础部位为综合绩效评价重点范畴的概念；提出并定义了自然垄断行业企业集团经营成果的价值形态评价与作业层次基础部位的实物形态评价有机统一的概念；在我国一维评价与国外两维评价的基础上，提出并定义了自然垄断行业企业集团综合绩效三维评价模式的概念；在理论创新的前提下，分析了构建综合绩效评价模式的制约因素，结合实际，借鉴国内外经验教训，对于自然垄断行业企业集团综合绩效三维评价模式的立体结构、各个体系的指标构成等界定了内容，并对综合绩效三维评价模式指标体系所设置指标的选择过程、标准尺度及其综合评价结果的整合积分方法进行了程序性的规范，为自然垄断行业企业集团综合绩效评价模式三维立体指标体系的具体设置奠定了基础。

（2）方法创新。在上述自然垄断行业企业集团绩效评价概念等理论指导下，将国内外普遍运用的财务成果评价创新为经营成果与市场效应评价（评价维度之一）；创建了自然垄断行业企业集团作业层次基础部位资产实物形态的量化评价方法；创建了体现自然垄断行业企业集团作业层次基础部位量化指标的评价体系（评价维度之二）；创建了本指标体系和经营成果与市场效应评价的合成方法，这一合成克服了单一财务成果指标的缺陷，使自然垄断行业企业集团基础层次作业部位的资产实物量化指标与对应的经营成果与市场效应指标相结合，体现了二者的有机统一。将国外普遍采用的"绩效评价与态度测量"组织行为评价指标创新为组织行为与企业发展状况的评价指标体系（评价维度之三）；创建了这一评价维度与上述两个维度之间的绩效合成方法；鉴于财务性经营成果与市场效应、现场生产作业与组织行为之间三者存在着内在有机因果逻辑关系，创建了上述三维度之间两两相关系数分析方法。三维指标体系的设置与各维度之间的相关分析，奠定了自然垄断行业企业集团综合绩效评价模式的基础。上述系列评价方法体现了自然垄断行业企业集团综合绩效评价的中国特色，具有原创性的意义。

（3）实证创新。对自然垄断行业企业集团综合绩效评价模式三维评价指标体系的研究成果进行实证研究，研究对象为典型的自然垄断行业企业集团——中国石油天然气管道局。实证过程中，对石油管道的产业结构、组织结构、资源分布结构、经营发展战略、业务板块与生产运行格局进行了较为深入的研究，在此基础上，采用纵向历史数据采集方法，运用综合绩效评价模式指标体系对石油管道产业2004—2008年5个预算年度的基本数据与相关的数据进行处理，取得石油管道产业连续五年的综合绩效评价结果。实证结果分析说明，石油管道产业作为高技术新兴产业的生产经营处于"绩效跨越上升趋势与扩张发展阶段"。同时，根据综合绩效评价结果的信息反馈来看，其评价结果得到普遍认可，被认为这一指标体系"客观科学、运行有效"，可以作为石油管道产业发展战略决策的主要依据之一。

（二）课题研究展望

本书研究的结论体现了课题研究的阶段性成果。自然垄断行业企业集团综合绩效评价是自然垄断行业企业发展的重大课题，还有诸多领域需要延伸研究，还存在本课题尚未解决的相关问题。主要表现在：自然垄断行业企业集团上市后带来的分散的投资群体评价方式的问题；分支公司跨国经营带来的不同文化背景与价值形态评价的问题；自然垄断行业企业集团产权结构为国有独资和国有资本绝对控股，全体公民为虚拟的出资人，要如何体现其评价行为的问题；等等。这些问题在本阶段研究中有的尚未涉及，有的涉及甚浅，有待后续延伸研究。

但总的来说，这一课题研究在国内外研究的基础上，拓展了新的研究领域，在某些方面具有原创性突破，必将对自然垄断行业企业集团的发展与评价激励发挥相应的作用。伴随着全面贯彻落实科学发展观，鼓励发展具有国际竞争力的大企业集团，企业集团综合绩效评价必将在自然垄断行业全面开展，我们也将会继续深入研究下去，进一步取得新的研究成果。

参考文献

[1] 植草益.微观管制经济学[M].北京：中国发展出版社,1992.

[2] 钱德勒.战略与结构：美国工商企业成长的若干篇章[M].盛洪,译.昆明：云南人民出版社,2002.

[3] 古普塔.金融自由化与投资[M].沈志华.北京：经济科学出版社,1994.

[4] 赵玉林.现代科学方法导引[M].武汉：湖北教育出版社,1989.

[5] 鲍德威,维迪逊.公共经济学[M].黄恒学,译.北京：中国人民大学出版社,2000.

[6] 萨缪尔森.经济学[M].胡代光,译.北京：北京经济学院出版社,1996.

[7] 萨缪尔森.经济学——原理、问题和政策[M].陈晓,译.北京：北京大学出版社,1985.

[8] 布坎南.公共产品的需求与供应[M].马珺,译.北京：北京经济学院出版社,1994.

[9] 波斯特.法律的经济分析[M].蒋兆康,译.北京：中国大百科全书出版社,1997.

[10] 拉索.公司的概念[M].安宝生,译.北京：北京师范大学出版社,1998.

[11] 德鲁克.公司绩效测评[M].梅清豪,译.北京：中国人民大学出版社,1999.

[12] 沃尔夫.市场与政府[M].谢旭,译.北京:中国发展出版社,1997.

[13] 成思危.中国企业面临的问题与对策[M].北京:民主与建设出版社,2000.

[14] 财政部统计评价司.企业绩效评价工作指南[M].北京:经济科学出版社,2006.

[15] 财政部统计评价司.企业绩效评价问答[M].北京:经济科学出版社,2007.

[16] 财政部统计评价司.企业绩效评价标准值(上)[M].北京:经济科学出版社,2007.

[17] 财政部统计评价司.企业绩效评价标准值(下)[M].北京:经济科学出版社,2007.

[18] 曹煦.西方管理思想概要[M].北京:经济管理出版社,1989.

[19] 曹建海.自然垄断行业的竞争与管制问题研究——以中国民航运输为例[J].中国工业经济,2002(8):38-46.

[20] 常大勇,李念伟.经济管理数学模型[M].北京:北京经济学院出版社,1996.

[21] 陈富良.自然垄断行业:效率来自民营还是来自竞争[J].当代财经,2000(4):52-56.

[22] 陈爱林.韩国国有企业之路[M].兰州:兰州大学出版社,1999.

[23] 陈佳贵,黄速建.企业经济学[M].北京:经济科学出版社,1998.

[24] 陈章武.管理经济学[M].北京:清华大学出版社,1996.

[25] 崔运武.公共事业管理概论[M].北京:高等教育出版社,2006.

[26] 卡尔顿,佩罗夫.现代产业组织[M].黄亚钧,等译.上海:上海三联书店,1998.

[27] 耶金.石油风云[M].东方编译所,译.上海:上海人民出版社,1992.

[28] 邓翔.天然气行业建立现代企业制度需明确和解决的问题[J].天然气工业,1995(4):67-69.

［29］邓荣霖.现代企业制度概论［M］.北京：中国人民大学出版社，1995.

［30］邓荣霖.论公司［M］.北京：中国人民大学出版社，2002.

［31］戴均陶.现代管理评价技术［M］.北京：机械工业出版社，1994.

［32］诺顿.平衡积分法战略行动［M］.刘俊勇，译.北京：中国社会科学出版社，1997.

［33］穆勒.功利主义［M］.刘富胜，译.北京：中国文学出版社，2000.

［34］格罗斯尔.德意志联邦共和国经济政策及实践［M］.晏小宝，等译.上海：上海翻译出版公司，1992.

［35］杜胜利.企业经营业绩评价［M］.北京：经济科学出版社，1999.

［36］冈德森.美国经济史新编［M］.杨宇光，译.北京：商务印刷馆，1994.

［37］塔洛克.对寻租活动的经济分析［M］.李政军，译.成都：西南财经大学出版社，2000.

［38］张军，仇向洋.企业组织结构模式的选择［J］.中外管理，1997（9）：32-34.

［39］国家工商行政管理局.企业集团登记管理暂行规定［M］.北京：工商出版社，1998.

［40］冯平.评价论［M］.北京：东方出版社，1995.

［41］黄菊波.新中国企业财务挂历发展史［M］.北京：经济科学出版社，2003.

［42］胡家勇.论基础设施领域改革［J］.管理世界，2003（4）：59-67.

［43］金碚.国有企业根本改革论［M］.北京：北京出版社，2002.

［44］张维迎.信息、管制与中国电信业的改革［M］.北京：社会科学文献出版社，2000.

［45］夏皮罗，等.信息网络经济的策略指导［M］.张帆，译.北京：中国人民大学出版社，2000.

［46］克莱因.纵向一体化、可剥削租金和竞争性合同订立过程［M］.孙经纬，译.上海：上海财经大学出版社，2000.

[47] 刘光起.管理模式：企业集团版［M］.北京：企业管理出版社，1999.

[48] 林孔兴.企业集团发展战略研究［M］.北京：工商出版社，1999.

[49] 中国会计学会.企业经营绩效评价研究［M］.北京：中国财政经济出版社，2002.

[50] 卢福财.用网络战略来赢得竞争［M］.北京：经济管理出版社，2004.

[51] 亚当斯.英国邮政总局的改革与发展［M］.金碚，译.北京：经济管理出版社，1999.

[52] 张昕竹.网络产业：管制与竞争理论［M］.北京：社会科学文献出版社，2000.

[53] 李存芳，蒋业香，周德群.企业核心竞争力评价：衰退矿区战略转移前提研究［J］.科研管理，2007，28（4）:134-140.

[54] 李家连.现代企业经营分析［M］.北京：经济管理出版社，1998.

[55] 李景元.企业基层建设综合评价［M］.北京：法律出版社，1993.

[56] 李景元.企业现场效益增长与量化评估［M］.北京：企业管理出版社，1998.

[57] 李景元.企业效益开发与基础管理［M］.北京：经济管理出版社，2006.

[58] 李景元.现代企业运行机制与基础工作创新［M］.北京：中国经济出版社，2007.

[59] 李景元.中国灰领的崛起［M］.北京：中国经济出版社，2007.

[60] 李景元.现代企业运行机制与评价激励创新［M］.北京：中国经济出版社，2008.

[61] 李伟红.绩效管理在中央企业的实践［J］.决策与信息，2007（6）:64-65.

[62] 林毅夫，蔡昉，李周.充分信息与国有企业改革［M］.上海：上海人民出版社，1997.

[63] 刘树杰.电力产业的自然垄断分析［M］.北京：中国计划出版社，1999.

[64] 刘戒骄.英国电信产业的放松管制和对主导运营商BT的再管制［J］.中

国工业经济，2002（1）：32-40.

[65] 刘戒骄，赫丛喜. 重新认识网络产业的规模经济和范围经济问题[J]. 福建论坛，2002（2）：12-18.

[66] 刘戒骄，杨晓龙. 网络竞争与网络产业改革[J].2004（7）：50-56.

[67] 刘戒骄. 垄断产业改革——基于网络视角的分析[M]. 北京：经济管理出版社，2005.

[68] 刘阳平，叶元煦. 电力产业的自然垄断特征分析[J]. 哈尔滨工程大学学报，1999（5）：94-99.

[69] 罗云会，夏大慰. 自然垄断产业进一步放松管制的理论依据——基于对成本曲线的重新理解[J]. 中国工业经济，2003（8）：50-56.

[70] 罗斯. 公司部门业绩核算问题[M]. 杨通进，译. 北京：中国社会科学出版社，1984.

[71] 赵玉林. 高技术产业经济学[M]. 北京：中国经济出版社，2004.

[72] 巴克沃. 绩效管理[M]. 陈舟平，译. 北京：中国标准出版社，1999.

[73] 马松平. 天然气价格机制与体制[M]. 北京：石油工业出版社，2000.

[74] 马璐. 企业战略性绩效系统研究[M]. 北京：经济管理出版社，2004.

[75] 费雪. 百分之百的货币[M]. 李彬，译. 北京：中国社会科学出版社，1985.

[76] 张理泉. 工业行业管理[M]. 北京：中国人民大学出版社，1994.

[77] 波特. 竞争战略[M]. 陈悦，译. 北京：华夏出版社，2007.

[78] 迪屈奇. 交易成本经济学[M]. 王铁生，葛立成，译. 北京：经济科学出版社，1999.

[79] 泰兰. 财务比率分析[M]. 朱邦芊，迟凯，译. 北京：中国对外翻译出版公司，1998.

[80] 孟建民. 中国企业绩效评价[M]. 北京：中国财政经济出版社，2002.

[81] 彭勇行. 管理决策分析[M]. 北京：科学出版社，2000.

[82] 乔彦军. 现代企业制度与现代企业会计[M]. 北京：经济管理出版社，

1999.

[83] 周振华. 产业融合: 产业发展及经济增长的新动力 [J]. 中国工业经济, 2003 (4): 46-52.

[84] 弗里德曼. 价格理论 [M]. 蔡继明, 苏俊霞, 译. 北京: 华夏出版社, 2011.

[85] 戚聿东. 自然垄断管制的理论与实践 [J]. 当代财经, 2001 (12): 49-53+63.

[86] 戚聿东. 我国自然垄断产业分拆式改革的误区分析及出路 [J]. 管理世界, 2002 (2): 74-80+94.

[87] 任浩. 企业组织设计 [M]. 上海: 学林出版社, 2008.

[88] 三隅二不二. 领导行为科学 [M]. 刘允之, 王南, 文宝忠, 译. 北京: 光明日报出版社, 1991.

[89] 赵玉林. 科技成果转化的经济学分析 [M]. 北京: 企业管理出版社, 2000.

[90] 沈志渔. 我国自然垄断产业的市场绩效分析 [J]. 河南社会科学, 1998 (3): 36-40.

[91] 斯蒂格勒. 规制能规制什么 [M]. 施仁, 译. 北京: 北京经济学院出版社, 1990.

[92] 孙建国, 李文溥. 从依靠管制转向依靠市场——自然垄断行业引入竞争机制的趋势分析 [J]. 东南学术, 2002 (4): 24-29.

[93] 孙涛. 煤炭企业集团投资决策方法科学化的探讨 [J]. 内蒙古煤炭经济, 2007 (7): 15-17+8.

[94] 拉蒙特. 判断价值 [M]. 马俊峰, 等译. 北京: 中国人民大学出版社, 1992.

[95] 王光远. 管理审计理论 [M]. 北京: 中国人民大学出版社, 1996.

[96] 王化成. 企业业绩评价 [M]. 北京: 中国人民大学出版社, 2005.

[97] 王俊豪. 论自然垄断产业的有效竞争 [J]. 经济研究, 1998 (8): 42-46.

［98］王俊豪.中国政府管制体制改革研究［M］.北京：经济科学出版社，1999.

［99］王金存.破解难题——世界国有企业比较研究［M］.上海：华东师范大学出版社，1999.

［100］王秦平.企业集团论［M］.北京：企业管理出版社，2002.

［101］王延杰.中国公共经济理论与实践［M］.北京：中国财政经济出版社，2004.

［102］王毅，陈劲，许庆瑞.企业核心能力：理论溯源与逻辑结构剖析［J］.管理科学学报，2009（1）：24-32+43.

［103］鲍莫尔.自由市场创新机器：资本主义的增长奇迹［M］.郭梅军，等译.北京：中国社会科学出版社，2004.

［104］熊彼特.资本主义、社会主义与民主［M］.吴克峰，译.北京：商务印书馆，1979.

［105］熊彼特.经济发展理论——对利润、资本、信贷、利息和经济周期的考察［M］.何畏，易家祥，等译.北京：商务印书馆，1990.

［106］徐寿波.技术经济学［M］.南京：江苏人民出版社，1990.

［107］徐寿波.综合能源工程学［M］.南京：江苏人民出版社，1998.

［108］徐寿波.经济增长方式转变过程中应注意的问题［J］.经济改革与发展，1996（5）：36-38.

［109］徐寿波.衡量经济增长方式转变要有一套科学的指标体系［J］.经济师，1996（1）：14-16.

［110］徐寿波.怎样考核经济方式增长的转变［M］.南京：江苏人民出版社，1999.

［111］许玉林.组织设计与管理［M］.上海：复旦大学出版社，2007.

［112］斯密.富国论［M］.郭大力，王亚南，译.北京：商务印书馆，1984.

［113］阎达五，杜胜利.资本管理论［M］.北京：中国人民大学出版社，1999.

［114］余晖.受管制市场里的政企同盟——以中国电信产业为例［J］.中国工

业经济，2000（1）：63-67.

[115] 于良春，张伟.强自然垄断定价理论与中国电价规制制度分析［J］.经济研究，2003（9）：67-73.

[116] 凯恩斯.就业、利息和货币通论［M］.汪继红，译.北京：中国社会科学出版社，1981.

[117] 周兴荣.企业集团财务风险预警研究［J］.财会研究，2007（3）：47-50.

[118] 伯恩斯坦.财务报表分析［M］.许秉岩，等译.北京：中国社会科学出版社，1985.

[119] 张力帆.基于三角模糊数的企业集团技术创新能力FAHP评价方法［J］.科学进步与对策，2007（3）：145-147.

后记

彼韵此声正逢时

本书暨博士论文项目研发的前提依托于国务院国资委系统自然垄断性行业2006年度重点课题——行业性纵向垂直型垄断企业集团综合绩效评价系统开发与运作跟踪研究。课题前期工作于2003年开始,主要进行理论归纳、基础调研与可行性研究。由我担任项目主持人的课题研发过程,从应用经济学科暨产业经济学角度出发,以中国石油天然气管道局这一行业性、垂直型、纵向一体化的大型自然垄断行业企业集团为案例进行实证研究。从调研开始历经五年多,完成中期课题报告即本博士学位论文基本内容。本课题研究是实证性质,案例属于涉密范畴,根据立项单位的涉密要求确定了保密期限。

2019年12月9日国家石油天然气管网集团有限公司(简称国家管网公司)在北京正式成立,标志着深化油气体制改革迈出关键一步。国家管网公司由国务院国资委代表国务院履行出资人职责,列入国务院国资委履行出资人职责的企业名单。国家管网公司与国家电网公司一样具有自然垄断、网络公益性质,实现管输和生产、销售分开,以及向第三方市场主体的公平开放,使其公共性更好地为经济社会发展服务;同时消除了油气管道行业各自为政、令出多门、链条分割、行业内耗的现象,实现了管网的互联互通,构建"全国一张网",有利于在全国范围内进行油气资源调配,提高油气资源的配置效率,保障油气能源安全稳定供应。2020年11月国家管网公司重组完成,本课题的相关研究结论已经得到充分体现。据此，2020年12月立项单位同意解密，故我将尘封12年的博士论文提交企业管理出版社公开出版发行。

本书后记之所以名为"彼韵此声正逢时"，意在说明"彼时"，即18年前乃至延伸到30年前，我跟随导师徐寿波院士、赵玉林教授学习，开始萌发基本思路；更进一步说明"此声"，即今天出版本书正逢其时，本书的课题研究结论，符合党的十八大以来以习近平同志为核心的党中央关于央企（国企）特别是对于公益性、网络型、纵向一体化国有垄断企业的新时代发展基本要求，仍具有重要的现实意义。

30年前，我跟随徐寿波老师在武汉工业大学北京研究生部硕士研究生课程班学习《技术经济学》等课程，1992年开始跟随赵玉林老师攻读管理科学与工程硕士学位。1995年取得硕士学位后在职师从徐寿波老师攻读综合能源工程学博士学位，并协助导师完成出版我国迄今为止唯一的《综合能源工程学》专著。1998年我完成博士论文后，由于国务院学位办（教育部）与国际接轨大幅度调整修改《博士、硕士学科专业目录》，综合能源工程学已经没有对应的学科专业而不能授予相应的博士学位，因此只能授予我能源经济学博士研究生班证书。我的硕士论文的理论着重运用了徐寿波老师的《技术经济学》量化绩效评价方法，而且赵玉林老师指导的硕士论文主题就是"国有企业基层绩效评价"，此后博士研究生班的论文主题又是关于中国石油行业（产业范畴）的发展问题。所以说，本博士论文的出版渊源可以追溯到30年前。

2013年11月12日，中国共产党第十八届中央委员会第三次全体会议通过《中共中央关于全面深化改革若干重大问题的决定》，强调指出：推进水、石油、天然气、电力、交通、电信等领域价格改革。政府定价范围主要限定在重要公用事业、公益性服务、网络型自然垄断环节，提高透明度，接受社会监督。必须毫不动摇巩固和发展公有制经济，坚持公有制主体地位，发挥国有经济主导作用，不断增强国有经济活力、控制力、影响力。2015年8月24日，中共中央、国务院印发了《中共中央、国务院关于深化国有企业改革的指导意见》，指出：推进公益类国有企业（自然垄断性质——作者注，下同）改革。对公益类国有企业，重点考核成本控制、产品服务质量、营运效率和保障能力，根据企业不同特点有区别地考核经营业绩指标和国有资产保值增值情况，考核中要引入社会评价（本书中对此有明确的表述——作者注）。2015年12月7日，国务院国资委、财政部、国家发展改革委联合印发了《关于国有企业功能界定与分类的指导意见》，具体部署自然垄断性企业改革。2021年5月31日，中共中央办公厅印发《关于中央企业在完善公司治理中加强党的领导的意见》，《意见》对中央企业进一步把加强党的领导和完善公司治理统一起来、加快完善中国特色现代企业制度作出部署、提出要求，是推进中国特色现代企业制度建设的标志性制度成果，对于中央企业坚持和加强党的全面领导、加快建设世界一流企业，具有重要意义。《意见》坚持以习近平新时代中国特色社会主义思想为指导，全面落实习近平总书记关于坚持党对国有企业的领导必须一以贯之、建立现代企业制度必须一以贯之的重要指示要求，立足于在完善公司治理中加强党的领导，明确了中央企业党委（党组）在决策、执行、监督等各环节的权责和工作方式。上述内容在本书的评价模式逻辑结构图中均有所体现，所以"彼韵此声正逢时"之说并非牵强。同时，今天对于12年前的博士学位论文原封不动的出版，也可以印证"彼韵此声正逢时"的切实含义与现实参考借鉴作用。

  本书的脉络形成，也源于油气管道行业与我本身工作学习的经历密切相关。我于1974年高中毕业，在原籍河北省丰润县商业局参加工作。1977年恢复高考后进入中国石油管道学院（河北廊坊）油气储运专业学习。1982年2月被分配到中国石油天然气管道局工作，历任工艺技术员、设备技术员、助理工程师、输油管道中间站站长、全国最大的原油中转站（库）站长（主任），石油部西部管道建设筹备领导小组生产准备处副处长、代处长，中国石油天然气管道局党委/行政研究室主任。工作15年间，与700余名油气管道工人及200余名科、处、局级干部共事。油气管道行业工作生活的经历，在我身上融入了抹不掉的"管道风范与油气情怀"。1998年我以人才引进方式进入河北工业大学（廊坊校区）工作。油气管道工作生活的经历，使我牢记曾经"管道人的成长历史",始终"身在高校,心系管道"(见《中国石油管道报》2009年12月11日记者张文科与作者的长篇采访对话录)。这是我的自然垄断(产业、企业)思维孕育的基础。从理论与实践相结合的视角来看本书的结论,中国特色社会主义制度下强化自然垄断、网络公益性质行业(产业、企业)的发展及其评价是不可或缺的,决不能动摇其自然垄断属性与纵向一体化的运营方式。这是我国国体、政体、社会生产方式及其经济体制所决定的。

本书的出版,集聚了两位导师的心血及其30年来的教诲指导,在此向他们致以崇高的敬意。同时本书渗透着中国石油与油气管道行业多位领导及同事的关怀,在他们身上汲取了多重政治业务营养。进入河北工业大学后,得到了省委市委各级领导的关注与支持;得到了省市科协暨社科联与学校各级领导及老师们的关心帮助。课题研究与成书过程中,参阅借鉴了大量文献资料(包括参考文献没有列出的);本书出版过程中,企业管理出版社的编辑付出了辛苦的劳动。我的家人是我从事教学科研与相关工作的可靠后盾。在此一并致以衷心的感谢!

李景元

2021年6月